組織マネジメントにおけるメタ学習

予測困難な変化に適応する熟達のメカニズム

横山 拓

東京大学出版会

Meta Learning in Management:
Proficiency of Higher-order Learning in Situations
Where Discontinuous Environmental Changes is the Norm
Taku YOKOYAMA
University of Tokyo Press, 2024
ISBN 978-4-13-011152-2

プロローグ

「経営体の変革はまことに急テンポである．この変化は，いわゆるイノベーション，経営革新，思想革命などの表現ではとてもそのすべてをあらわしえないほどのテンポとひろがり，そして容積，ふかみをもっている．（略）昨今の変化はまことに急激で，これまでにみられない速度をもっている．今後はさらに加速度性の原則に従い，思いもおよばぬ発展と変化が予想される．」（Sayles, 1964　佐藤訳，1967）

この文章が現代の新聞や書籍に載っているのを見たとしても誰も驚かないだろう．これはレオナルド・セイルズによる経営学の古典『管理行動』の邦訳（1967 年）における山城章の「監修者のことば」の一節である．私たちはこのような急激な経営環境の変化に，もう半世紀以上も前からさらされ続けている．

私たちを取り巻く環境の変化はますます乗り越えるのが難しいものとなった．その第一の理由は，環境の変化が急激かつ不連続なことである．このような環境変化に直面すると，それ以前の強みが突如弱みに転じる．すなわち，ある環境にうまく適応していればいるほど，次の環境では失敗しやすくなるのである．

第二の理由は，冒頭に引用した序文が 1960 年代に記されていることからも窺えるように，私たちがこのような非連続な環境変化に，一度ならず何度も見舞われるようになったことである．様々な経済指標の長期トレンドを見る限り，日本の企業がこの状況に効果的に対処しているとは言い難い．

本書が取り組む問いは，非連続的な環境変化が常態化した現代の組織において求められる学習のタイプはどのようなものかということである．経験を通じて築いてきた強みがかえって阻害要因になってしまうのだとすれば，私たちにとって学習とは何だろうか．さらに，強みが弱みに転じるような環境変化がたびたび訪れるとすれば，一体私たちは何を学習すればよいのか．

この疑問に答えるため，筆者は 2015 年から 2021 年までの 7 年間，毎年の

ように激しい環境変化にさらされながらも急速な事業成長を成し遂げた一人の
マネジャーに対するフィールド調査を行った.

　経営学の創始者, アンリ・ファヨールがマネジメントを「計画し, 組織し,
指揮し, 調整し, 統制するプロセス」と定義したことはよく知られている
(Fayor, 1949). 伝統的な観点に従えば, 熟達したマネジャーとは優れた戦略家
であり, 強い影響力を発揮する司令塔のような存在であろう. しかしながら,
726件の会議データを取得し, 計31日間 (291時間) の行動観察を行った筆者
は, 以下のように規範的な管理者像とはいささか異なるマネジャーの姿を目に
することになった.

- 1日の予定を覚えていない
- 経営計画やプロジェクトスケジュールを見ることはあまりない
- 1日の活動は平均15分刻みであり, 関連性の薄い雑多な活動に取り組んでいる
- 1日の活動の50％以上が受動的に始まり, 60％以上が計画外の出来事への対応である
- たえず部下や関係者による割り込みや中断が発生し, まとまった時間がとれない
- 大半の勤務時間を他者と共に過ごし, 一人で思考している場面は少ない
- 人から人へとつてをたどっていくうちに, いつのまにか製品の企画や見込み顧客ができあがる
- 製品開発に着手していないうちから顧客に製品を売る
- 会社の承認を待たずに製品を開発しはじめる
- これらの活動をするために, 非公式に予算を捻出する
- 部下だけでなく, 受付の警備員から経営幹部に至る広範囲の人脈を作る
- あちこちで短時間の会話をし, そのほとんどがくだけた調子で行われる
- プリンタ室や自販機の前などで, たまたま出会った相手と非常に重要な話をする
- 大胆な方針変更や思い切った撤退など, 意思決定らしい意思決定をする場面は少なく, 大半の決定は漸進的である

プロローグ

このように，現実のマネジャーは戦略家や司令塔とはほど遠い日常を送っている．マネジャーはいつ緻密な戦略を立て，いつ厳しい決断を下し，いつリーダーシップを発揮しているのだろうか．そして，上記の観察事実の一体どこに学習があるというのだろうか．これが次から次へと訪れる環境変化によく適応している優れたマネジャーの姿なのだとしたら，そのようなマネジャーへと至る熟達化の過程は，ルールから逸脱したり，場当たり的に行動したり，ある種の記憶喪失になったりすることなのであろうか．

本書は，これらの観察事実がどのような意味において学習と言えるのか，どのような意味において仕事を計画し統制していると言えるのかを，心理学実験とフィールド調査を通じて明らかにするものである．

本書の構成

以下，本論に入る前に本書の構成を簡単に素描しておく．

第1章では，現代の組織やマネジャーが直面している状況を整理した上で，どんな学習が求められるのかを考える．急激な環境変化が起こったときには，同じやり方を改善していく学習（低次学習）ではなく，それまでにうまくいっていたやり方を捨て，新しいやり方を生み出す学習（高次学習）が必要となる．

一方，急激な環境変化が次々と起こる状況では，何度も高次学習をしなければならない．そこでは高次学習それ自体に熟達していく必要がある．本書ではこれを，高次学習に関するメタレベルの学習という意味で，メタ学習と呼ぶ．組織学習論においても，認知科学の熟達研究においても，「何度も高次学習をする」という状況が中心的な主題となったことはなく，メタ学習の過程や促進要因についても明確化されたとは言えない．これらを解明することが本書の目的だ．

第2章では心理学実験を行って，何が個人のメタ学習を促進するのかを分析する．マネジャーの学習や熟達の研究をするのに，なぜここで実験を行うのか疑問に思われるかもしれない．認知科学と経営学の間では，心理学実験や計算シミュレーションから，より複雑なフィールドの事象を分析する手がかりを得るというアプローチがしばしばとられている．たとえば意思決定のごみ箱モ

デル（Cohen *et al.*, 1972），組織ルーティンと組織記憶（Cohen & Bacdayan, 1994），起業家のエフェクチュエーション（Sarasvathy, 2022）などの研究が代表例である．未知の事象のミニチュアを作って分析するこうした手法は，実際のフィールドにおいて知りたい事象が複雑であったり，観察に時間を要したりする場合に特に有効となる．ミニチュア分析で得られた知見は，最終的に修正あるいは棄却されることがあるにせよ，フィールド調査を有効かつ効率的に進めるための初期仮説を提供してくれるからである．

　そこで，本書では創造的問題解決（洞察）の熟達を高次学習の熟達すなわちメタ学習のミニチュアに見立て，実験を通じてメタ学習のモデルを作成する．実験の題材は洞察とその熟達であり，認知科学の研究成果を参照して分析する．その理由は二つある．一つ目は，洞察が高次学習ときわめてよく似た現象だということである．洞察はそれまでうまくいっていたやり方（制約）を脱して新たな解を生み出すプロセスであり，高次学習のエッセンスが凝縮されている．二つ目は，認知科学には洞察や創造に至る過程について精度の高いモデルが存在することである．創造的問題解決に関する認知科学の知見は，実験室での実験から科学的な発見やイノベーションに至るまで，幅広い領域において有効性が確認されている．これらを活用することで，本書のターゲットである，フィールドにおけるマネジャーの熟達をとらえる視点が得られる．

　第3章では，いよいよ企業で実際に活躍するマネジャーの分析に移る．ここでは，実験によって得られたメタ学習のモデルを暫定的な仮説としてフィールド調査を行う．ただし，実験室で得られたモデルがそのまま組織のマネジャーの行動にあてはまるわけではない．そこで，ミニチュア実験のモデルを，いったん事象レベルから概念レベルに抽象化した上で，あらためてフィールドで観察できる行動指標へと注意深く対応づける．このモデルをもとにマネジャーの熟達的変化を分析していく．

　フィールド調査によって見えてくるのは次のようなことだ．まず，このマネジャーは調査期間中に少なくとも3回高次学習を行っている．それ以前の得意技を捨てまったく新しいやり方にチャレンジするような形で，マネジメントスタイルを次々と変化させていったのである．環境変化に応じて3回変身し

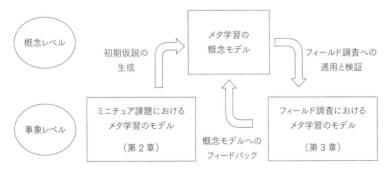

図 0-1　本書の構成と本書で検討されるモデル

たと言ってもよい．ここでのポイントは変身したことではなく，変身の仕方が上手になっていったということにある．これが本書の言うメタ学習である．

　変身（高次学習）が上手になるとは一体どういうことだろうか．マネジャーのメタ学習の過程においては，その組織では通常は行われないようなランダムな行動が増えると同時に，そうした多様な試行の中から，筋のよいものとそうでないものとを早期に見きわめられるようになっていく．これらの変化は，マネジャーとマネジャーの外部にあるものとが認知的・社会的に拡張された一つのシステムとして機能するようになることで生み出される．つまり，メタ学習とはマネジャー個人が変化する（たとえば知識やスキルが向上する）ということだけではなくて，マネジャーと周囲の環境との関係性が変化するということなのである．このようにマネジャーと周囲にあるものを一まとまりのシステムと見ることによって初めて，冒頭で素描したような，表面上は無秩序にしか見えないマネジャーの行動様式が，たびたび急激な環境変化が起こるような状況においては，実は適応的なふるまいであることが理解できるようになる．

　第 4 章はまとめである．実験とフィールド調査で得られたモデルをつき合わせ，現代のマネジャーに求められるメタ学習とはどのようなものか，この学習を促進する要因は何かを総括する．マネジャーの判断や行動は，必ずしも前もって計画されたものではなく，記憶や経験などの認知的なリソースと，その場にあるものがもたらす状況的・知覚的なリソースが組み合わされることによって創発的に生み出されている．メタ学習の基盤にはこうした動的な相互作用

があるため，その過程は徐々に安定した型ができるという通常の意味での熟達化というより，ゆらぎが増し，より即興的になっていく過程に近いものとなる．こうした主張を関連分野の知見とあわせて吟味するとともに，実際の企業において，どのようにすればマネジャーのメタ学習が起きやすくなるのか，近年の職務環境の変化によってマネジャーの熟達にどのような影響があるかなど，実践的な示唆を引き出すのが最終章のねらいである．

想定する読者

　最後に，本書が想定する読者について触れよう．第一に想定するのは，認知科学や経営学において，創造性やイノベーション，学習や熟達を研究している研究者，あるいはその予備軍の方々である．通常，学界では実験室研究とフィールド研究は分業体制となっている．本書のように複数の手法を使って，複数の領域にまたがる題材を扱う研究は，内容的あるいは分量的な制約から，一つにまとめて提示することが難しい．学会誌に投稿するにも，部分を切り出して構想の一部を展開するしかないことに，筆者はもどかしい思いをしてきた．一冊の書籍としてパッケージにすることで，通しで議論を展開する機会を得られたことは望外の喜びである．多くの方々にご覧いただき，批判をいただきたいと願っている．

　第二に想定するのは，企業において日々苦労しながら組織運営にあたっているマネジャー，あるいはそうしたマネジャーの育成に携わる経営者や人事部門の方々である．専門的な記述もあり，すらすら読み通すのは難しいかもしれない．だが扱っているのはあくまでも日常的なマネジメントの現実である．筆者自身を含め，多くのマネジャーは目が回るような日々を送りながら，本当にこれでよいのか，自分は何か間違ったマネジメントをしているのではないかと疑っている．そんなマネジャーの皆さんに，無秩序な日常はマネジメントの自然な姿であること，そうした日常の中からこそ学習や創造が生成してくるのだということをお伝えできればと思う．

目　次

プロローグ　i

第 1 章　現代のマネジャーに求められる学習 ························1

1.1　背景としてのビジネス環境の変化　2

1.2　予測困難な変化が常態化する組織で求められる学習　5

1.3　本書の目的　17

1.4　熟達をめぐる経営学・認知科学の先行研究の課題　18

1.5　ミニチュアによるモデル化を用いた段階的アプローチ　34

第 2 章　メタ学習のミニチュアとしての洞察の熟達 ···············37

2.1　なぜミニチュア課題として洞察を選ぶか　38

2.2　洞察とその熟達をめぐる論争　44

2.3　メタ学習の暫定的な概念モデル　46

2.4　図形パズルを用いた実験デザイン　50

2.5　概念モデルの構成要素のミニチュア課題の事象へのマッピング　54

2.6　洞察の熟達の生起とモデルの妥当性の検証（第一実験）　59

2.7　構成要素間の関係性の分析（第二実験）　75

2.8　ミニチュア課題でのメタ学習と概念モデルの修正　90

2.9　ミニチュアからフィールドへ　101

第 3 章　フィールドでのマネジャーのメタ学習 ···················111

3.1　フィールド調査にあたって　112

3.2　調査の概要　114

3.3　マネジャーの日常　124

3.4　概念モデルの構成要素のフィールドの事象へのマッピング　138

3.5　組織パフォーマンス　146

3.6　標準プロセスからの逸脱　152

vii

3.7　早期フェーズの修正判断　158

3.8　高次学習の仕方の変化　166

3.9　創発的なゴール設定　169

3.10　計画の分散　181

3.11　マイクロ・コーディネーション　198

3.12　予測困難な変化に適応するメタ学習　213

第4章　創発過程としてのメタ学習 ……………………………………235

4.1　本書の歩みを振り返る　236

4.2　メタ学習のメカニズム　238

4.3　本書の貢献　246

4.4　本書の課題と展望　251

あとがき　255

初出一覧　257

参考文献　259

付録　第2章第二実験の事例分析と言語報告　273

索　引　283

第1章　現代のマネジャーに求められる学習

　今日の企業やマネジャーは，事業環境の急激な変化への対応を迫られている．こうした非連続的な環境変化は，1980年代以降，頻繁に起こっていることが確認されており，休む間もなく次々と環境変化が生じることが言わば常態となっている（1.1）．非連続的な環境変化に直面すると，それまでうまくいっていたやり方が通用しなくなる．したがって，既存の手法をアンラーンし，新たな手法を創出する高次学習が必要となる．一方，非連続的な環境変化がたびたび生じる状況では，何度も高次学習をしなければならない．そこでは高次学習そのものに熟達することが求められる．本書はこれを高次学習に関するメタレベルの学習という意味で「メタ学習」と呼び（1.2），マネジャーのメタ学習のメカニズムを探究することを目的とする（1.3）．

　経営学や認知科学においてメタ学習に相当する事象は十分に検討されておらず，メタ学習を構成する要素も特定されていない（1.4）．一方，マネジャーの熟達は数年間に及ぶ複雑なプロセスであり，仮説なしにアプローチしたとしてもそのメカニズムを解明できる見込みは低い．そのため本書では，次のような段階的なアプローチをとることにする．第一に，マネジャーの熟達と共通の構造を持ち，より短期間で変化が確認できるミニチュア課題を用意する．このミニチュア課題の研究によって，メタ学習の暫定的なモデルを開発する．第二に，ミニチュア課題のモデルを初期仮説として，企業のマネジャーに対するフィールド調査を行う．ミニチュア課題のモデルはそのままマネジャーの熟達にあてはまるわけではないが，一般にフィールド調査に際して最も難しいとされる仮説形成にあたって有効な手がかりを与えてくれることが期待される（1.5）．

1.1　背景としてのビジネス環境の変化

　今日のビジネス環境は目まぐるしく変化している．政治，経済，社会，技術の各領域においてこれまでにない速度で様々な変化が起こっているのは周知の事実だ．内外の経営者の間では "VUCA world" という言葉がよく使われるようになった．Volatility, Uncertainty, Complexity, Ambiguity の頭文字をとったこの用語は，元々 1990 年代後半に米国で広まった軍事用語である．2020 年代に入った現在も，大量のデータとデジタル技術を用いたビジネスモデルや組織の変革（DX：digital transformation），新型コロナウイルス拡大に伴うリモートワークの浸透，生成 AI や VR/AR の普及など，変化のスピードはさらに加速している．

　この環境変化は，企業の人材マネジメントにも深刻な影響を及ぼさずにはいない．従来の組織運営は，事業環境の変化するスピードが人材の変化するスピードよりも相対的にゆるやかな世界を前提としていた．そうであるからこそ，将来のある時点を目指して人材を育成する，組織を構築するといった取り組みが効力を持ったのである．だが，今やこの前提は崩れつつある．私たちは人材の変化よりも事業環境の変化のほうが速いという，これまでに経験したことのない困難な時代の只中にいる．このことはすでに 1980 年代から指摘されており（e.g., Hannan & Freeman, 1984），最近になって急に始まった傾向ではない．

　人材マネジメントの現場において具体的にどのような困難が生じているのかを例示しよう．5 年間かけて若手社員を育成する計画があったとする．若手社員は計画にしたがって様々な専門知識や技術を身につけていく．だが 5 年後を迎えたとき，彼／彼女が獲得した知識や技術が役に立つ保証はない．そのとき必要となる知識や技術は，5 年間で身につけた知識や技術とは別のものであるかもしれない．それどころか 5 年後の時点では，彼らがそれまでに身につけてきた知識や技術がかえって邪魔になるような想定外の変化が起こっている可能性すらある．極端なたとえ話と思われようが，IT 業界や医薬業界といったとりわけ変化の激しい業界では，現実にこのようなことがすでに起こり始めている．今日では知識やスキルの価値の半減期が短くなっており，5 年未満で陳腐化す

るという報告も見られる（e.g., Keller & Meaney, 2017）．生涯就労期間が長期化していくことを考慮に入れれば，今後こうしたミスマッチが生じる傾向にはさらに拍車がかかるだろう．

　同様の構造から発生する別の問題として，高業績リーダーの突然の失敗，いわゆる「脱線（derailment）[1]」を挙げることができる．たとえば，IT業界では優秀なマネジャーの統括するシステム開発プロジェクトが失敗し，しばしば数十億円に上る損失が発生する．システムの品質不良，納期遅延，予算超過は年々増加しており，開発規模が大きくなればなるほど失敗の確率も高くなる（一般社団法人日本情報システム・ユーザー協会［JUAS］, 2022）．これら失敗プロジェクトの原因は様々あるが，そのうちの大きな一つがマネジャーの脱線である．マネジャーは以前に成功を収めた手法を新しいプロジェクトに適用し，まさにそのことによって失敗する．大型の開発案件を統括するマネジャーは，これまでの環境では競争優位性のあるプロジェクト管理手法を持っていた．彼らはそうした手法を身につけ実施することによって業績を上げ，昇進してきたのである．しかし急激な環境変化によって，時にそれらの手法は役に立たないもの，もしくはかえって失敗をもたらすものに変わってしまう．失敗プロジェクトが多発するのは，そうした過去の経験学習の副作用としてである．つまり，マネジャーたちは「学習しない」から失敗したのではなく，事態はまるで逆であるということになる．

　これらの現象は「適応は適応力を阻害する」（Weick, 1979）というパラドクスを想起させる．ある特定の環境に適応しながら，同時に別の環境に対する適応力を保持することは困難である．このトレードオフに対して，少なからぬ組織が内部成長（make）よりも外部成長（buy）を重視する方向へと舵を切ろうとしている．事業の成長ステージに合わせてメンバーを文字通り「総入れ替えする」のはスタートアップ企業の常套手段だが，今では歴史ある大企業も同じような手法をとるようになった．社外人材登用や事業提携，M&Aの活発化はその一例であろう．不確実な経営環境において時間をかけて内部人材を育てるや

---

1) 脱線（derailment）とは成功した経営幹部などのリーダーが，期待された成果を上げられずに躓いてしまう現象をさす．この概念の提唱者の一人であるMcCall（1988）は，昇進の原動力となった要因が，しばしば昇進後の脱線要因となることを論じている．

り方は，将来的な人材過剰や人材の「不良債権化」のリスク，投資した人材の早期退職のリスクに比べ，明らかに見合わない選択肢になりつつある（Cappelli, 2008）．今日多くの企業が採用を急ぐ「ジョブ型」雇用も，内部労働市場を流動化し，外部労働市場との接続をよくすることで，必要な人材を企業内および企業間で柔軟に調達できるようにする試みと解釈できる．

　もう一つのオプションは，組織がこれまで蓄積してきた中核能力を最大限に活用（exploitation）しながら，同時にそれとは異なる新たな知識の探索（exploration）に従事する「両利きの組織（ambidextrous organization）」になることである．Duncan（1976）や March（1991）の概念化したこのコンセプトは，2010 年代になってデジタル化がいよいよ加速する中，日本でも特に注目されるようになった．典型的な両利き組織は，企業内で新規事業を担当する組織と既存事業を担当する組織を分けたり，前者を独立した事業会社として分離するなど，組織デザインの変更によって新たな環境変化に対処しようとする（Katila & Ahuja, 2002; O'Reilly III & Tushman, 2021）．

　しかし，急激な環境変化に適応して生き延びる企業はわずかである．多くの企業やマネジャーがデジタル化やグリーンイノベーション，働き方の変化などの非連続的な環境変化に苦しんでおり，最大で年間 12 兆円にも及ぶ経済的損失が予想されている（経済産業省, 2018）．

　実は，こうした経営環境の急速な変化は，2000 年代に入る前から始まっていることが知られている．軽部（2017）は，株価や原油・天然ガスの価格など複数の経済指標の変動係数の推移を調査し，事業環境の不確実性が 1980 年代から年々増大していることを実証した．軽部はさらに，製品ライフサイクルの短命化，物価指数の急激な低下などから，環境変化の速度も加速していることも明らかにしている．ここから言えるのは，私たちが直面しているのは単にある環境から別の環境への非連続的な変化であるだけでなく，そのような非連続的な環境変化が恒常的に訪れる新しい状況であるということだ．

　軽部によれば，日本においては企業の生産性や収益性の低下が長期トレンドとなっており，この新しい事態に効果的に対処できていない．海外でも事情は似通っている．Wiggins & Ruefli（2005）は，約 6800 社の米国企業の 1970 年代から 1990 年代までの時系列データを分析し，持続的な競争優位を実現する企

業が確かに存在していることを示した．ただし，その数は2〜5%とごく少数であり，競争優位性を維持できる期間は全体として年々短くなっている．また，数十年にわたって競争優位を保っているように見える企業も，実際には継続して高業績を上げているわけではなく，一時的優位（temporary advantage）を鎖のようにつないで，結果として長期的に高業績を維持しているように見えているだけだという．

さて，第一のオプション（外部成長の重視）や第二のオプション（組織の両利き化）においてカギを握るのは分業形態の変更である．そこでの議論の焦点は組織の機構設計や資源の調達と配分であり，組織内の個々の人材の変化（学習や成長）ではない．

しかし，「人生100年時代」（Gratton & Scott, 2016）と言われるように，長く生きるようになった個人にも学習は必要である．とりわけ日本においては，組織レベルの戦略と同程度に，人材レベルの学習や能力開発も重要であると考えられる．その理由は，労働市場の流動性が欧米ほど高くなく，依然として終身的雇用（lifetime commitment）が色濃く残存していること，そして高齢化に伴い，就労期間が長期化する傾向にあることである．日本では今後，多くの人が生涯の就労期間の間に非連続的な環境変化に何度も直面する可能性が高い．組織レベルで第一のオプション（人材のとりかえ）や第二のオプション（新規事業と既存事業の切り離し）を実行したとしても，個々の人材レベルで環境変化に対応できない限り，企業が長期成長を持続することは難しいだろう．

1.2 予測困難な変化が常態化する組織で求められる学習

非連続な環境変化やそうした環境変化の常態化は，企業やそこに属する個人に何らかの学習を要求している．しかし，比較的安定した環境で求められる学習と，環境が急激に変化したときに求められる学習，そして急激な環境変化がたびたび訪れる状況で求められる学習とでは性質が異なる．本節では主に経営学の組織学習論における低次学習と高次学習の議論を参照しながら，本書で探究すべき学習の定義の明確化を図る[2]．なお，組織学習という領域を題材とするため，以下では企業の事例を取り上げることになるが，本節の焦点はあくま

でも学習の種類の明確化にあり，学習の主体を組織に限定するものではないことに留意されたい．

1.2.1 低次学習と高次学習

組織学習における高次学習の議論のそもそもの発端は，学習心理学が行ってきた動物や人間の学習曲線の研究を航空機の生産コストの変化に適用した，Wright（1936）の研究である．Wright は，作業の標準化や段取りの改善によって，単位当たりの直接労働時間が減少していくことを示した．第二次世界大戦期には兵器の生産能力を上げるために米政府がこの研究に着目したが，1950年代になると戦時中は軍事機密として秘匿されていた学習曲線の研究成果が公開され，労働集約型の産業から資本集約型の産業へ，やがてはサービス産業へと適用範囲が広がった．

しかし 1970 年代以降，右肩下がりの学習曲線だけでは説明できない事象が多いことも指摘されるようになった．Abernathy & Wayne（1974）は，生産コストを徹底的に削減した低価格製品（モデル T）によって市場の勝利者となった自動車メーカーのフォードが，モデル T の華々しい成功によってかえってモデルチェンジや製品多様化の流れに乗り遅れ，やがて競合の GM に敗れ去るという事例を分析し，一つの学習曲線上で効率を上げることだけに集中すると，組織の長期的な成長に必要となる柔軟性やイノベーションを生み出す能力が損なわれると主張した．

同様の結論に至る研究がその後も数多く蓄積されていく中，Levitt & March（1988）は学習曲線の限界を「有能性の罠（competency trap）」として概念化した．有能性の罠とは，過去に成功をもたらした既存の組織ルーティンが，新たな組織ルーティンの探索を阻害することを指す．この傾向は，過去の成功が大きければ大きいほど強くなるとされる．

このような経緯から組織学習論では，一定の条件のもと，ある学習曲線上で効率化を進めていく低次の学習と，所与の条件自体の見直しや作り直しを伴う

2）　組織学習における学習曲線や高次学習の研究史に関する本節の記述は，安藤（2019）第二部を参考にしている．

第1章　現代のマネジャーに求められる学習

表 1-1　組織学習論における低次学習と高次学習（安藤, 2019, 図表 5・2 を一部改変）

項目	低次学習	高次学習
発生状況	・よく理解された状況 ・繰り返しを通じて発生	・曖昧な状況 ・発見や洞察の中から発生
進め方	・ルーティン ・狭い探索範囲	・非ルーティン ・広い探索範囲
発生する階層	・組織のすべてのレベル	・主に組織の上層部
インパクト	・活動の改善やルールの制度化などの行動的成果 ・短期的，部分的成果 ・問題解決スキル	・新たな方向性や文化の創造などの認知的成果 ・長期的，全社的成果 ・問題定義スキル

ような高次の学習とを区別するようになった（e.g., Fiol & Lyles, 1985; Tosey *et al.*, 2012）．低次学習とは，既存のルーティンに則って組織の安定や改善をもたらす学習である．一方の高次学習は，行動の前提となっている信念やシステムを見直す学習であり，時代遅れになったり妥当でなくなったりした既存の価値前提や知識を捨て去り置換するアンラーニング（Hedberg, 1981）とも関係性が深い．

　低次学習と高次学習の対は「シングルループ学習とダブルループ学習」（Argyris & Schön, 1978），「活用と探索」（March, 1991），「一次学習と二次学習」（Adler & Clark, 1991），「操作的学習と概念的学習」（Lapré *et al.*, 2000）など様々な表現で検討されているが，いずれも表 1-1 のような共通した特徴を持っているという点で多くの研究者が合意している．

　組織学習論において低次学習と高次学習の区別はその学習が修正する対象のレベルに対応している．より深い前提レベルにある信念やシステムを変更するものが高次学習である．そうした前提レベルには手をつけずに，表層的な業務手順や制度を変更するものが低次学習となる．

　人が行っている日常的な学習の多くは低次学習であり，組織が成長していく上でもこのタイプの学習は必要不可欠である．他方，市場の競争条件が急激に変化したり，技術革新によって業務プロセス自体が不必要になったりした場合には，低次学習はかえって新しい変化への対応を阻害することがある．そこで高次学習は，もはや有効ではなくなった既存の枠組みをアンラーンし，新しいルーティンを生み出そうとする．既存の枠組みのアンラーニングは，その枠組

みが過去に成功を収めたものであればあるほど難しくなる（Tsang & Zahra, 2008）．高次学習がまれにしか起こらない困難な学習とされるのはそのためである．

1.2.2　第三レベルの学習

　安定した環境では低次学習が，非連続的な環境変化に直面したときは高次学習が有効だとすれば，非連続的な環境変化がたびたび訪れる状況ではどのような学習が求められるのだろうか．そのような状況では，そのつど異なる高次学習をしなければならない．したがって求められるのは，何度か高次学習を行ううちに，高次学習の仕方自体に熟達していくような学習であろう．だが高次学習の熟達は高次学習ではない．高次学習の熟達とは何であり，また何でないかを明確にするため，組織学習論において構想されている，さらなる学習のタイプをもう少し追跡してみよう．

　組織学習の文献では，第三レベルの組織学習に関する様々な概念が存在し，特にシングルループ学習，ダブルループ学習に対するトリプルループ学習をめぐって活発な議論がなされている．シングルループ学習とは「システムの基本的な価値観を疑ったり変更したりすることなく，エラーが検出され修正されるときに起こる」学習であり，ダブルループ学習とは「（システムに対する）支配的な変数や行動を変更する」学習である（Argyris, 1999, p. 68）．シングルループ学習は低次学習，ダブルループ学習は高次学習の代表格であり，トリプルループ学習はそれらに続く第三レベルの学習という位置づけとなる．

　先行研究を体系的にレビューした Tosey *et al.*（2012）は，シングルループ学習とダブルループ学習については研究者間でコンセンサスが確立されている一方で，トリプルループ学習の概念規定が研究者によってまちまちであることを指摘した．トリプルループ学習の概念には三つの系列があり，それぞれ起源も定義内容も異なっているが，相互に比較検証されないまま同じ用語が用いられているため，混乱状況に陥っている．以下，Tosey らの整理に従い，三つの系列を順に概観しよう．

系列 A：ダブルループ学習を超える学習

　系列 A はトリプルループ学習を，ダブルループ学習を超えて，より高い（あるいは深い）目的やパラダイムを修正する学習と見なしている（e.g., Isaacs, 1993;

Nielsen, 1993）．系列 A はシングルループ学習とダブルループ学習を初めて概念化した Argyris & Schön（1978）の議論を継承しているが，Argyris や Schön の重要なテキスト（Argyris, 1999, 2004; Argyris & Schön, 1978, 1996; Schön, 1987）にはトリプルループ学習という用語が使われた例はない．

Argyris らの議論を論理的に敷衍すれば，ダブルループ学習は支配的変数の修正を伴うのだから，トリプルループ学習はそれらの支配的変数を支配するものの変化に関係するはずである．これは「パラダイム」（Isaacs, 1993）であったり「（組織が）埋め込まれた伝統的システム」（Nielsen, 1993）であったりするが，定義は不明確で，共通化されていない．

Tosey らによれば，系列 A では，トリプルループ学習はマネジャーやコンサルタントが利用できる解決策として，道具的に描かれることも多かった．近年では，気候変動への対応のように，従来の競合関係や受発注の関係を超えて，業界やサプライチェーン（供給連鎖）など，より大きな単位での協同を促すために必要な学習としてトリプルループ学習を論じるもの（e.g., Gupta, 2016; Nielsen, 1996; Seo, 2003）が増えてきている．

系列 B：第二次学習

系列 B はトリプルループ学習を，ある学習プロセスにおけるメタレベルの変化として概念化する（e.g., Snell & Chak, 1998; Yuthas *et al.*, 2004）．この系列の起源も Argyris & Schön（1978）であるが，系列 A とは異なり，ベースにあるのは第二次学習（deutero learning）という考え方である．

Argyris らは第二次学習を「シングルループ学習とダブルループ学習を行う方法を学ぶこと」と定義した（Argyris & Schön, 1978, p. 27）．ただし，Argyris らの第二次学習に対する定義は安定しておらず，あるところではこれをダブルループ学習と同一視してしまっている（Argyris & Schön, 1996, p. 29）．だが決定的なのは，「第二次学習は，シングルループ学習やダブルループ学習でメタに上がる（going meta）ことで発生する」（Argyris, 2003, p. 1179）という記述である．つまり，Argyris らは第二次学習を，系列 A のようにシングルループ学習やダブルループ学習よりもさらに高い／深い何かを修正する学習としてではなく，シングルループ学習やダブルループ学習に対して「メタな」階層にあるものとして位置づけている．

なお，Argyris らの第二次学習は，Bateson の初期の学習理論（Bateson, 1972/2000, pp. 159-176）[3] にインスパイアされたものである．Bateson は参加者となる動物や人間が，何度か実験を経験するうち次第に「実験慣れ」していく現象に注目した．そこでは与えられた問題をそのつど解くという単発的な学習（原学習：proto learning）と並行して，問題を解くということ一般に対する学習（第二次学習：deutero learning）が生じている．後者の学習は「学習することの学習」であり，前者の学習よりも抽象度の高いレベルで，いわば副産物として発生するものである．Bateson が取り上げた事例は学習成果がリニアな学習曲線を描くようなごく単純な学習実験であるが，第二次学習の基本的な着想は Argyris らの定義にそのまま受け継がれていることがわかる．

　事態を入り組んだものにしているのは，Argyris らの概念規定の揺れに加えて，系列 B の研究者たちがしばしば第二次学習を「トリプルループ学習」と呼称することである．だが，第二次学習はシングルループ学習，ダブルループ学習と同じ次元における「三番目」ではない．第二次学習は学習のプロセスそのものに再帰的に適用される学習を指し，シングルループ学習とダブルループ学習のそれぞれに対して第二次学習が存在しうるからである．

系列 C：Bateson の学習 III

　最後の系列 C は，系列 B でも触れた Bateson の学習理論，特に学習の論理的カテゴリを提案する後期の理論[4]（Bateson, 1972/2000, pp. 279-308）に依拠している．Bateson は系列 B で言及した原学習（proto learning）と第二次学習（deutero learning）の区別を，学習 0 から学習 IV までの 5 階層のモデルに発展させた．系列 C は，このうち学習 III をトリプルループ学習と同一視する立場である．以降の議論を明確にするため，ごく簡単に Bateson の学習の階層モデルを紹介したい．

　・学習 0 では刺激に対する反応が一定である．実験で「学習」が完了した

---

3) Bateson の引用箇所のページ数は，2000 年に出版されたシカゴ大学出版局の版に従う．以下同じ．

4) Bateson の学習とコミュニケーションの階層理論は，組織学習論のみならず，現代思想（e.g., Deleuze & Guattari, 1972），精神医学（e.g., 斎藤, 2001）などの諸分野に幅広い影響を与えた．

第1章　現代のマネジャーに求められる学習

被験動物が，ある刺激に対してほぼ100％に近い確率で一定の反応を返すとき，その動物は学習0の状態にある．

- 学習Ⅰでは一つの選択肢集合の中でどの選択肢を選ぶかが変化する．これは古典的条件づけのような学習実験で見られる変化にあたる．
- 学習Ⅱでは複数の選択肢集合の中でどの選択肢集合を選ぶかが変化する．学習Ⅱは第二次学習の概念を発展させたものであり，被験動物の「実験慣れ」（適切な行動を確立するまでの試行回数が減少するような変化）を含むとともに，習慣形成や「隠れたカリキュラム」[5] など，ある学習の副産物としてもたらされる，個別の行動よりも一般的な構え（set）の変化も含んでいる．
- 学習Ⅲは選択肢集合の群が織りなすシステム自体が修正されるような変化である．学習Ⅲは心理療法や宗教的回心など，深いレベルで性格が再編成されるような場面でまれに生じる．Bateson によれば，このレベルの変化を要求されると人間や哺乳類は時に病的症状をきたす．
- 学習Ⅳは学習Ⅲの進行プロセス上の変化ということになるが，これは進化や系統発生で行われるような変化であって，有機体（個体）がこのレベルの変化に行きつくことはないと Bateson は言っている．

Argyris & Schön（1978）は，Bateson の学習Ⅰがシングルループ学習，学習Ⅱがダブルループ学習にほぼ対応することを認めている．そこで系列Cの研究は Bateson の学習Ⅲをトリプルループ学習ととらえる．系列Cにおいて高階の学習と低階の学習の関係はクラスとインスタンスの関係にある．トリプルループ学習とは，ダブルループ学習をインスタンスとするクラスに相当するということになる．

Bateson の学習Ⅲの定義が多義的であることも影響し，系列Cにおける学習Ⅲが組織学習においてどのような学習となるのかを具体的に示した研究は少ない．学習Ⅲの特徴として内省や意識的コントロールよりも身体化や美的感覚による気づきを強調する Tosey & Mathison（2008）は数少ない例の一つである．

---

5) 主に学校や学級で，教える側の意図にかかわらず，学校生活を通じて生徒側がいつのまにか学び取っていく事柄のこと．公式のカリキュラムにはない，ものの見方や不文律をさすことが多い．

このほか，Tosey *et al.*（2012）は言及していないが，Engeström（2015）の拡張的学習も系列 C に連なる理論であろう．Bateson は学習の階層モデルを個人から社会的な視点への転換を伴うものとして構想した．ソヴィエト心理学の活動理論と対比しながら Bateson の学習モデルを再解釈した Engeström も，主体や対象，道具等が織りなす活動システムがますます社会的なものになっていく過程として学習や発達をとらえている．拡張的学習は学習Ⅲにあたる変化であり，人工物に媒介された集団の活動システムが，与えられた文脈を超え出し，より豊かになっていくことと説明されている．

　以上，主に Tosey *et al.*（2012）の議論をなぞりながら，組織学習論における第三レベルの学習における三つの系列を確認した．系列Aにおいて問題になっているのはある学習が修正する対象の深さである．すなわち，ダブルループ学習よりもさらに根本的な何かを修正するのがトリプルループ学習ということになる．一方，系列Bにおいては，ある学習のプロセスがメタレベルで変化することに焦点があたっている．この変化は第二次学習と呼ばれ，シングルループ学習に対してもダブルループ学習に対しても生じうるとされる．最後に，系列 C では Bateson の学習Ⅲがトリプルループ学習と見なされる．ここでは，学習のレベルは学習の論理的カテゴリに対応する．学習Ⅲは学習Ⅱをインスタンスとするクラスであり，例として心理療法における治癒，宗教的啓示など，性格の根本的再編のような変化が挙げられているが，組織学習における具体的な研究事例は限られている．

　Tosey らも述べている通り，これらの系列の違いは各々が強調する視点の違いであって，必ずしも相互に独立した次元をなしているわけではない．それでも三つの系列は，本書が関心を持つ学習，すなわち高次学習の熟達を，他のタイプの学習と比較しながら位置づけるための有益な枠組みを提供してくれるだろう．続くセクションでは，ここまでの整理をもとにして，本書がターゲットとする学習の特徴づけを行う．

1.2.3　メタ学習

　あらためて出発点を確認しよう．安定した環境では低次学習が求められ，非

第1章　現代のマネジャーに求められる学習

表 1-2　本書のターゲットとなる学習（Tosey *et al.*, 2012, Table 3 を一部改変）

| | Bateson（1972/2000） | Argyris & Schön（1978） | |
		原学習	第二次学習
低次学習	学習 I	シングルループ学習	低次学習のメタ学習 （系列 B-1）
高次学習	学習 II	ダブルループ学習	高次学習のメタ学習 （系列 B-2）
第三レベルの学習	学習 III （系列 C）	トリプルループ学習 （系列 A）	

　連続な環境変化が起きたときには高次学習が求められる．そして非連続な環境
変化がたびたび発生する状況では，高次学習そのものに熟達する必要がある．
本書のターゲットはこの高次学習に対する熟達であった．

　では，高次学習に対する熟達は，Tosey らが整理した第三レベルの学習の諸
系列とどのような位置関係にあるのか．表 1-2 は Tosey *et al.*（2012）が第三レ
ベルの学習（トリプルループ学習）の三つの系列をまとめた表を一部加工して再
掲したものである．表の縦軸は学習のレベルを表している．横軸では，一連の
議論の源流となった Bateson と Argyris & Schön を区別している．さらに，
Argyris らが系列 B における第二次学習を縦軸の学習レベルとは異なるものと
して議論しているため，横軸の内部に原学習と第二次学習の区別を織り込んで
いる．

　ダブルループ学習よりも深いレベルで修正がなされる学習としてのトリプル
ループ学習が系列 A に，学習 II をインスタンスとするクラスとしての学習 III が
系列 C にあたるのは前述の通りだ．Tosey *et al.*（2012）は系列 B の第二次学
習を一つの括りにまとめているが，第二次学習はある原学習に対するメタレベ
ルの学習であり，シングルループ学習（低次学習）とダブルループ学習（高次学
習）のそれぞれに生じうる．そこで表 1-2 では，低次学習に対するメタレベル
の学習を系列 B-1，高次学習に対するメタレベルの学習を系列 B-2 とする新
たな区別を導入する．以下では，本書がターゲットとする学習が系列 B-2（高
次学習のメタ学習）に含まれることを述べるが，その前に，系列 B-1（低次学習
のメタ学習）について確認しておく．なお，前述の通り組織学習論では系列

B-1 と系列 B-2 の区別が曖昧であるため，説明にあたっては他の関連分野から適当な事例を参照することにする．

系列 B-1：低次学習のメタ学習

系列 B-1 の学習を企業にあてはめると，比較的定型的な業務に従事する組織が，単一業務にとどまらず，性質の異なる様々な業務について標準化の仕組みを作り，より早くより広範囲に標準を展開することで競争力を高めていくような事例が想像される．つまり，標準化や業務改善（低次学習）の仕方そのものが洗練されていくようなケースである．

認知科学の領域に目を移すと，たとえばメタ認知研究におけるメタ学習（e.g., Biggs, 1985; Jackson, 2004; 三宅, 2005）はこの系列の学習にあたると言えるだろう．メタ認知研究の文脈では，学習方略の学習という意味でメタ学習という概念が用いられる．この分野では教室など学習が起きる現場で学習の質を高めるための学習方略が実践的に検証されており，学習成績との関係のみならず，認知，動機づけ，信念などの学習者要因や，課題の難易度，評価構造などの外的要因との関連性が探究されている（篠ヶ谷, 2012）．

この領域の実証研究は，学習者に学習方略を教授し，それによる学習プロセスや学習成果の変化を測定するという形式で行われることが多い．学習者には課題や学習内容とそれに適した学習方略があわせて提供されるが，未知の課題に対してどの方略を適用するのか，あるいは新しい方略をどのように生み出すのかといった点が主題となることは少ない．教師がおり，教えるべき（学ぶべき）内容と学習方略とがあらかじめ定まっていることから，これらは低次学習に対するメタレベルの学習と見なすことができる．

別の例として，近年著しく進展している機械学習のメタ学習が挙げられる．機械学習におけるメタ学習とは，複数のタスクの学習過程や学習結果を利用して新しいタスクの学習効率を上げようとする手法であり（岡野原, 2019），MAML（Finn *et al.*, 2017）や Neural Process（Garnelo *et al.*, 2018）など様々な手法が提案されている．

機械学習におけるメタ学習では，共通の性質を持つ多くのタスクを提示し，これらのタスク間の共通性を利用して，個々のタスクや将来のタスクをより迅速に解決できるよう学習させる．メタ認知研究におけるメタ学習の「メタ」が

再帰的・反省的なメタレベルを意味していたのに対し，機械学習における「メタ」は勾配の勾配，パラメタを制御するメタパラメタなど，より制御的な意味でのメタレベル[6]を表している．こうした違いがあるとはいえ，機械学習のメタ学習において学習されるタスクは画像認識や文字認識であり，学習課題も共通性が高いものが選ばれている．今後，この領域でより高次のタスクが学習対象となる可能性は十分にあるが，現時点ではメタ認知研究のメタ学習と同様，低次学習に対するメタ学習として位置づけるのが適当であろう．どちらも，メタレベルで学ばれる学習方略のタイプが既存手法の効率的な適用，すなわち低次学習に相当し，メタ学習によって向上するのも低次学習のパフォーマンスだからである．

系列 B-2：高次学習のメタ学習

系列 B-1 が低次学習を原学習とした第二次学習であるとすれば，系列 B-2 は高次学習を原学習とする第二次学習である．この第二次学習の結果もたらされるのは高次学習のプロセスの変化であり，学習レベルの変化（表 1-2 の縦軸）ではない．系列 B-2 が焦点化するのは，高次学習が効果的にできるようになる，あるいは高次学習そのものに熟達していくような変化である．本書が解明したい学習は，概念的にはこの系列 B-2 に位置づけられる．

Tosey *et al.*（2012）が第二次学習の事例として挙げた研究はおおむね系列 B-2 に属する．たとえば，Argyris & Schön（1978）は高次学習を促進する要因として心理的安全や第二次学習の有効性を指摘し，クライアントに高次学習（ダブルループ学習）に関する知識を与えるなどの実践を行った．また Snell & Chak（1998）は，自分自身や先任者たちがどのように学習を促進あるいは阻害

---

6) 分野は異なるが，Schweighofer & Doya（2003）や銅谷・石井（2006）は神経機構における強化学習を題材として示唆的な議論をしている．強化学習では学習系の入出力を決める多数のパラメタがある．これらのパラメタの変化の仕方を定めるパラメタをメタパラメタという．メタパラメタは学習による変化の仕方を定めるパラメタであり，探索範囲を定めるノイズの大きさや報酬予測の時間スケール，記憶の更新スピードなどがこれにあたる．学習系のふるまいの自律性や適応性を決定づけるのは，課題に応じてこれらのメタパラメタをいかに設定するかである．多くの場合メタパラメタは技術者の経験と直感を頼りに設定されるが，銅谷らは場面に応じてメタパラメタが自動的に調節されるようになることをメタ学習と定義し，脳神経系の機構や神経修飾物質の機能と関連づけて議論している．

してきたかを学ぶことで，新しい思考や行動の構造を生み出すとしている．

しかし，これらの既存研究は，本書のターゲットと重要な点でずれがある．彼らが関心を持っていたのは介入によって組織に高次学習を起こすことであり，次なる高次学習の機会に向けて高次学習そのものに熟達することではない．Argyris らも，ある組織が前提条件の見直しを要するような環境変化に何度も見舞われ，そのつど異なる高次学習を行うという状況は想定していなかったと思われる．

また，高次学習について学んだり話し合ったりするだけで，本当に高次学習が促進されるのかという疑念もある．高次学習についての知識，内省，対話が重要な役割を果たすことはもちろんであるが，成功体験によって強化された思い込みや前提を，意識的・意図的な努力だけでアンラーンするのは難しいのではないかと考えられる．

以上の検討を踏まえ，本書では，単一課題に対する高次学習ではなく，複数の課題に対する複数回の高次学習を通じて起こる変化に焦点をあてる．急激かつ非連続な環境変化にたびたび直面し，そのつど異なる高次学習を行う過程において，高次学習のプロセスそのものに生じるメタレベルの変化——本書ではこれを「メタ学習」と呼ぶことにする．

高次学習がある特定の課題に対して生じるのに対し，高次学習のメタ学習は内容的および時間的に異なる複数の課題に取り組む過程で生じる．このような変化は，特定の思考や行動の習得よりも抽象度の高い変化である．メタ学習が生じるとき，主体がそのつど実際に行っているのは一つの高次学習であるが，それ以前の高次学習に比べて，そのやり方に変化が起こっている．

別の言い方をするならば，メタ学習とは高次学習が起きやすいように変化することである．これは知識の獲得によってできることが増えたり，繰り返しによって効率や正確性が上がったりする変化ではなく，そうした変化を生み出すメカニズム自体が変化することを表す．非連続的な環境変化が常態化した今日において企業やマネジャーに求められているのは，このような意味でのメタ学習である．

なお，ここまで述べてきた通り，第二次学習としてのメタ学習には，低次学習に対するメタ学習（系列 B-1）と高次学習に対するメタ学習（系列 B-2）の二

16

つがある．したがって，正確を期すなら「高次学習に対するメタレベルの学習」あるいは「高次学習を原学習とする第二次学習」と言うべきであるが，これらの違いを意識し続けることと，シンプルな呼称で煩雑を避けることの双方の得失を勘案した上で，後者を優先することにする．以降，本書において「メタ学習」というときには，高次学習に対するメタレベルの学習を指すものと了解いただきたい．

1.3 本書の目的

本書の目的は，非連続的な環境変化の恒常化に適応するための，マネジャーのメタ学習のメカニズムを明らかにすることである．本書においてメタ学習とは，学習を通じて急激な環境変化に適応すること（高次学習）それ自体の学習を指す．

環境変化の恒常化への適応を主な研究対象とするのは，不確実性が増加し，変化のサイクルが年々短くなる中で，企業の学習システムがこの状況に追いついておらず，生産性の長期的低下に悩まされているためである．のみならず，「人生 100 年時代」とも言われるように，長寿化に伴って就労期間も長くなる時代にあって，企業はもとより多くの個人が生涯の就労期間中に非連続的な環境変化に何度も直面すると想定されるためである．

学習の主体として組織ではなく個人に着目するのは，とりわけ雇用の流動性が低く長期雇用が支配的な日本の場合，組織レベルの戦略だけでなく，個々の人材が学習によって環境変化に適応できない限り，企業が持続的に成長していくことは難しいためである．

個人の中でもとりわけマネジャーに着目するのは，企業においてマネジャーが戦略立案・実行と知識創造の主たる担い手であり（Nonaka, 1988; 野中・竹内, 2020），創発的な環境適応行動を起こす可能性も高いためである（守島, 2021; 武石ほか, 2012）．

なお，マネジャーの役割やマネジメントの機能には様々な定義がある．Koontz & O'Donnell（1968）はこの様子を「ジャングル」にたとえつつも，「マネジメントとは他者を通じて，他者とともに物事を成し遂げる技術である」と

いう点は多くの学派に共有されているとした．以来この定義は広く受け入れられている（中原, 2014）ため，本書でも，公式に組織化された部下・集団を率いて目標達成の責任を負う人や役割を指してマネジャーということにする[7]．

1.4　熟達をめぐる経営学・認知科学の先行研究の課題

本書のテーマはマネジャーのメタ学習であるが，「マネジャーのメタ学習」そのものを直接の主題とした研究はなされていない．その一方，高業績リーダーの特性やマネジャーの学習については数多くの研究があり，認知科学にも学習や熟達に関する多くの研究がある．ここではマネジャーのメタ学習にアプローチするための準備として，経営学と認知科学を中心に，(1)そもそも熟達者には何ができ，彼らのパフォーマンスにはどのような特徴があるのか，および(2)学習や熟達の過程はどのようなものであり，それらを促進する要因には何があるのか，に関する研究を概観する．

1.4.1　熟達者のパフォーマンス

まず，熟達者のパフォーマンスは初心者に比べてどのような違いがあるのかを確認しよう．最初に経営学における高業績リーダーや経営管理の熟達者の研究に触れ，次いで認知科学における熟達者一般の研究を取り上げる．

リーダーシップと経営管理の熟達者

経営学や組織行動論において，変化に対応することはもっぱらリーダーシップの問題として扱われる．Zaleznik (1977) や Kotter (2008) が，リーダーシップを安定した環境で組織を計画的にコントロールするマネジメントと対比して以来，この区別は広く受け入れられている．それによれば，マネジメントの仕事は計画策定と資源配分，実行過程のモニタリングや例外対処である．他方，リーダーシップの仕事は不確実な環境下における組織の変革であり，進むべき

---

7)　この意味では経営者も部長や課長のような中間管理職もマネジャーに含まれる．これらを区別する必要があるときには，職位や組織内の役職名を用いて，それがどのようなマネジャーを指しているのかを明確にすることとする．

方向を提示し，人々を鼓舞しながら困難な課題を成し遂げることがその中心的
役割である．

リーダーシップは変化や不確実性に対処する能力として特徴づけられるが，
それが具体的にどのように発揮されるのか，何がその本質的な構成要素である
のかといった肝心な点について，1940 年代からの膨大な研究蓄積にもかかわ
らず，今なお研究者間での明確な合意はなされていない（Bass & Stogdill, 1990;
Yukl, 2013）．社会心理学をベースとする多くのリーダーシップ研究は，質問票
やインタビューによる調査と，因子分析に基づくリーダー行動の枠組みや尺度
の開発に力点を置いている．めいめいの研究者が自らの思い描くリーダーシッ
プ像に従って調査を進めた結果，相互に整合しない無数の特性，役割，行動，
スキル等々のリストが生み出され，何が優れたリーダーシップであるのかがは
っきりしなくなったのである．リーダーシップ研究ではこうした「網羅的な特
性リストづくり」（Mintzberg, 2009）が主流となっており，その混迷状態は半世
紀前からたびたび指摘されている（e.g., Carlson, 1951; 金井，1991; Sayles, 1979;
Wrapp, 1967）．

次に，企業のマネジャーにおける熟達者の研究事例に触れる．これらの研究
は認知科学と経営学の協同によって進められている．スポーツ競技や伝統芸能
などのスペシャリストを題材とすることが多かった従来の熟達研究に対し，マ
ネジャーの研究はゼネラリスト（ホワイトカラー）を対象としている点に特色が
ある．

経営管理の熟達者が持つ知識やスキルの解明に最初に取り組んだのは，
Wagner & Sternberg（1985）である．Wagner らは，熟達者が持つ知識を暗黙
的な実践知とした上で，企業内の問題解決場面での対処策を問う選択式の質問
紙を作成し，米国のマネジャーに対して調査を行った．因子分析の結果，抽出
されたのはタスク管理，他者管理，および自己管理の 3 因子であった．この 3
因子は心理学者や営業職，軍隊のリーダーに見出されているほか，日本でも楠
見（2014）が，Wagner らの質問票をカスタマイズして日本の社会人および大
学生に適用し，米国と類似した結果を得ている．このほか松尾（2013）はマネ
ジャーに対する質問紙調査を実施し，熟達者の持つスキルとして目標共有力，
情報分析力，そして事業実行力の三つを抽出した．

経営管理の熟達者に関するこれらの知見はいずれも納得性が高いものであるが，様々な発見事実が同じような一般的カテゴリに回収される傾向が強い．たとえばタスク管理，他者管理，自己管理といった要素は経営管理の職務そのものであるし，これらの能力に影響を及ぼす要素としてしばしば挙げられる，マネジャーの挑戦的姿勢や批判的内省なども，従前からその重要性が指摘されてきたものばかりである．そこには議論を引き起こす問題提起や，新たな理論を要請するような具体的なデータ提示は少なく，もともと重要性の認められた要素間の関係性のみが詳細に分析されているように思われる．マネジャーがしていることについて，集団レベルを集計単位とする質問紙調査のような調査手法でアプローチすれば，大なり小なり類似の結果に至らざるをえないだろう．

マネジャーの実態への異なるアプローチ

　リーダーシップ研究ではリーダーの多様な要件が乱立状態にあるのに対し，経営管理の熟達者の研究ではマネジャーの役割や行動を既存の一般的なカテゴリに還元する傾向が強い．どちらも熟達者の示す多様な思考や行動を適切な水準で抽象化することに成功していない．また，そもそもマネジャーの仕事をめぐる経験的な現実に十分な注意を払っていないのではないかという疑念がある．これに対し，より実証的な態度でマネジャーの現実の仕事に迫ろうとした研究として，1950 年代に始まる管理者行動（managerial behavior）論がある．

　管理者行動論は，企業におけるマネジャーが日常的に何を行っているのか，どんな活動にどれだけ時間を割いているのかといった素朴な関心から出発する．その主要な研究手法は現場で働くマネジャーの日常の丹念な観察と記録であり，社会心理学というよりは人類学に近いものであった．

　管理者行動論はリーダーシップ研究とは異なる独自の歴史を持つが，経営学においては傍流的な存在であり，膨大な蓄積を持つリーダーシップ研究に比べると文献も限られる．その背景には調査に要する負荷の高さと多様な発見事実を統合する理論の不足がある．だが管理者行動論の成果はそれまでのリーダーシップ研究や熟達したマネジャーの研究の盲点をつくものであり，本書にとっても示唆的な内容を含む．ここでは，広範な文献渉猟によってこの領域を概括した金井（1991）および Korica *et al.*（2017）を手引きとして，管理者行動論の研究蓄積を吟味する．

第 1 章　現代のマネジャーに求められる学習

管理過程論が生んだマネジャーの理想像

　管理者行動論について検討する前に，それがどのような背景のもとで，何を乗り越えようとして企画されたのかを確認しておこう．管理者行動論は，今日の経営学や組織論の基礎を築いたとされる管理過程論（management process school）に対する異議申し立てとして生まれたものである．

　科学的管理法を構想した Taylor とともに管理過程論の創始者と目されているのは，自身もフランスの鉱山経営者として活躍した Fayor である．Fayor (1949) は生産，購買，財務など組織の業務活動の中から管理活動を明確に分離した．管理活動は全社計画を立て組織の諸活動を統合する活動であり，個々の業務活動とは質的に異なっている．それは計画すること，組織化すること，指令すること，調整すること，コントロールすることの 5 局面からなる管理過程である．このように管理活動を一つながりの過程として定義することによって，Fayor は管理活動を個別の業務からは独立した，一般的で分析可能なプロセスとしてとらえようとした．彼が管理方法の普及や管理者教育の必要性を論じたのも，このような理論の延長線上においてである．それまでの研究の主要な関心は労働者の作業をいかに効率化するかという点にあり，マネジャーそれ自体が分析対象としてハイライトされることはなかったのである．

　Fayor に始まる管理過程論は，その内容を随時改訂しながら，今日まで脈々と引き継がれている（二村，1999）．Fayor は管理活動を航行中の船の航路計画にたとえ，その重要性を強調した．以来，管理過程論の系譜において最も重要な地位を与えられているのは，優れた戦略の策定とコントロールである．分析に基づいた戦略計画とそれに基づく管理こそマネジャーの重要な役割であり (Potter, 1987)，「直感型マネジャーの時代は残りを数えるばかりだ」(Drucker, 1954)．管理過程論はまず生産，購買，販売など企業の機能別計画を，次にそれらを統合した事業計画を生み出し (Steiner, 1969)，ついには諸々の計画を作成するためのメタ計画を生み出すに至った (Emshoff, 1978)．

　戦略計画の重視は，同時にその実行の軽視をもたらした．戦略策定に比べれば，その実施はたやすい．管理過程論の想定する計画と実行の分離は，価値の高い上流工程と代替可能な下流工程の分離，実行部門に対する企画部門の優位につながっている．こうしたヒエラルキーはそのまま企業のマネジャー像にも

持ち込まれた．マネジャーとは優れた計画を立案し，能動的に組織を動かす司令塔，指揮者のような存在である．部下に実務を任せ，自らは戦略計画と例外処理に専心するというよきマネジャーに対する一般のイメージは，管理過程論にその起源を求めることができる．

管理者行動論が発見したマネジャーの現実

管理過程論は，経営学の黎明期において経営者やマネジャーの仕事を初めて理論的に規定するものであった．これに対し管理者行動論は，地道なデータ収集により，現実の組織で経営管理に携わるマネジャーの仕事ぶりが，管理過程論が描いたような姿にはそぐわないことを示した．管理者行動論は初期にはマネジャー自身に日常の詳細を記録させる日誌法を用い，やがて活動サンプリング法や観察法をとるようになった．以下では，その主要な発見事実を順に詳論する．

まず，マネジャーの日常行動は断片化している．マネジャーが他者との接触なしに単独で活動している時間はきわめて短く，全活動時間のわずか10〜20%にすぎない（e.g., Carlson, 1951; Kotter, 1982）．残りの時間は何らかの形で他者と接している．また，それぞれの活動の持続時間はその半数が10分内外であり（Mintzberg, 1973），30分に1回は雑用が割り込むなど，まとまった時間がとれない日常を送っている（Stewart, 1967）．

次に，マネジャーの活動の多くは受動的になされ，マネジャーは自身の活動を能動的に制御することができない．Carlson（1951）は，マネジャーはオーケストラの指揮者のような存在だと思って調査を始めたが，いざその実際の姿に触れてみると，次から次へと降りかかる出来事に対処するさまはまるであやつり人形のようであったと述懐している．Mintzberg の調査によると，対人接触において受動的に開始される活動時間は全体の約40%を占め，マネジャー自身の働きかけによって能動的に開始される活動より多い（Mintzberg, 1973）．

また，マネジャーは自身が所管する集団以外の関係者，たとえば同じ組織内の上司や他部署，あるいは社外の関係者と頻繁に接触している．複数の調査が，マネジャーの「外部」との接触時間が全体の40〜50%に上ることを示している（e.g., Mintzberg, 1973; Stewart, 1967）．これらは指揮・指令の一元化や，組織図上の公式経路に則ったコミュニケーションなど，管理過程論の奨めるマネジ

メントの原則から逸脱している．

　頻繁なコミュニケーションは文書よりも口頭を通じてなされる．持ち時間の60〜70％がそのようなコミュニケーションに費やされている．管理過程論由来の標準的なマネジメントが想定するような，文書による管理は重視されていない．口頭コミュニケーションの多くは非公式的でくつろいだ仕方でなされ，当座の業務とは無関係な話題も多い（Kotter, 1982）．

　以上に挙げた内容はいずれも数十年前の調査結果である．インターネットや電子メールの普及した現代において，マネジャーの日常活動に変化はないのか．この点に関する調査研究は多くはないが，ある IT 企業のマネジャーたちの場合，活動の切り替えは平均して 3 分に 1 回起こり，電子メール対応の平均持続時間は 2.5 分であった（Gonzalez & Mark, 2004）．この例では，電子メールの登場はマネジャーの活動の断片化をさらに押し進めている．また，Tengblad（2002）が行った経営幹部の調査によると，電子的なコミュニケーションと口頭によるコミュニケーションの比率は世代によって異なり，比較的若い世代のマネジャーは年長世代よりも電子メール対応にかける時間が 2 倍多かった．もっともTengblad は，1950 年代のマネジャーと 1990 年代のマネジャーの日常活動の間に，違いよりも類似性のほうが多いことに驚いている．

　管理者行動論の示したマネジャーの慌ただしく断片的な日常は，その後もいくつかの研究によって確認されている（e.g., Boist & Liang, 1992; Martinko & Gardner, 1990; Porter & Nohria, 2018; Tengblad, 2012; Vie, 2010）．これらの消息をたどる限り，IT 技術の普及は，かつて管理者行動論の描いたようなマネジャーの日常の断片性を改善するというより，さらにせわしないものにしていると言えそうである．

　このように，管理者行動論は記述的アプローチによってマネジャーの日常行動の現実を浮き彫りにした．しかし，マネジャーの日常行動の評価をめぐって研究者たちの間では意見が分かれた．初期の管理者行動論を主導した Carlsonや Stewart は，マネジャーの実態を改善すべき事態と見なした．彼らによれば，この事態をもたらしたのはマネジャーの思考や計画の欠如である．問題は日常業務が計画作成業務を駆逐してしまうことにある（cf. March & Simon, 1993）．仕事の生産性を高めるために，マネジャーは時間管理を学び，時間を捻出しな

がら自身の本来業務，すなわち戦略計画にあたることができるよう努力すべきである．そこで Stewart は，過度な断片化を防ぐために秘書を設置することや，大学のオフィスアワーのように社員との面会時間を限定することなどを提案している．Carlson や Stewart の見解は，マネジャーの現実をどう見るかという点において管理過程論と対立する一方，マネジメントの理想像を思考や計画に基づかせる点において管理過程論と方向性を共有している．

　一方 Kotter や Mintzberg は，マネジャーの断片性や受動性を，複雑な環境変化に対する適応的な反応として肯定的に評価しようとした．たとえば Mintzberg（1973）は，断片化や口頭コミュニケーションの重視は，新鮮な情報を得ようとするマネジャーの志向性によって生まれていると論じた．実際，マネジャーはやむなく仕事を中断させられる一方，自発的に中断させることもある（Gonzalez & Mark, 2004）．また，外部環境の変化率が高いほど，権限関係にとらわれない柔軟な口頭コミュニケーションが増加することが確かめられている（Burns, 1957）．Kotter（1982）は，日々の断片性や受動性は，マネジャーが思い描く方針や検討課題（agenda）と組織の内外に及ぶ広範な人的ネットワークがあることによって，非能率的な見かけとは裏腹の能率性を獲得していると主張した．このように，受動的で断片的に見えるマネジャーの日常行動は，単に周囲の環境から強制されたものであるだけではなく，同時に何らかの能動的な側面を持っている可能性がある．だが，以上の諸問題が最終的な決着を見ないまま，管理者行動の研究は 1980 年代から 1990 年代にかけ，管理者行動の国際的な特徴比較（Boist & Liang, 1992; Doktor, 1990）や「計画」「物の見方」など管理者行動の一部の詳細分析（Marshall & Stewart, 1981; Snyder & Glueck, 1980）に焦点を移していった．

　2000 年代に入ると組織論の内部では，人々が実際に行っていることに関するデータが少ないために，仕事やそれがどのように組織化されているかについて古びたイメージが増加していることに対する批判が起こった（Barley & Kunda, 2001）．管理者行動の研究においても，「マネジャーは何をしているのか」という，すべての始まりとなった問いがあらためて検討されるようになった．

　この分野では，マネジャーの仕事の細部に「ズームイン」する時期と，「ズームアウト」してマネジャーの一般的な役割機能や効果性に目を向ける時期と

が振り子のように交互に訪れる（Nicolini, 2009）．2000 年代になって管理者行動の研究分野でも質的な観察研究への回帰が起こったが，Korica らによれば，マネジャーの仕事に対する理解は今なお「時として心配になるほど伝統的」である．観察内容を支配的なカテゴリ[8) に押し込める傾向が依然として強く，新規の理論開発はほとんどなされていない（Korica *et al.*, 2017, p. 163）．

Korica らは，こうした状況を打破するには，マネジャーの実践（practice）が特定の場所や時間でどのように達成されているか，それらがどのようにほかの活動と結びついたり区別されたりするかを，丹念に分析するところから始めるほかないと主張する．ここで「実践（practice）」と言われているものは，個人の行動というよりは社会的ないしは物質的に媒介された行動，すなわち他者や人工物，制度などとの間の相互作用を意味している（Reckwitz, 2002）．この意味での実践は必ずしも意識的に行われるわけではなく，時に目的が判然としない場合もあるが，全体としてはある種のパターンや一貫性を備えている（大森, 2015）．

以上の通り，今日の管理者行動をめぐっては，マネジャーの日常的現実の豊かなデータへの関心が再び高まっている．ただしその際，マネジャー個人の自覚的な行動だけでなく，身体的，物質的，社会的側面を備えた実践の諸様式を分析単位とすることで，従来の伝統的なカテゴリにとどまらない，新たな概念やモデルを開発することが期待されている．

認知科学における熟達者研究

ここまで，リーダーシップやマネジメントの領域における熟達者や高業績者の特徴に関する研究を概観してきた．一方，認知科学にはビジネスパーソンにとどまらず，様々なフィールドにおける熟達者の研究が蓄積されている．以下では，認知科学における熟達者の研究成果を整理する．

熟達者は，初心者に比べ構造化された知識を持ち，高度なパターン認識や卓越した記憶遂行ができる（Chi *et al.*, 1988）．熟達者はまた，場面に応じた適応性を発揮する．Hatano & Inagaki（1984）は，既存の手続きをより早く正確に

---

8) Korica らが支配的カテゴリの例として挙げているのは，Mintzberg（1973）によるマネジャーの役割モデルである．

実施できるようになる定型的熟達（routine expertise）と，手続きを柔軟に応用したり，新たに生み出したりできるようになる適応的熟達（adaptive expertise）とを区別した．定型的熟達が効率性によって特徴づけられるとすれば，適応的熟達の特徴は柔軟性と創造性である（Schwartz *et al.*, 2005）．また，適応的熟達者は，常に自らの知識を拡張することによって，核となる能力を進化させようとする．そのため彼らは，必要とあれば知的な初心者として学習する用意がある（Bransford *et al.*, 2005）．

　波多野（2001）によれば，適応的熟達者の優れた問題解決，転移，創造性の源は，よく構造化された概念的知識にある．それは宣言的知識（事実的な知識）とは異なる．物理の知識がなくても私たちは上手に物を投げることができるし，物理の知識があってもうまく物を投げられないことがある．宣言的知識を使用しているかのように巧みに行為がなされるということと，そうした知識を実際に宣言的に所有しているということとは別物なのである．概念的知識は手続き的知識（問題の解き方に関する知識）とも異なる．適応的熟達者の持つ柔軟性や創造性を step by step で書き下すことは難しい．プログラムやルールのような形でこれを表現しようとすれば，膨大なスクリプトができあがるか，もしくは「手続きを修正するための手続き」「手続きを修正するための手続きを修正するための手続き」といった無限背進を避けられないだろう．

　適応的熟達者の概念的知識についてわかっているのは次のようなことである．熟達者は，経験を通じて獲得した膨大な知識を用いて問題をパターン化し，目標からではなく，与えられた条件から前向きに推論する．熟達者の特徴はパターン化によってステップを縮減できることであり，これは大量のステップを高速で処理する能力とは別のものである．また，熟達者の知識の構造化のされ方は初心者とは異なっている．熟達者の持つ知識は問題に対処しやすい形に構造化されているので，熟達者は，初心者には認識できないような問題状況の特徴にすみやかに注意を向けることができる．

　このような知識は領域固有のものである．認知科学は，熟達化が特定の領域で生じること，熟達者の持つ高度な知識やスキルがきわめて限定的にしか転移しない性質のものであることをも示してきた（Chi *et al.*, 1988; Detterman & Sternberg, 1993）．さらに，熟達によって正確性やスピードが高まる一方，柔軟

性や敏感性は失われるとも言われる（Chi, 2006; Runco, 1994）.

　熟達者の知識や活動が問題や文脈に深く依存しているということは受け入れやすい. だがそうなると, 知識の領域固有性と熟達の適応性や創造性がどのように両立しうるのかという新たな難題が生まれる. 知識が状況や問題に固有のものでしかないとすれば, 状況や問題の数だけ知識が必要ということになる. また, 場面に固有の知識しか存在しないとすれば, 未経験の状況や問題に対処したり, 新たな知識を生み出したりすることがそもそも不可能になってしまう. よって, このような隘路に陥らずに熟達者の適応性や創造性をとらえることができるような新たな枠組みが必要である.

まとめ

　リーダーシップ研究は管理行動の多様性をうまく集約する概念を見つけられていない. 一方, 熟達者としてのマネジャーの研究は, 多様な行動を統計処理によって抽象化した結果, 伝統的にマネジャーの仕事とされる要素や, 従来の研究によって重要性が確かめられてきた要素を再確認するにとどまっている. これに対して管理者行動論は熟達したマネジャーの現実の姿を記述し, それが教科書的なマネジャー像から隔たっていることを示したが, マネジャーの示す多様な行動データを概念化する際には, やはり少数の伝統的カテゴリに依存している. さらに, マネジャーが見せる日常の機会主義的な行動様式が, 文字通りでたらめなものであるのか, あるいは合理的な側面を持っているのかも, 説明の必要な課題として残されることとなった.

　今日の管理者行動研究では, 組織論における実践への転回（practice turn）の流れを受け, 再び特定の文脈における個々のマネジャーの日常的実践への関心が高まっている. そこでは, マネジャーの行動を, マネジャー個人の合目的的な行動のみに限定するのではなく, マネジャーの周囲にある他者・人工物・制度との, 時に偶発的な側面を持つ, 物質的あるいは社会的実践としてとらえ直すことが期待されている.

　しかし, マネジャーと彼らを取り巻く環境との相互作用は複雑であり, マネジャーの具体的な現実から離れずに, 彼らの行動や実践について一般性のある概念を引き出すことは簡単ではない. かつて Whitley（1989）はマネジメントがきわめて文脈依存的であること, 状況から分離された普遍的な「マネジメン

ト能力」といったものが存在しないことを指摘し，特定のマネジャーが特定の環境でしていることを具体的に描写する以外に，マネジャーの仕事を論じることは不可能であるとすら言っている．

このように概念化困難と言われるマネジャーの多種多様な行動を分析するためには，実際の職場において結果として現れる多様な行動をカテゴリ化するのではなく，多様な行動を生み出す原因系に迫る必要がある．加えて，マネジャーが今も管理者行動論の述べるような断片的日常を送っており，そうした行動様式に何らかの適応性があるのだとすれば，解くべき課題は，なぜ，どのようにして現実のマネジャーの行動様式が適応的なものになるのかを，以上の観点を踏まえながら，特定の状況や事例に即して明らかにしていくことであろう．

他方，認知科学は，熟達者の認知過程を分析することで，概念的知識やパターン認識など熟達者の柔軟性や創造性を生み出す原因系にアプローチしている．しかし，熟達者の持つ知識やスキルは領域固有であり，状況や問題に固有のものである．すると，知識の領域固有性と熟達者の柔軟性や創造性はどのように両立するのかという難題が生じる．生じうるすべての場面に対して事前知識を持つことはできないとすると，場面応答的な知識がどこから来るのかがわからなくなるからである．このような原理的困難も手伝って，熟達者の柔軟性や創造性をもたらすメカニズムについては，まだ十分に解明されたとは言えない状況にある．

この状況を克服するためには，知識の累積的な獲得やそれらの構造化だけでなく，場面に応じた柔軟性や新たな何かを生み出す生成性が高まっていく過程として熟達化をとらえる視点が欠かせないと言える．この視点がなければ，未経験の場面において新たな知識や手法を生み出すという，本来の意味での創造性がどのように発揮されるかが不明なまま残ってしまうからである．

1.4.2　学習と熟達の過程と促進要因

次に，経営学におけるリーダーシップ開発論や経験学習論，そして認知科学における創造的熟達化の議論を参照しながら，熟達者が生まれる過程や学習のプロセス，学習を促進する要因などに関する研究を概観したい．

第1章　現代のマネジャーに求められる学習

リーダーシップ開発論とラーニング・アジリティ

　リーダーシップ研究は優れたリーダーが持っている「何かいいもの」の洗い出しに注力する一方，そうした特性がどのように獲得されるのかには関心を払ってこなかった．この点を批判したのが，McCall（1988）である．McCall はリーダーシップが後天的に開発可能であること，またそれは学校教育ではなく，職務経験によって学習されるものであることを強調した．リーダーシップ開発に有効な経験として具体的に取り出されたのは，「ゼロからのスタート」「立て直し」「ラインからスタッフへの異動」「事業の失敗とミス」といったイベントであった．リーダーシップ開発の実務において戦略的配置や職務アサインメントの重要性が認識されるようになったのは，McCall に始まるリーダーシップ開発論（McCauley *et al.,* 2014）の功績である．だが，一連の研究によって明確になったのは学習が起こる条件（経験の種類）のほうであり，経験からの学習が起こる過程やメカニズム自体はブラックボックスのままであった（Matsuo, 2015）．

　経験からの学習を促進する有力な要因として，ラーニング・アジリティ（learning agility）を挙げる研究も現れている．これは McCall が主導したリーダーシップ開発論の延長線上で発展してきたものである．Lombardo & Eichinger（2000）によれば，それは「初めての，タフな，あるいは困難な条件下で，うまくやるための新しいコンピテンシーを進んで学ぼうとする姿勢あるいは能力」である．変化に対応する能力を様々な個別能力に分解することなく，ラーニング・アジリティという高次の能力としてとらえた点で，この定義は注目に値する．だが，ラーニング・アジリティ自体は，将来のリーダー候補を早期選抜するための指標として扱われることが多く，開発されるものとは見なされていない．また，Lombardo らは，ラーニング・アジリティの構成要素に「厳しい条件下で結果を出す」「経験から学ぶ」「問題を新鮮な視点から眺める」「実験を好む」「他者に影響を与える」など多くのものを包含させている．このことが意味するのは，もともと個々の能力を獲得するメタ能力として定義したものを，結局は個々の能力の集積として描かざるをえなかったということである．

経験学習とアンラーニング

　現在，経験からの学習メカニズムとして人事・人材開発の世界で頻繁に参照されるのは，Kolb（2014）の経験学習モデルである．Kolb は，学習を「経験を

変換することで知識を作り出すプロセス」と見なし，そのプロセスを「具体的経験」「内省的観察」「抽象的概念化」「能動的実験」の四つに分解した．もともと Dewey の教育思想をルーツとして考案されたこのモデルは，前もって正解を教えることができない不確実な環境において必要な学習モデルとして言及されることが多い．中原（2013）の指摘する通り，Kolb の経験学習モデルは，同時期に注目された Schön（1983）の「省察的実践家」の概念とあいまって急速に普及した．この議論において特に重視されるのは内省（reflection）であるが，意識的な内省を介在しない学習に触れていないこと（Vince, 1998）や，社会的な要因が十分に考慮されていないこと（Kayes, 2002）などがしばしば批判されてきた．

Spreitzer *et al.*（1997）は，海外で活躍するマネジャーの経験学習行動に着目して調査を行った．海外での勤務は環境変化への対応そのものであり，適応力や学習力が問われる状況である．実際，Spreitzer らのねらいは，変化に対応する潜在的能力の抽出にあった．調査の結果，海外で活躍できるマネジャーに必要な資質として，冒険心，学習機会の活用，オープンさ，フィードバックの活用，柔軟性などの指標が見出された．日本でも楠見（1999）が経験学習に関する意識調査を行い，マネジャーの「経験から学ぶ態度」の要素として挑戦性，柔軟性，状況への注意とフィードバック活用の三つを取り出している．ほかにも日本では Kolb の経験学習モデルを下敷きにした調査が活発に行われており，たとえば松尾（2013）や中原（2014）は内省の習慣，あるいは内省を促す環境が重要な役割を果たすことを示した．特に，マネジャーのアンラーニングを分析した松尾（2021）の議論は，本書の主題とも関係が深い．アンラーニングは既存の前提や成功事例によって蓄積された強みを棄却・置換するような学習であり，高次学習そのものだからである[9]．

松尾によれば，アンラーニングはきっかけとなる外的経験（昇進・異動，他者の行動）とそれに対する批判的内省によって生じ，成果が上がることによって強化される．上司の社会的影響力や本人の学習志向と自己変革スキルがこのサ

---

9) Hislop *et al.*（2014）は，個人のアンラーニングの過程は組織のアンラーニングの過程と多くの共通性を持つこと，にもかかわらず十分に分析されていないことを指摘している．

イクルを促進し，心理的抵抗や職場の無理解，習得するスキルの難しさは妨害要因となる．

　これらの諸要因は経験的にも受け入れやすい．その一方，Kolb の経験学習サイクルを発展させた研究には次のような課題もある．第一に，彼らの学習モデルにおいては意識的な内省（reflection）や批判的思考が学習の重要な引き金となっている．そもそも，マネジャーや組織成員が埋め込まれている諸制約は簡単に意識化したり変更したりできる性質のものではない．仮にマネジャーが内省によってそれらを対象化できたとしても，インタビュー調査や質問紙調査によって取り出されたマネジャーの内省（言語報告）が，マネジャーの学習の原因となったものなのか，学習の結果として得られたものなのかを識別することは難しい．

　第二に，マネジャーの内省が確かに学習の原因となったとしても，「よい」経験学習と「わるい」経験学習を何によって区別するのかという問題が残る．過去の成功経験によってかえって失敗してしまうマネジャーも，保守的な組織に入っていつのまにか「リスクをとらなくなる」若手社員も，何らかの経験学習によってそうなったことに変わりはないからである．経験学習モデルでは，「学習」を単離してモデル化した結果，学習の前後でマネジャーの行動に具体的にどのような変化が生じるかは説明や予測の範囲外となっている．こうした点を明らかにしていくためには，具体的な観察データをつき合わせて，モデルが実際にどのように機能しているかを確認していく必要があるだろう．

創造的熟達化

　長期の経験を通じて高度な知識やスキルを獲得する過程は，熟達化（expertise）と言われる．熟達化には少なくとも 10 年を要するとされ（Ericsson, 1996），その過程にはいくつかの発達段階が認められる（e.g., Dreyfus & Dreyfus, 1980）．認知科学では様々な領域の熟達化が研究されているが，今日のマネジャーには非連続な環境変化に創造的に対処することが求められるという背景を踏まえ，ここでは創造的熟達に関する研究知見を取り上げたい．

　創造的熟達とは，定型的熟達や適応的熟達に加えて，創造のメカニズムや創造性の獲得を検討するための概念として，Simonton（1996）や岡田（2005）によって提示されたものである．芸術家の熟達過程を長期にわたって調査した横

地（2020）によれば，創造的熟達化にあたっては，具体的なアイデアを出し，プランを立て，適切に表現することをサポートする認知的枠組み（創作ビジョン）が重要な役割を果たす．熟達化の過程は，探索的な練習と省察により徐々に創作ビジョンを生成するまでの段階と，確立した創作ビジョンを多彩な作品に展開させていく段階に二分される．一連の過程は必ずしも目的主導的ではなく，創発的な側面を持っている．また，多くの芸術家は，何度か自己否定的な変化を繰り返しながら，創作ビジョンを確立していくという．

　こうしたアイデアに触発されて，楠見（2014）は，マネジャーの熟達化を，見習いから定型的熟達，適応的熟達を経て創造的熟達に至る4段階に区分している．創造的熟達者となったマネジャーは，高いレベルのパフォーマンスを効率よく正確に発揮できるだけでなく，新規な難しい状況においても創造的な問題解決によって対処できるようになる．そのようなマネジャーはメタ学習者の有力な候補と言ってよいだろう．

　創造的熟達化に関する研究は，非連続な環境変化に直面したマネジャーの学習を検討する上でも示唆に富んでいる．その一方，熟達化の過程を質的に異なる複数の段階に分解してしまうと，ある段階から次の段階への移行がどのように起こるのかが説明困難になるという難点がある．マネジャーがある日を境に適応的熟達者から創造的熟達者に生まれ変わるということはない以上，この変化を連続的に説明できるようなモデルが求められると言えよう．

　また，創作ビジョンという高次の認知的枠組みを重視する横地・岡田（2007）や岡田ら（2007）の熟達モデルは，「創作ビジョンの明確化が最終相ではない」（横地，2020, p. 126）としつつも，やはり「完成（perfection）」という意味合いを内包しているように思われる．この最終的な完成状態には，「熟達者は誤らない」「完成したら変化しない」という含意がある．それは，Dreyfus & Dreyfus（1980）にルーツを持つ熟達の段階論（e.g., Benner, 1982）にも共通する特徴である（池田，2013）．しかし，それまでの強みが弱みに転じるような予期せぬ変化に何度も直面するマネジャーを，完成された，過たぬエキスパートとして解釈することは難しい．

　創造性を発揮するためには，安定性や反復性よりも変動性や柔軟性が重要である．そこで求められるのは，完成されたパフォーマンスよりも，むしろエラ

ーを含む多様な試行である．予期せぬ環境変化に何度も直面するマネジャーにとっても事情は同じであろう．このように考えると，創造的な人がどのようにして高いレベルの変動性（variability）を維持しているのかという問題（Stokes, 2001）にあらためて焦点をあてることにより，創造的熟達化の研究における未解明部分を補完することができると思われる．

まとめ

1980 年代後半になると，企業をとりまく環境の変化，人々の対処する問題の複雑化や不確実化と軌を一にする形で，リーダーシップや変化に対応する能力がどのように学習されるのかが重要な主題となった．近年はそのメカニズムとして経験学習モデルが普及し，リーダーに求められる要件としてラーニング・アジリティ（learning agility）に注目する研究も生まれている．経験を通じてうまく変化に適応していく過程が学習と関わっているという視点は重要である．しかしながら，アンラーニングに関する松尾らの研究も含め，Kolb の経験学習モデルに基づく諸研究には，内省に強く依存しているほか，学習の前後で生じる行動変化に対して必ずしも十分な関心を払っていないといった課題があった．

認知科学に目を転じると，本書がターゲットとするマネジャーの熟達に類した領域として創造的熟達化の研究群がある．創造的熟達者はメタ学習を行うマネジャーとも多くの共通点を持つように思われるが，創造的熟達者に向けた熟達のプロセスは複数の段階からなる発達過程として描かれることが多く，異なる段階間をどのように移行するのかが明確でない．また，「完成形」に近づいた創造的な芸術家やマネジャーが創造に必要な新規性や変動性を維持しているのはどのようなメカニズムによってかという問題に対しては，必ずしも明確な回答が得られていない．

これらを踏まえると，創造的な熟達へと向かう過程を，突発的ではなく連続的な，行動レベルの変化として記述するようなモデルが求められていると言える．また，この過程は，安定した完成形に向かう過程というよりは，むしろ新規性や変動性を増していく過程として理解される必要がある．

1.5　ミニチュアによるモデル化を用いた段階的アプローチ

　本書では，企業で働くマネジャーのフィールド調査を行う．ただし，フィールド調査の前に，フィールドで起こっていることと共通性があり，要因統制が可能で，かつ短期間で変化が観察できるようなミニチュア課題を設定する．このミニチュア課題の研究からメタ学習をモデル化し，これを仮説としてフィールド調査に進む．

　こうした段階的アプローチには先例がある．たとえば，起業家の行動原則に関する研究（Fisher, 2012; Sarasvathy, 2022）や組織ルーティンと組織記憶に関する研究（Cohen & Bacdayan, 1994）では，心理学実験により作成された初期モデルをもとに事例研究やフィールド調査を行い，有益な知見を導き出している．このように，ミニチュア課題によって事例研究などの初期仮説を策定する手法は複雑な事象の解明に有効なアプローチであるが，研究事例は限られており，事例の拡大と方法の一層の洗練が求められていると言える[10]．

　本書において段階的アプローチをとる理由は，マネジャーの熟達が長期間にわたる観察を要する複雑な事象であるのに対し，この事象に対応するメタ学習のモデルはまだ存在しておらず，純粋に探索的なアプローチでは解明の見込みが薄いためである．一般に熟達化は数年間という時間スケールで生じる変化である．そこには身体的要因，認知的要因，社会的要因など様々な要因が影響するため，変化の引き金となった要因を特定するのが難しい．このような場合には，最終的に解明したい事象と共通性のあるミニチュア課題を研究することで，一般にフィールド調査において相当の時間を要する初期仮説の形成を効率化することができる．

　なお，ミニチュアの事象とフィールドの事象の共通性は，事象のレベルというより，それらを抽象化した概念のレベルにある．本書では，概念のレベルにおけるメタ学習のモデルを概念モデルと言うことにする．また，概念モデルを

---

10)　本書のアプローチでは，ミニチュア課題とフィールドで共通性はあるが異なる事象を対象として取り上げる．これは，同一の事象に対して質的・量的手法を組み合わせて分析を行う混合研究法（e.g., Creswell, 2015）とは異なるものである．

第 1 章 現代のマネジャーに求められる学習

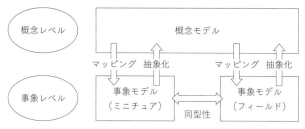

図 1-1　概念モデルと事象モデル

個々の事象にあてはめて得られるモデルを事象モデルと言うこととする．そして，概念モデルの構成要素や要素間の関係性を事象レベルの観察データに対応づけることをマッピングと言い，事象モデルから事象に固有の要素を捨象して概念モデルを生成したり，修正したりすることを抽象化と言うこととする（図1-1）．

　レベルの異なる複数のモデルを適切に関係づけるための条件は，(1)ミニチュアとフィールドにおいて説明したい事象が準同型であり共通性を持つこと，かつ (2)概念モデルから事象モデルへのマッピングや，事象モデルから概念モデルへの抽象化が適切に行われること，である．各々のモデルの構成要素や要素間の関係が，概念のレベルと事象のレベルを混同することなく的確に対応づけされる必要があるため，本書においても，この対応づけを慎重に行うこととする．

　重要な点は，ミニチュアの事象モデルがフィールドの事象モデルへと一対一でそのまま対応するわけではないということである．両者に共通なのはあくまでも概念レベルの特性（概念モデル）であって，事象レベルにおけるその表現（事象モデル）ではない．事象モデルの具体的な構成要素は，どのようなミニチュア課題やフィールドを調査するかに応じて変わってくるものだからだ．

　本書全体の研究の流れを図1-2に示す．本書は主に心理学実験によるミニチュア研究とマネジャーのフィールド調査から構成される．ミニチュア研究に取り組む際に，先行研究を参考にメタ学習の暫定的な概念モデルを作成する．次に，心理学実験を通じてミニチュアの事象モデルを作成し，実験結果を踏まえて概念モデルを修正する（第2章）．その後修正された概念モデルを初期の

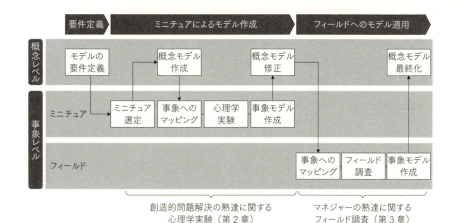

図1-2 本書のアプローチ
モデル：概念レベルおよび事象レベルにおけるメタ学習のモデル．

仮説としてフィールド調査を行い，フィールドの事象モデルを作成する（第3章）．最後にフィールド調査の内容を抽象化し，メタ学習の最終的な概念モデルを提示するとともに，その全体像や機能をあらためて検討する（第4章）．

第2章　メタ学習のミニチュアとしての洞察の熟達

　この章では，マネジャーのメタ学習のミニチュアとして洞察問題解決の熟達を取り上げる．洞察は，既存の制約（思い込み）を緩和し，新たな解を創出する学習過程であり，既存のルーティンをアンラーンし，新たなルーティンを生成するマネジャーの高次学習と多くの共通性を持つ．よって，洞察の熟達は高次学習の熟達，すなわちメタ学習のミニチュアとなる（2.1）．

　洞察の熟達は認知科学の重要テーマであるが，従来の研究は洞察の熟達を低次学習に還元し，高次学習の熟達としてのメタ学習の姿をとらえていない（2.2）．そこで，身体性認知や創造的問題解決の個人差に関する研究を参考に，試行の多様性，評価の適切性，外的資源との認知的協調という三つの要素がパフォーマンス向上を促進するというメタ学習の暫定的な概念モデルを作成し（2.3），複数の非定型課題からなる実験をデザインした（2.4）．概念モデルの要素を実験において観察可能な事象にマッピングし（2.5），この事象モデルをもとに実験データを分析したところ，モデルの予測に従う結果が得られた（2.6）．さらに参加者数を増やして実験を行い共分散構造分析を行うと，事象モデルに妥当性があることが確認できた（2.7）．

　一連の実験を通じて，問題解決の主体，身体，外的環境の全体的な関係性の変化がメタ学習の起点となることが明らかとなった（2.8）．特に重要な点は，メタ学習が知識の構造化やスキルの洗練だけでなく，身体，人工物，環境など認知の外的資源との協調的な関係の構築を含んでいるということである．これらは従来経営学において注目されることの少なかった要素であり，フィールド調査に新しい着眼点をもたらすことが期待されるものである（2.9）．

2.1　なぜミニチュア課題として洞察を選ぶか

2.1.1　ミニチュア課題の条件

マネジャーの熟達に対するフィールド調査を行う前に，フィールドの事象と共通性のあるミニチュア課題を用いてメタ学習に関する手がかりを得る必要性について述べた．メタ学習は高次学習の熟達であるから，まずは高次学習と共通の要素を持った事象を探すことが第一の課題となる．

マネジャーの非連続的な環境変化への適応（高次学習）には重要な特徴が二つある．一つは，これまでにない新規戦略を生み出し，実行しなければならないということである．言い換えると，試行錯誤による学習を通じて新しい解決策を創造しなければならないということだ．

もう一つの特徴は，新しい解決策の創造にあたって，それまでにうまくいっていた考え方や仕事のやり方を捨て去ったり，再構築したりしなければならないということである．高次学習が通常の学習に比べて困難なものとなるのは，過去の成功経験から生まれた様々な制約が，新しい解決策の創造を妨害するためである．成功経験が強力であればあるほど，それによって生まれた制約から逃れることは難しくなる．

よって高次学習のミニチュアは，(1)新規性のある解決策の創造，(2)既存の制約のアンラーニング（学習棄却）の二つの要素を含まなければならない．加えて，フィールドに比べ要因を統制しやすく，短時間で変化が確認できる事象が望ましい．こうした観点で共通性のある領域を探すと，洞察（insight）が浮かび上がる．

洞察は創造的問題解決の代表例である．それは過去に経験した解法に基づく再生的思考とは異なり，まったく新しい解を創造する生産的思考の一つである（Mayer, 1992）．洞察問題の重要な特性は，解決の前後で，問題やその構成要素に関する存在論レベルの表象変化が生じる点にある（Weisberg, 1995）．

洞察問題では，通常は有用なヒューリスティクスや領域知識が解決を阻害する．洞察問題を解決するには，こうした日常的には有効な「常識」から離れ，新しい問題の見方や解き方を生み出す必要がある．洞察の難しさと創造性はま

さにこの点に由来する．1990年代以降の認知科学は，この変化が才能ある個人に偶然訪れる天啓ではなく，潜在的なレベルで漸進的に進行するある種の学習の結果であることを明らかにしてきた．

　一般に過去経験の累積は学習や問題解決を促進するのに対し，洞察では過去経験がむしろ解決を阻害する．そして過去経験に基づく解決パターンを超え出るところから新たな洞察がもたらされる（三輪・寺井，2003）．この構造はマネジャーの高次学習と同じであり，過去に有効であった制約の緩和は既存手法のアンラーニングに，洞察による解の創造は新規手法の創出にそれぞれ対応する．

　さらに，創造的問題解決の実験室で見出された知見は，より複雑な社会的状況においてもあてはまること，いわゆる洞察・発見課題だけでなく，多くの認知活動が創造的な成分を持っていることが知られている（鈴木，2016a）．裏返せば，創造性は必ずしもそれに特化したメカニズムや処理機構を前提にしなくとも説明できるということであり，日常的かつ汎用的なモジュールの組み合わせによって実現されているということだ（阿部，2019）．

　フィールドでマネジャーが行う問題解決も，洞察の心理学実験で参加者が行う問題解決も，各々に特化した専用の処理機構でなされているわけではなく，ある程度共通の機構を基盤としてなされていると考えられる．これらを考え合わせるならば，洞察は認知機能の面でも処理機構の面でもフィールドへの適用に向けて有効な示唆をもたらす可能性が高い領域であると言えよう．

　このように，洞察問題解決は高次学習の典型事例であり，マネジャーが非連続的な環境変化に適応することと強い類似性がある．それゆえ，もし複数の洞察問題を解決する過程で洞察そのものに関する熟達が生じたとすると，それは高次学習の熟達としてのメタ学習に相当する変化となる．この変化こそ，非連続的な環境変化の常態化に適応することのミニチュアであり，本章で探究するターゲットとなる事象である．

2.1.2　洞察問題解決

　ここで，洞察とはどのような認知過程なのかをもう少し詳しく確認しておく．洞察問題とはその解決にひらめきや発想の転換を必要とする問題である．長らく神秘的な現象とされてきた洞察を最初に研究対象として取り上げたのはゲシ

ュタルト心理学であるが，1990 年代以降，認知科学がそのメカニズムを精緻に分析してきた．その中には洞察のプロセスを説明する複数のモデルが存在するが，洞察を天才のエピソードとしてではなく，一般の人間にも観察される事象としてとらえようとする点，洞察のプロセスを通常の認知過程あるいはその特殊な組み合わせによって説明しようとする点は，いずれのモデルでも共通している．

洞察問題解決には標準的な問題解決とは異なる特徴がある．以下，鈴木 (2004) を参考に，洞察の四つの特徴を説明する．第一に，答えを聞けばごく簡単な問題であるにもかかわらず，なかなか解けないという特徴がある．このことは，洞察問題の難しさが問題の複雑さや解に至るまでのステップの多さにあるわけではないということを示している．

第二の特徴は，同じ失敗を何度も繰り返すことである．この現象は，固着 (fixation) あるいは行き詰まり (impasse) と言われる．多くの場合，同じ失敗を繰り返していることは本人にも自覚されている．通常の問題解決であれば失敗を契機として別の解決策が探索されるが，洞察ではどういうわけか同じ打ち手に固執するという現象が見られる．

第三に，有益なヒントや手がかりを与えられても見逃してしまうという特徴がある．洞察問題に関しては，人は正解のためのヒントを提示されても，すぐにはそれを利用しようとしない．Weisberg & Alba (1981) は，9 点問題（図 2-1 中）の実験において，問題を解いている参加者に「正方形の枠外に出る」という決定的なヒントを与えたが，その後すぐに問題を解決する参加者はほとんどいなかった．このほか，第三者から見ると正解に近づいていると思われる場面でも，それを無視して正解から遠ざかってしまう (Kaplan & Simon, 1990) など，洞察問題では人が有益な手がかりになかなか気づかない，もしくはうまく利用できないという現象が報告されている．

最後に，問題の解決が，少なくとも主観的には，瞬間的な Aha! 体験として唐突に訪れるという特徴がある．通常の問題解決ならば，人は自分が徐々に正解に近づいていることを意識化できる．ところが，洞察問題解決の場合はこうしたメタ認知がうまく働かない．Metcalfe (1986) は，問題解決中の参加者に，どの程度正解に近づいているかを自己評定させる実験を行った．標準的な問題

40

第 2 章 メタ学習のミニチュアとしての洞察の熟達

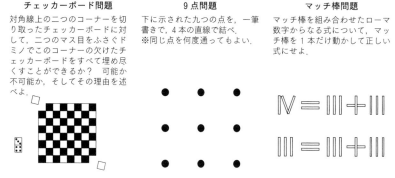

図 2-1 様々な洞察問題（三輪・寺井，2003 より一部改変）

解決の場合，参加者自身による評定はおおむね正確であるが，洞察問題解決の場合はそうではなかった．参加者は意識的なモニタリングによって適切に現状を評価することができず，正しく解けた問題よりも，解けなかった問題のほうが自己評定が高かったのである．

認知科学の領域では，これまで洞察を脱神秘化する複数のモデルが提案され，実験的に検証されてきた．代表例として，問題空間の探索（Kaplan & Simon, 1990; 寺井ほか，2005），問題表象の再構成（Ohlsson, 1992），制約緩和とチャンク分解（Knoblich *et al.*, 1999）などがある．以下では，図 2-1 に示すような様々な洞察問題を題材として，洞察をもたらすメカニズムがどのように検討されてきたかを紹介する．

Kaplan & Simon（1990）は，チェッカーボード問題のプロトコル分析[1]を行い，洞察問題における行き詰まりとそこからの脱出の過程を記述した．彼らによれば，行き詰まりを引き起こすのはある問題空間内における選択や手続きのエラーではなく，問題空間それ自体の選択ミスである．行き詰まりは，参加者が誤った問題空間（たとえば，ドミノでチェッカーボードを埋め尽くすという "covering" 問題空間）を探索し，そもそも適切な問題空間（一度に白と黒のマスのペアを埋めていくという "parity" 問題空間）を選んでいないために生み出されてい

---

1) 実験参加者に，思考過程をそのまま発話しながら課題に取り組むよう求め，得られた発話データ（プロトコル）を分析する手法．記憶や問題解決の研究に用いられる．

る．洞察は，人が誤った問題空間から適切な問題空間に移行したときに初めて
もたらされる．

Ohlsson（1992）によると，洞察問題が難しいのは，長い経験によって形成
された習慣的な問題表象が，正解に至るための適切な問題表象を阻害している
からである．9点問題では，「与えられた正方形の枠内で線を描く」あるいは
「点は始点あるいは終点としてのみ活用される」といった情報が問題表象に含
まれており，このことが行き詰まりを引き起こす．人が洞察に至るのは，こう
した不適切な問題表象が再構成されたときである．

Knoblich *et al.*（1999）は，マッチ棒問題を用い，洞察が制約の緩和とチャン
ク分解によってもたらされることを実験的に示した．マッチ棒問題における制
約とは，たとえば「Ⅱ＋Ⅲ＝Ⅳ」といった所与の等式において，「＋」や「＝」
などの演算子の使い方は変更しないといった思い込みである．一方，チャンク
とは，「Ⅱ」「＋」などの対象がそれ以上分解できないものとして知覚されるこ
とを指す．マッチ棒問題を解くためには，こうした制約の緩和，あるいはチャ
ンクの分解が必要である．

1990年代になって相次いで提案されたこれらのアプローチのうち，洞察と
いう謎めいた事象を最もよく説明するのは，制約とその緩和（relaxation）によ
って洞察が生まれるとする制約緩和アプローチである．制約緩和アプローチは，
創造的な認知活動を無から新たに何かが生まれる現象としてはとらえない．こ
のアプローチのユニークな点は，何かが表に出るのを抑制しているもの（制約）
があり，その強度が相対的に弱まることによって創造が生み出されると考える
ところである．

中でも制約の動的緩和理論（開・鈴木，1998）は，洞察を瞬間的な出来事では
なく，ダイナミックな相互作用の産物として説明するプロセス志向のモデルで
あるという点で，本書にとって重要な手がかりを提供する．以下，この理論が
前述の洞察の四つの特徴をどのように説明するかを確認しよう（鈴木・開，
2003）．

一般に「制約」という言葉には自由を束縛するようなネガティブなニュアン
スがあるが，認知科学ではポジティブな意味を持つことが多い．制約（con-
straint）とは，無数の情報の中から意味のない情報や仮説を排除し，特定の情

報に注意を向けさせたり，探索を方向づけたりするフィルタのような機能を果たす内的機構である．制約は知覚，思考，発達など様々な認知過程の基盤にあると考えられている．私たちがフレーム問題に直面せずに日常生活を送れるのも，子どもが限られた経験から迅速に知識を獲得できるのも，こうした制約があるためだ（e.g., Hatano & Inagaki, 2000）．制約があるからこそ，私たちは外界の複雑性に無防備に直面しないで済んでいるのである．ところが洞察問題では，普段は有用な制約がかえって足かせになってしまう．洞察問題が一見簡単そうでなかなか解けない理由はそこにある．これが第一の特徴に対する説明となる．

　解決すべき問題に対して妨害的に働くような制約が緩和することで，人は初めて正解にたどり着く．動的緩和理論は，複数の制約が試行錯誤を通じて相互に影響し合いながら動的に強度を変化させるととらえる．失敗を繰り返したり有益なヒントを見過ごしたりするのは，その時点ではまだ妨害的な制約の強度が相対的に高く，別のやり方を試したり，その有効性を評価したりするレディネスがないからである．逆に言えば，失敗の繰り返しは，そうしたレディネスを醸成するために必要な過程であるということになる．以上が第二，第三の特徴に対する説明である．

　動的緩和理論によれば，制約緩和はもっぱら潜在レベルで進行する（西村・鈴木, 2006）．問題解決中のいろいろな試行は，意識上では単なる失敗として片づけられてしまうが，意識下では自らの生み出す知覚情報からの潜在学習が進んでいる．潜在学習によって影響を受けるのは行為の調整レベルであり，これによって次第に適切な試行が増加する．正解の直前になって初めて意識上でも状況が把握され，Aha! 体験が訪れる．ひらめきは意識的なコントロールを離れたところで先行して行われている処理の結果を，意識が後から認識することによって生み出されるものであり，ひらめいた瞬間に何かが創造されているわけではない．これが第四の特徴に対する説明となる．

　このように，ある洞察問題を解決する過程において，制約の強度や試行に対する評価関数は変化する．それは既存の固定的な知識を適用する過程ではなく，普段はしないような解決策を生み出したり，物の見方が変わったりするような変化の過程なのである．洞察は飛躍的なひらめきの体験として生じるが，実際には，それに先立つ潜在的かつ漸進的な変化によって準備されている．洞察は，

通常そう思われるような瞬間的なイベントではなく，試行錯誤を通じて初期の問題空間や心的制約を動的に変化させる学習過程にほかならない．

2.2 洞察とその熟達をめぐる論争

ここまで，創造的認知としての洞察の特徴を概観してきた．では，洞察は熟達するものなのであろうか．これは依然として論争的な話題である．Duncan (1961) は洞察の熟達に否定的である．彼によれば，洞察が起こるかどうかは主体に特定の刺激に対する反応のセットがあるかどうかに帰着する．ある問題を解くために必要な反応のセットがあれば解けるし，なければ解けない．Duncan は，ひもやレンガなどオブジェクトを使って様々な利用法を考える練習課題を行わせた後に，最終課題としてひも問題に取り組ませた．ところが，練習課題においてひもの使い方を考えた群，レンガの使い方を考えた群，練習課題を行わなかった統制群との間で，最終課題（ひも問題）のパフォーマンスの差はなかった．Duncan は種類の異なる問題間の転移，教示や練習課題の有無による効果など様々な条件で洞察問題解決のパフォーマンスを比較検証した上で，先行経験はある特定の問題に対する限定的な転移を生み出すにすぎないと結論している．

Weisberg & Alba (1981) も，領域固有性の観点から洞察の熟達を否定している．ある洞察問題を解くことができるのは，類似の経験や知識を持っているときだけである．個々の洞察問題はそれぞれ特有の構造を持っているので，それらを横断するような一般的な転移はない．あるとすれば，それはむしろその問題が洞察問題ではないことの証左である．

これに対し，近年の諸研究は，事前の教示，複数回の練習とフィードバック，問題比較分析など介入手法を洗練させることで，言語的問題や空間的課題，数学的問題など多様な洞察問題に効果（成績の向上）があることを報告している (e.g., Ansburg & Dominowski, 2000; Chrysikou, 2006; Walinga *et al.*, 2011)．しかしながら，このラインの研究にはいくつか見過ごせない課題がある．

まず，これらの先行研究では，実験のコンテクストが「習ったことを次に適用する」という設定になっており，観察された事象が洞察の熟達と言えるか疑

わしい．たとえば，言語的問題の熟達を題材にした Patrick & Ahmed（2014）は，表象変化モデル（Ohlsson, 1992）に基づき，「問題文中の曖昧な名前あるいは単語を見つけ，それらについて別の解釈や意味を探索せよ」といったヒューリスティクスを教えることで，参加者のパフォーマンスを向上させることに成功した．この実験における参加者は，つるかめ算を習いたての小学生のような状況に置かれている．実験課題がその例題であって，教えられた方略を用いて解くべきことは文脈上明らかである．つまり，参加者が身につけたのは既知の解法を例題にどう適用するかであり，未知の問題にどのように対処するかという洞察問題解決の本質的な部分は学習されていない．

　同様の構造が，洞察の熟達を報告するほかの多くの研究にも見出される．Kershaw & Ohlsson（2001）は，9点問題の制約の分析に基づき，点（dot）のないところで線を折り返す練習や線を交差させる練習を行い，9点問題や類似の問題の成績を向上させた．だが，この練習は9点問題のための練習であって，実質的にヒントの提示に等しい．Knoblich et al.（1999）の第三実験でもマッチ棒問題における等式の制約（tautology constraint）に関する転移が報告されているが，ここでも前提に置かれているのは「制約が一度緩和すれば後の問題が解きやすくなる（Once relaxed, stay relaxed）」という単純な学習モデルにすぎない．

　洞察が熟達することを報告する研究の多くは，未知の問題を既知の問題に変えることによってパフォーマンスを向上させる．だが，洞察とは既存の知識から離れて新しい見方や解き方を創造する過程である．もしパフォーマンスの変化が既存の知識からのみ生み出されるとすれば，発見は再認となり，創造は再生となってしまう．

　結局のところ，洞察の熟達を否定する立場も肯定する立場も，実験の結果と主張内容の方向性は逆向きであるものの，解決策の知識や経験を持っているかどうかが洞察のパフォーマンスを左右すると考える点において，どちらも状況に応じて新たな解決策を生成する創造的問題解決としての洞察をとらえそこねている．Duncan や Weisberg らは問題に固有の知識や経験がなければ解けないと論じ，Chrysikou や Patrick らはヒューリスティクスを教示すれば解けるようになると論じた．このように，やり方を知らない（知っている）から解けない（解ける）というとらえ方では，新たなものを生み出すという創造性の核

となる性質が消去されることになる.

洞察が熟達することを示す先行研究には,もう一つテクニカルな課題がある.それは結果(正答率や回答時間)の比較しかしておらず,問題の解き方の違いや変化に十分な注意を払っていないことである.彼らの主要な関心は,どのような教示やトレーニングをすれば洞察問題が解けるようになるかという点にある.その一方,洞察問題に熟達するためには,問題解決のプロセスがどのように変化しなければならないかという点は不問にされている.

洞察の熟達のメカニズムを明らかにするためには,熟達過程における問題解決プロセスの変化を捉える必要がある.それには,紙やPC上に問題を提示して,答えを思いついたら報告させるという「クイズ形式」の実験手続きも見直さざるをえないだろう.このような手続きでは,事実上,問題解決プロセスの変化は観察できないからである.

2.3 メタ学習の暫定的な概念モデル

ここでは,創造的問題解決(洞察)を題材として,本書が求めるメタレベルの学習が,具体的にはどのような構成要素によって促進されるのかを考える.

洞察の熟達をめぐる先行研究は,未知の問題に対する創造的問題解決の熟達としてとらえるべき事象を,もっぱら既有知識に基づく通常の問題解決の成績向上としてとらえていた.その基底にあるのは,「新しい問題を解決できるのは,もともとそのための知識を持っていたからだ」という学習モデルである.

洞察が,ある未知の問題に対して新しい解決を生成すること(高次学習)だとすれば,洞察の熟達は,様々な未知の問題に対してより創造的に対処できるようになること(メタ学習)でなければならない.このとき,主体が対処する問題はそのつど新しいものであり,問題に対処する過程も1回限りの創発的過程となる.でなければ,それは創造的問題解決としての資格を失うだろう.

問題に応じて変化する台本のない過程が,にもかかわらず上達するとすれば,一体何が変わるのだろうか.前述の通り,洞察の熟達過程においてパフォーマンス向上をもたらす要因をとらえた実証研究は存在しない.そこで,洞察における個人差やパフォーマンスの差異を生み出す条件についての研究を手がかり

に，メタ学習を支える要因をモデル化する．なお，このモデルはあくまで概念
レベルのモデルであり，実験による検証と修正を前提として暫定的に作成する
ものである．

　メタ学習を促す要因として第一に想定されるのは，試行の多様性の増加である．鈴木ら（2003）は，洞察に至りやすい参加者の特徴として，問題解決の初期から多様な試行をすることを挙げている．言い換えれば，洞察過程において繰り返される失敗の中でも，それが多様性を持っているかどうかによってその後のパフォーマンスに大きな違いが見られるのである．

　試行の多様性が重要となる理由はわかりやすい．洞察問題を解くには非標準的な試行が求められるためである．問題解決者は，その中に有望な解決策が含まれるような，打ち手の広い空間を探索しなければならない．普段しないような試行を生み出し，多様な失敗をすればするほど，解決策を見つけ出す確率は高くなる．

　洞察に限らず，創造や科学的発見において，多様性や拡散性がカギとなることはよく知られている（Dunbar, 1995; Finke *et al.*, 1992）．個人のみならず組織集団においても，多様性の高い組織のほうがイノベーションを起こしやすく，危機察知もしやすい（Syed, 2019）．これらの報告からも，複数の問題解決経験を通じて徐々に試行の多様性が高くなることにより，洞察の熟達が促進されることが予想できる．

　ところで，試行の多様性が高まれば直ちに洞察問題が解けるわけではない．場当たり的なランダムウォークでは，かえって探索効率が悪化しかねない．洞察問題においてよい成績を上げるためには，もう一つ欠かせない条件がある．それは，試行を適切に評価できることである（鈴木ほか，2003）．洞察に至る人たちは，ある試行が目指すゴールとどの程度一致しているかをより的確に評価できることが明らかとなっている（鈴木，2004）．科学研究においても，科学者は初期の発散フェーズでは多様性を重視するが，収束フェーズ以降は専門性に応じて担当者をアサインすることで，評価の精度を上げているとの報告がある（植田，1999）．

　問題解決において，評価は多様な試行を絞り込む機能を果たす．試行の評価は，よい試行だけでなく，失敗した試行の評価にも関わる．MacGregor *et al.*

（2001）は，9点問題を用いた実験で，ある試行が最終的なゴールを分解したサブゴールをどれだけ満たしているかによって失敗の程度が評価され，これによって次の試行が修正されることを論じている．以上から，洞察問題解決の熟達を促す第二の要因として，試行に対する評価の適切性の向上が想定される．

多様性と評価は創造的問題解決の両輪であり，パフォーマンス向上にはいずれも欠かすことができない．多様性が高いだけでは発散してしまう．その一方，適切に評価ができたとしても，そもそも探索範囲が狭ければ正解を見つけ出すことができない．したがって，洞察の熟達においても，多様性と評価の適切性の双方が高まっていくことが条件となる．

多様性と評価という要因に加え，第三の要因として考えられるのは，身体や環境などの外的資源の認知的活用である．ここで「外的」とは，私たちの内的な認知過程にとって外部にあるという意味であり，「資源」とは，私たちの認知が依存し，利用する資源という意味である．認知における外的資源には自然な物理的環境，人工物，図，他者，社会，文化など様々なものが含まれるが，単なる外的対象物ではなく，主体の認知過程にとって資源として機能するものに限られる．

人は図や物の配置などの外的表象，身体，道具，他者など，遍在する様々な外的資源と相互作用しながら問題解決を進めていこうとする強い傾向を持っている．問題解決において外的資源が様々な認知的利得をもたらすことはつとに知られている（村山，1995）．たとえば，Larkin & Simon（1987）は幾何学や静力学の問題を取り上げ，図やグラフなどの外的資源を用いることによって計算や推論の負荷が軽減あるいは代替されることを論じた．また，Zhang & Norman（1994）はハノイの塔問題を題材に，問題が内的および外的表象にどのように分散して表現されるかによって，論理的には同じ構造であっても，問題の難易度が変わってくることを示した[2]．問題が外的に表現されることによって，解釈

---

2) Zhang & Norman（1994）は，図などの外的情報と内的情報を同時に用いる課題を分散的な認知課題と呼び，問題空間の構造，ルールや次元（尺度），対象の属性の四つのレベルで表象がどのように分散しているかによって問題解決のパフォーマンスが異なるとした．この考え方のユニークな点は，通常は頭の中にあるとされる表象を，頭の内部と外部に分散したシステム（分散表象）としてとらえるところだ．彼らは巧みな実験デザインによって，表象が外的になるほうがパフォーマンスがよくなることを示した．

不要な形で情報が提示され，問題の規則を覚える必要がなくなる．また，取りうる行動も物理的に制約されるため，問題解決が容易になる．これらは，問題解決において適切に外的資源を用いると，内的に処理する場合にはきわめて複雑な問題やタスクが，認知的に負荷軽減されたり，より解決しやすいものに変化したりするということを示している．

　洞察のように一見するといかにも「頭の中で」起こっていそうな認知活動においても，外界との相互作用の有無がパフォーマンスに影響することが報告されている．Weller *et al.* (2011) は，マッチ棒問題の実験において，PC 画面に表示された問題を見て考える統制群よりも，実際のマッチ棒を使って考える実験群のほうが成績がよいことを示した．前者の統制群においても，膝の上で指を動かしたり，独り言をつぶやいたりするなどの興味深い現象が観察された．同じく洞察問題の一つであるネックレス問題でも，紙に書いて考えるより実際のネックレス（模型）を使うほうがパフォーマンスがよいことが示されている (Fioratou & Cowley, 2009)．また，洞察問題ではないが，阿部（2010）は創造的アイデア生成課題のパフォーマンスが身体と環境によって左右されることを示した．創造性は作業環境，言語，道具，他者，自身の身体動作や感覚状態などから影響を受ける．単に影響を受けるだけでなく，外的資源と相互作用することがむしろ創造性の発揮条件となったり，創造性を高めたりするのである（阿部，2019）．

　さらに，主体の認知過程に対する外的資源の重要性は，社会的・技術的観点からも強く意識されるようになっている．認知システムを主体の内部に閉じたものではなく，主体を取り巻く環境と一体のものとしてとらえる拡張された心 (Carter *et al.*, 2018; Clark & Chalmers, 1998) や身体性認知 (Pfeifer *et al.*, 2007)，分散認知 (Hutchins, 1995)，アクターネットワーク理論 (Latour, 2007) などがその一例である．

　身体性認知や問題解決をめぐるこれらの知見から，自身の知覚や身体を用いた外的資源との相互作用がより活発かつ有効なものとなっていくことによって，洞察問題解決のパフォーマンスが向上するという可能性が考えられよう．

　以上の検討より，図 2-2 のようなメタ学習の暫定的な概念モデルを提案し

図 2-2　メタ学習の暫定的な概念モデル

たい．このモデルは，ある一つの問題を解くにあたって試行の多様性が高く，試行が適切に評価でき，外的資源を活発に活用すれば，高いパフォーマンスが出る（高次学習）ということを表す．同時にこのモデルは，複数の問題解決を経験する過程で，試行の多様性が高くなり，評価の適切性が向上し，外的資源との認知的協調がより多くなるならば，問題解決のパフォーマンスも向上する（メタ学習）ということを表現している．メタ学習とは高次学習が起きやすくなるような変化であるから，高次学習が実際に起きることもモデルの説明範囲に含まれるのである．

2.4　図形パズルを用いた実験デザイン

2.4.1　位置づけと目的

　実験は非連続的な環境変化の常態化に対するマネジャーの適応のミニチュアとして位置づけられる．ここでのねらいは，マネジャーのフィールド調査に向けて，メタ学習に関する初期仮説を作ることである．

　実験それ自体の目的は，洞察問題解決の熟達の背後にメタ学習が存在している可能性を探究することだ．具体的には，洞察問題解決の熟達が現時点の概念モデル（図 2-2）によって説明可能かを検証する．

　モデルによる説明とは，洞察問題解決の熟達が，試行の多様性の増加，評価の適切性の向上，そして外的資源の認知的協調の活発化という，仮定された三つの要因からもたらされることを，事象に即して示すことである．そのためには，洞察のパフォーマンス（高次学習）に対してこれらの要因が確かに寄与す

第 2 章　メタ学習のミニチュアとしての洞察の熟達

図 2-3　F パズルのピース構成

るか，また要因間にどのような関係性があるかを検証しなければならない．あわせて，複数の洞察問題に取り組む過程で，洞察のパフォーマンスの向上（メタ学習）がそもそも発生するのか，仮に発生したとして，そのとき各要因にどのような変化が見られるのかを確認する必要がある．

2.4.2　構　成

これまで洞察に関してメタ学習という事象が研究対象となったことはなく，図 2-2 のモデルも独自に設定されたものである．そこで，本書では実験を二つに分割して実施することとする．第一実験ではメタ学習の概念モデルを洞察問題解決という事象にマッピングし，得られた事象モデルが実験データと整合するかを確認する．第二実験では参加者数を増やして事象モデルの有効性を確かめ，その結果を踏まえて概念モデルに必要な修正点をフィードバックする．

なお，以降で特に断りなく実験あるいは本実験と言うときは，F パズルを用いた二つの実験全体をさすものとし，各々を区別する必要がある際には，それぞれ第一実験，第二実験と記載する．

2.4.3　課　題

実験には，多々ある洞察問題のうち，F パズルと呼ばれる図形パズルを用いる．F パズルは，凹型，凸型，台形の 3 種類，各二つの計 6 ピースを使って様々なシルエットを構成するパズルで，解決にひらめきを要する難しいパズルとして知られる（図 2-3）．図形パズルでは問題解決の過程が観察可能であり，外的資源（パズルのピースや，作成する目標シルエットを記した用紙など）との相互作用も自然な形で表出される．そのため，解決過程の変化がそもそも観察できないという先行研究の実験デザイン上の難点を克服できるという利点がある．

同種の図形パズルとしてTパズルがあり，複数の先行研究が洞察問題とし
て取り上げている（e.g., 阿部・中川，2006; 開・鈴木，1998; 清河ほか，2007）．Fパ
ズルにおいても，Tパズルと同様に「台形ピースを斜めに置かない」あるいは
「凹型ピースのくぼみを埋めて整った形にする」などピースの置き方や組み合
わせ方に支配的な傾向があり，問題を解くためにはこれらの制約緩和が必要で
ある．

　開・鈴木（1998）は，問題解決一般に含まれる制約として，対象，関係，ゴ
ールの三つの制約を想定している．対象制約は問題で与えられる対象のカテゴ
リ化のレベルを表現し，関係制約は対象どうしの関係を表現している．ゴール
制約は問題のゴールに対するイメージであるとともに，現在の状態とその目標
イメージとの適合度を評価する関数も含む．

　図形パズルの場合，一つのピースの置き方は対象制約によって，複数のピー
スの組み合わせ方は関係制約によって影響される．人の図形の見方や置き方に
は自然な傾向性があり，それらがここでの制約となる．たとえば，ピースの長
辺が基準線と平行になるように置くのは対象制約によるものであり，くぼみを
埋めて凹凸の少ない形を形成するようにピースを接続するのは関係制約による
ものである．

　一方，ゴール制約は目標とするシルエットと現状との差分の検出に影響を与
え，対象制約と関係制約を調整する役割を持つと考えられる．この制約はすべ
ての洞察問題において明示的に存在するわけではない．9点問題のように，ゴ
ールが非明示の問題もある．このような場合には，何らかの基準のもとでゴー
ルを分割したサブゴールが制約となり，サブゴールへの分割が不適当な場合に
は行き詰まりの原因となる．

　このように，問題解決一般に含まれる問題表象に関連づけて制約を定義する
ことで，課題に固有の条件や制約を持ち出す必要がなくなる．たとえば，マッ
チ棒問題に関する先行研究（e.g., Kershaw & Ohlsson, 2001; Knoblich et al., 1999;
Ohlsson, 1992）では，マッチ棒で表現される算術記号や等式が制約として直接
に設定されているため，実験で判明したことをマッチ棒問題以外の問題解決に
適用できなくなってしまう．

　実験にあたっては，参加者にFパズルの複数の問題に順に取り組んでもらい，

第 2 章　メタ学習のミニチュアとしての洞察の熟達

表 2-1　問題の特性や難易度に影響する要素

項　目	問題の難易度への影響
頂点数	図形を構成する頂点の数が多いと手がかりが多く評価がしやすい
対称性	上下あるいは左右対称な図形は非対称な図形に比べ完成が容易である
制約緩和	対象制約や関係制約の緩和した配置を含む図形は難易度が高い

問題解決のパフォーマンスやプロセスがどのように変化するかを分析する．ある問題の解決策がそのまま別の問題の解決策にも適用できてしまうと，それは先行研究と同様の実験設定となり，メタ学習のミニチュア実験にならない．そこで，各々がユニークな解を要請するような非定型的な問題群から課題を構成し，特定の解決策を他に転用できないよう考慮する．この課題の構成は，それまでにうまくいった解決策を次々に変えていかなければならないという点で，マネジャーが直面する環境変化の常態化に対応している．

　具体的には，シルエットの頂点の数，目標シルエットの対称性，およびピースの配置に関する対象制約と関係制約の緩和のパターンがランダムとなるよう問題を配置する．これらは各問題の特性や難易度に影響すると考えられる要素である（表 2-1）．

2.4.4　手続き

　ヒント提示や事後フィードバックを行わず，複数日程にわたり順次問題を解かせる．目標とするシルエット（ゴール）は，Ｆパズルの製品に同梱されている用紙（縮尺 4 分の 1）にてそのつど示す．時間制限は設けないが，10 分ごとに経過時間を告知し，20 分経過以降は参加者の判断により未解決であっても中止（ギブアップ）できるものとする．

　実験の目的は，洞察問題における教示やトレーニングの効果を測定することではない．解明したいのは，新しい解を生成するその仕方自体がどのように変化するかである．したがって，ヒューリスティクスなどの教示や介入なしに，参加者が単に複数の洞察問題を経験する中で生じる変化を観察することとする．なお，日程を複数に分けたのは，参加者の疲労やモチベーション低下を避けるためである[3]．問題解決の様子はすべてビデオに記録して分析の対象とする．

53

2.5 概念モデルの構成要素のミニチュア課題の事象へのマッピング

本節では，暫定的な概念モデルの構成要素を，図形パズルの実験において観察される事象に対応づけ，どのような指標でデータを計測するかを定める．

なお，以下では参加者が一つの問題に取り組む単位をセッションと呼ぶことにする．

2.5.1 パフォーマンス

問題解決の正否，および問題解決に要した時間で測定する．正解率がある程度までコンスタントに向上，あるいは解決時間が短縮された場合，洞察の熟達すなわちメタ学習が起こったものと見なす．なお，解決時間は正解するまで，もしくはギブアップするまでの時間をデータとして利用する．

2.5.2 試行の多様性

試行の多様性は問題解決における探索範囲の広さを表し，制約にとらわれず，どれだけ多様な打ち手を試したかで測られる．F パズルにおける主たる試行はピースの組み合わせとなるため，ここではあるシルエットを作る際の，最初の2 ピースの組み合わせのバリエーションを観察する．二つのピースを接続し分離するまで，もしくは三つめのピースを接続するまでを1試行とし，各セッション内にて，最初の2 ピースを組み合わせた総試行数に対して，これまでになかった新しい組み合わせのパターンが現れたときの割合を「新規パターン出現率」として測定する．

なお，組み合わせたのちに全体として同じ形状となるものは，内部の2 ピースの組み合わせが異なっても同一のパターンと見なす．一方，全体の形状が同じであっても，組み合わせた全体を異なる向きに配置した場合は別のパター

---

3) いずれの実験においても，倫理的配慮として，実験への参加・中断は参加者の自由であること，実験データの破棄・研究への使用中止にいつでも応じること，データは個人が特定されない形式に加工の上分析することなどを，実験開始前に文書とともに参加者に説明し，承諾を得ている．

ンとする．また，組み合わせた 2 ピースを回転あるいは反転させた場合には，最後に静止した位置でパターンを判定する．

新規パターン出現率については，1 セッション内でのパターン数に加え，セッション間の累積パターン数も確認する．仮にセッション内での新規パターン出現率が徐々に増加していたとしても，累積での新規パターン出現率がセッション経過とともに減少していくならば，それは参加者がそれまでに生成した既存のパターンを効率的に活用するようになったことを意味する．この場合，試行の多様性をもたらしているのはピースの組み合わせに関するレパートリーの増加であって，新しいパターンの生成力は変化していない，あるいは低下している可能性がある．そこで，各セッションで出現したすべての新規パターンのうち，セッション間で重複するパターンがどれだけ含まれているか（重複率）を確認することで，累積でも新規パターン出現率が上がっていると言えるのか，あるいは既存パターンの流用が増えているのかを確認することとする．

2.5.3　評価の適切性

鈴木ら（2003）は，T パズルを用いた実験で，問題解決の実施中に参加者に対して複数のピースの組み合わせを見せ，それらを評価させる評定課題を行っている．その結果，適切な評価を行う参加者ほど制約緩和率が高く，正解に至りやすいことが明らかになった．同時に，評定課題での刺激が参加者に対するヒントとして機能し，程度の差はあれ，評定課題以降の試行の多様性に影響を及ぼすことも示唆された．評定課題は，参加者がどのようなピースの組み合わせをよいものとして評価しているかを知るには好都合であるが，評定課題によって参加者のパフォーマンスが影響される事態は回避したい．また，本実験のように複数の問題を連続して解かせる場合，各セッション中に頻繁に評定課題を実施するのは現実的でない．

そこで本実験では別の方法で評価の適切性の変化を測定することとする．具体的には，六つのピースを組み立ててある形を作っていく過程において，どの段階でやり直すかを指標とする．図形パズルの特性上，ピースを多く組み立てれば組み立てるほど現状とゴールのマッチングはしやすくなる．ピースを六つ組み立てれば，ゴールと一致するかは一目瞭然であろう．逆に，組み立てたピ

ースの数が少ない段階では，ゴールとのマッチングを行うための情報が乏しく，配置の良し悪しを見きわめるのが難しい．

今，ある時点で参加者が意図を持って組み立てたピースの数を手数と言い，2ピースを組み合わせたら2手，3ピースを組み合わせたら3手と言うこととしよう．もし参加者の現状評価が適切になっていくとすれば，手数の少ない段階で悪手を見きわめてやり直すようになるということが予想できる．2手の段階で「この配置には脈がない」と見きわめてやり直すのと，6手まで進めてようやく誤りに気づいてやり直すのとでは，明らかに前者のほうが見る目がよいと言えるだろう．

ここでは，あるセッションの総試行数に対し，4ピース以上組み立てた試行の割合を「悪手率」として指標化する．悪手率は逆転項目であり，この値が高いほど適切に評価ができていないこと，言い換えると筋の悪い探索が多いことを示す．また，悪手率はどこでやり直したか（手戻り）の比率である．参加者がやり直しなしで正解に至った場合は，その分の手数を減じて算出する[4]．

一連の実験課題は，同じことの繰り返しでは解けないような設定となっている．すなわち，どのようなピースの配置がよいかは問題によって異なる．もし参加者が問題に応じて適切に評価できるようになるとすれば，セッションの経過とともに悪手率が下がっていくはずである．

2.5.4 外的資源との認知的協調

図形パズルを解く際，人は通常ピースを動かしながら解決しようとする．熟達者ならずとも，誰でも自然とそのようにするだろう．私たちにとって外的資源と相互作用しながら問題解決するのはごく当たり前のことであって，多くの場合わざわざやろうとしてすることではない．このような条件において，特に問題解決や学習に効果的な外的資源との認知的協調をとらえるにはどうすればよいだろうか．ここでは，外的資源との相互作用のうち，特に内的な認知状態や課題の性質を変換するような行為に焦点をあてて分析していくこととする．

---

4)　参加者がやり直しなしで完成した場合，悪手率は0%となる．

第 2 章　メタ学習のミニチュアとしての洞察の熟達

ゴール参照

　問題解決とは，望むべき状態（ゴール）と現状（初期状態）を一致させることである．これらを一致させるためにとられる内的・外的行為をオペレータ（操作子）という．問題解決に臨む主体は，ゴールと現状の差分を検出しながらオペレータを適用していく．よって問題解決者が最初にすべきことは，ゴールを確認し，記憶として保持することである．ところで本実験では，ゴールはそのセッションで作成するべきシルエットとして用紙に印刷されたものが提供されている．目標シルエットが記載された用紙を目で見て確認する行為は，ゴールを記憶し，内部参照する行為を外化したものと見なしうる．外的資源としてそこに存在するゴールに知覚的にアクセスすることによって，ゴールの像を内的記憶として保持する認知的負担が軽減される．

　そこで本実験では，参加者がゴールを記載した用紙に視線を向け，別の対象（ピースなど）に視線を移すまでの時間を測定し，ゴール参照時間が各セッションで問題解決に要した時間全体に占める比率を分析する．測定にあたっては，参加者が用紙を手にとって熟視した場合も，ピース操作などほかの作業を行いながら用紙に目を向けた場合も，ビデオ映像で明瞭に判別できる限りにおいて，同じようにゴールを参照した時間としてカウントする．

ピース回転

　本実験における主要なオペレータはピースの操作である．「内的な」問題解決者はピースを心的に動かして正解を探すであろうが，人は通常このような仕方でパズルを解くことはない．誰しもが物理的にピースを動かしながら図形パズルを解くのだとすれば，外的資源との認知的協調という側面における熟達者の特徴はどのようなところに現れるだろうか．

　箱詰めパズルに想を得たと言われるビデオゲーム Tetris において，熟達者がブロックをよく回転させるという研究（Kirsh & Maglio, 1994）がある．Kirsh らによれば，ブロックを画面上で実際に回転させることで，心的に回転させるよりも速く配置の良し悪しを判断できる．これらは認知的にタスクを変質させる認識的行為（epistemic action）と言われ，問題解決に直接寄与する実用的行為（pragmatic action）とは区別される．熟達者は実用的に必要である以上にブロックを回転させることによって，タスクの認知的側面に変化を生み出し，自身の

57

内的状態も変化させているのである.

そこで本実験では，参加者がどれだけピースを回転させるかを測定する．ピースの回転行為は，本実験においてはメンタルローテーション（心的回転）の外化であり，認知負荷の軽減だけでなく，試行における多様性の創出にも寄与すると考えられる.

集計にあたっては，ピースを少なくとも 90 度程度以上動かした場合を回転と見なす．90 度程度以上とするのは，単なる操作ミスや指先のブレと，意図性のある回転行為とを識別するためである．また，連続的に何周も回転させた場合も，回転角にかかわらず回転開始から終了までを 1 回転として数える．分析上は，ピースの組み合わせの総試行数に対し，ピース回転回数の占める比率を指標として用いることとする.

パターンマッチング

問題解決においては，ピースの操作によって初期状態（現状）がどこまで目標状態に近づいたかを確認することが必要である．仮に外的資源なしに一連の過程を遂行するとすれば，目標とするシルエットと組み合わせたピースの形状を内的に比較照合しながら現状を評価するということになるだろう．これと同等の意味を持つ作業を，外的資源を活用して実行する行為として，特にゴールを見ながらピースを回転させる行為に着目する．具体的には，ピース回転の総数に対し，ゴール参照を伴ったピース回転がどれだけ行われたかを指標として分析する.

知覚的なパターン認識は人間の最も得意とする作業の一つである．ゴール参照を伴うピース回転は，適切な配置を生成・発見するという内的な計算課題を，身体を用いて環境に働きかけることで，知覚的なパターンマッチング課題に変換したものと見なせる．目標シルエットのような画像記憶の長期的保持，ピースの心的回転のような内的操作は認知的な負荷が高く，人間にとって得意な作業とは言えない（Clark, 1998）．Kirsh らが示した Tetris の熟達者のふるまいは，内的にブロックを回転させるかわりに，外的にブロックを回転させながら，最も適切な配置を知覚的に探索するという意味があると考えられる.

データ化にあたっては，1 回のピース回転行為中にゴール参照が行われた場合，参照時間の長短にかかわらず，また，ピース回転の途中でゴール参照が開

表2-2　ミニチュアへのマッピング

メタ学習の暫定的な概念モデル	ミニチュアにおけるメタ学習の事象モデル
パフォーマンス	解決時間および正解率
試行の多様性	新規パターン出現率
評価の適切性	悪手率
外的資源との認知的協調	ゴール参照 ピース回転 パターンマッチング

始ないしは終了したとしても，それぞれ1回のパターンマッチングが行われたものとしてカウントする．

2.5.5　まとめ

以上の検討により，メタ学習の暫定的な概念モデルの構成要素は表2-2の通りミニチュアの事象に対応づけられた．以降の実験では，これらの指標をデータ化して分析していく．

2.6　洞察の熟達の生起とモデルの妥当性の検証（第一実験）

2.6.1　目　的

先行研究のレビューからも明らかとなった通り，そもそも洞察問題解決の熟達という事象が存在するのかは確認されていない．また，本書で設定したモデル（メタ学習の概念モデルと，それを洞察問題解決にあてはめた事象モデル）が妥当なものであるかも未検証である．第一実験では，洞察問題解決の熟達が起こるかどうか，その際，メタ学習の概念モデルと，それを洞察にあてはめた事象モデルによって確かにパフォーマンスの変化が説明可能かを，まずはシングルケースで検証する．

2.6.2　方　法

参加者

小学4年生1名が実験に参加した．参加者には，第一実験と同じあるいは

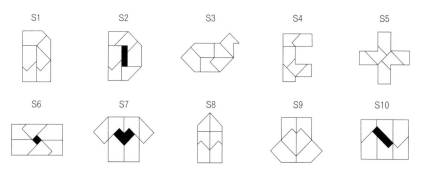

図 2-4 課題の構成（黒地はピースのない空白部を表す）

類似の図形パズルを実施した経験はない．

課 題

図形パズル（F パズル）のうち 10 問を課題として取り上げる（図 2-4）．一つの問題に取り組む単位をセッションと呼び，1 問目を S1，2 問目を S2 のように表記する．また，全 10 問のうち，S1 から S5 までを前半セッション，S6 から S10 までを後半セッションと呼ぶこととする．

各セッションにおいてカギとなる置き方や組み合わせは単一ではなく，各々の問題に応じて新たな解決策を生み出さなければならない構成となっている（表 2-3）．

なお，制約緩和のパターンは開・鈴木（1998）を参考に，ピースの置き方に関する対象レベルの制約と，ピースの組み合わせに関する関係レベルの制約の二つに分けて記載している．対象制約は，全 6 ピースからなる完成形において，長辺が基準線に対して垂直あるいは平行となるように配置されたピース数を「遵守」（対象制約を遵守した配置），基準線に対して垂直にも平行にもならないように配置されたピース数を「緩和」（対象制約が緩和した配置）として計算した．関係制約については，凹型ピースのくぼみ部を埋めた配置数を「遵守」（関係制約を遵守した配置），くぼみ部を埋めない配置数を「緩和」（関係制約が緩和した配置）としてそれぞれ計算した．

手続き

2.4.4 に記載の通りヒント提示やフィードバックは行わず，時間制限なしで 3 日間にわたり順次問題を解かせる．1 日目に S1 〜 S3，2 日目に S4 〜 S7，3

第 2 章　メタ学習のミニチュアとしての洞察の熟達

表 2-3　課題の特性

課題	対象制約		関係制約		対称性	頂点数
	遵守	緩和	遵守	緩和		
S1	4	2	2	0	非対称	5
S2	5	1	1	1	対称	10
S3	3	3	1	1	非対称	9
S4	5	1	1	1	非対称	10
S5	4	2	0	2	対称	12
S6	4	2	2	0	対称	8
S7	4	2	0	2	対称	16
S8	6	0	2	0	対称	5
S9	2	4	2	0	対称	8
S10	6	0	1	1	非対称	8

日目に S8 ～ S10 を実施し，1 日目，2 日目，3 日目の間にそれぞれ数日のインターバルが置かれた．目標とするシルエットは，製品に同梱された用紙にてそのつど示す．なお，用紙に記載された目標シルエットは縮尺 4 分の 1 のため，実物を重ねて比較することはできない．

　問題解決の様子はビデオに撮影し，映像アノテーションソフト（ELAN4.7.3）に取り込み，フレーム単位で分析する．

2.6.3　結　果

パフォーマンス

　参加者は 10 問すべてに正解した．各セッションの解決時間の推移を示す（図2-5）．S5 以降，解決に要する時間は急激に短くなった．前半セッションの解決時間が平均 732 秒であるのに対し，後半セッションでは平均 136 秒と 80％以上短縮されている．一般に洞察問題解決のパフォーマンスは問題や個人による差が大きいが，上記の変化は明らかに参加者の熟達によってもたらされたものと言ってよいだろう．このケースにおいては，洞察の熟達（メタ学習）に相当する変化が確認されたことになる．以下では，モデルの構成要素に従って，順にそれらの変化を微視的に分析していく．

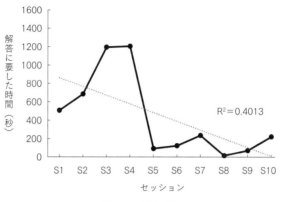

図 2-5　解決時間

試行の多様性

　モデルに従えば，熟達化によりパフォーマンスが向上するときには試行の多様性が高くなっているはずである．ここでは最初の 2 ピースの組み合わせのバリエーションによって試行の多様性を確認する．図 2-6 は，最初のセッション（S1）と最後のセッション（S10）の最初の 2 ピースの組み合わせの総試行を配列したものである．S1 では全体で 26 試行，S10 では 18 試行が認められた．2 ピースの組み合わせのパターン数を見ると，S1 は 9 パターン（新規パターン出現率 34.6％），S10 は 13 パターン（同 72.2％）である．つまり，S10 は S1 より少ない試行数で，S1 の倍以上の組み合わせパターンを生成している．

　同様の分析を全 10 セッションに適用し，総試行数に対するパターン数の比率，すなわち新規パターン出現率の推移を分析すると，図 2-7 の通りであった．

　前半セッションの平均 36％に対し，後半セッションの平均は 75％であり，全体としてセッションごとの新規パターン出現率は増加している．これらの傾向が，セッション間での様々なピースの組み合わせの再利用でないことを確認するため，各セッションで出現したすべての新規パターンのうち，セッション間で重複するパターンがどれだけ含まれているか（重複率）を見ると，全セッションで生成されたパターン数 126 に対し，セッション間で重複するパターンはわずか 3 パターンであり，セッション間のパターン重複率は 2.4％にすぎなかった．つまり，各セッションで出現する新規パターンは，それ以前のセッ

第2章 メタ学習のミニチュアとしての洞察の熟達

S1（1問目）

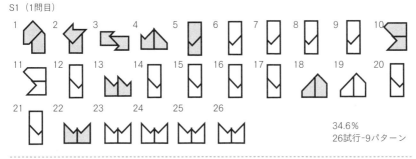

34.6%
26試行-9パターン

S10（10問目）

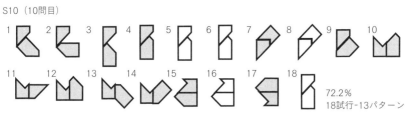

72.2%
18試行-13パターン

図2-6　S1（上）とS10（下）の新規パターン

2手目に生成した配置を出現した順に列挙．色つきの組み合わせは新規パターンであることを示す．

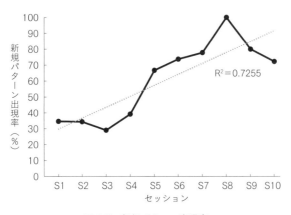

図2-7　新規パターン出現率

ションで生成された既存パターンの流用ではなく，問題に応じて生成された「純粋な」新規パターンだったことになる．

評価の適切性

洞察のパフォーマンスが向上するためには，試行の多様性とあわせて評価の

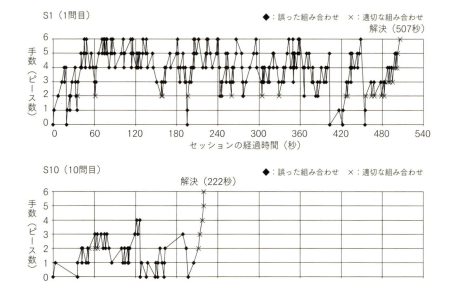

図 2-8 S1（上）と S10（下）の手数の推移

適切性も増加しなければならない．さもなければ一連の試行はランダムウォークに近いものとなり，探索も発散してしまう．

　ここでは，評価の適切性の指標として悪手率の推移を確認する．図 2-8 は最初のセッション（S1）と最後のセッション（S10）の手数の推移を比較したものである．グラフの横軸は経過時間を，縦軸はその時点で組み立てたピースの数（手数）を表す．図中の記号のうち「◆」は目標に対して誤った配置，「×」は適切な配置がなされたことを示す．折れ線は手数の発生順にそれぞれの記号を線で結んだものである．

　S1 では 4～6 手でのやり直しが多く（全体の 65％），1～3 手は少ない（35％）．セッション中に 2 手目の適切な配置が計 15 回出現しているものの，解決に至る試行（480 秒付近）以外の局面では見過ごされている．

　S1 での参加者は，手数を 6 手近くまで進めてから，すなわち「答えが出てから」間違いに気づく．そして多くの場合，適切なやり直し地点には戻らず，誤った地点からやり直す．これは言わば駅の出口を間違えているのに，駅まで

第 2 章　メタ学習のミニチュアとしての洞察の熟達

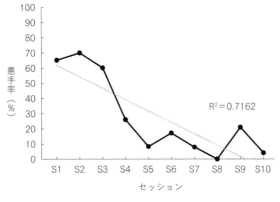

図 2-9　悪手率

戻って出口を変更することなく，誤った区画内で目標を探している状態に近い．

　S10 は異なる経過をたどる．まず，1〜3 手での探索が多く（全体の 96%），4〜6 手は少ない（4%）．5 手以上に進めるのは解決に至る最後の一連の試行のみである．60 秒付近で正しい 2 手目が出現するが，この時点では誤った方向に手数を進めてしまう．ただし，S1 とは違って，4 手まで進めるものの（120 秒前後），すぐに悪手と見きわめて 1 手目の吟味に戻る（150 秒付近）．次に正しい 2 手目が出たときは問題を解決するときである．終盤，解決までなお数度のやり直しがなされた S1 と比べ，S10 では 1 手から 6 手まで手戻りなしに解決している．

　S10 での参加者は，手数を先まで進める手前の段階，つまり「答えが出る前に」間違いを察知する．F パズルの問題空間において 1 手から 6 手に至る可能なピースの組み合わせは無数にあり，手数が増えるにつれ様々な状態の分岐が広がっていく．参加者はそうした問題空間の内部を探索している．S10 ではこうした状態遷移の初期段階での探索が多く，エラーを検知するとすぐにエラーの生じた地点に戻ってやり直す．数度の試行錯誤を通じて適切なやり直し地点を特定することによってバックトラックが減り，S1 に比べ大幅に探索効率が改善されたものと考えられる．

　以上の分析を 10 セッション全体に適用する．図 2-9 は全セッションの悪手率の推移を表したものである．前半セッションの悪手率が平均 54% であるのに

65

対し，後半セッションの悪手率は平均 20％と半減している．この結果から，参加者がセッション全体を通じて次第に少ない手数で探索するようになったこと，その背後には問題に応じた評価の適切性の向上があったことが明らかとなった．

外的資源との認知的協調

ここまで，参加者のパフォーマンスが向上したこと，その背景に試行の多様性の増加と評価の適切性の向上があったことを見てきた．次なる問題は，なぜ試行の多様性が高まり，なぜそれらを適切に評価できるようになったのかということだ．すでに見てきた通り，多様な試行は問題ごとに新たに生み出されたものであり，既存の知識を再利用しているわけではない．さらに，参加者が取り組んだ問題は共通性が少なく，どのような打ち手がよいかは問題によって異なる．したがって，よい組み合わせを覚え込んだわけでもない．これらは，試行の多様性や評価の適切性の増加が，問題解決に関する知識の累積からもたらされているのではないことを示唆している．

こうした疑問に答えるため，F パズルを解くという問題解決場面において，外的資源との認知的協調がどのように行われ，セッション経過とともにどのように変化したかを分析する．具体的には，先に設定した「ゴール参照」「ピース回転」そして「パターンマッチング」という三つの認識的行為を詳細に検討していく．

ゴール参照

ゴール参照とは，問題解決中に目標シルエットを記載した用紙を目で見て確認する行為のことである．各セッションで解決に要した時間のうち，ゴールを参照した時間の総和が占める割合を示したものが図 2-10 である．

ゴール参照時間の比率は前半セッションの平均 7％に対し，後半セッションの平均は 37％である．後半セッションの S7 や S10 では，実に所要時間の 4 ～ 6 割を費やしてゴールを確認している．以上により，ゴール参照時間がセッションの経過に伴い増加傾向にあることが確認できた．

ピース回転

次に，問題解決過程においてピースを回転させる行為の出現頻度を分析する．ここでは，ピースの組み合わせの総試行数に対するピース回転回数の比率をセッションごとに集計したものを図 2-11 に示す．

第 2 章　メタ学習のミニチュアとしての洞察の熟達

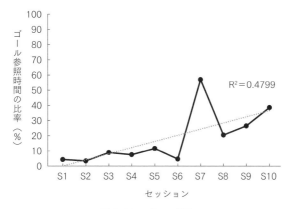

図 2-10　ゴール参照

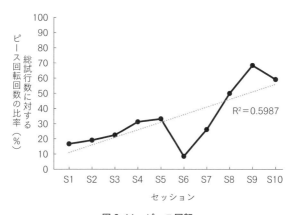

図 2-11　ピース回転

　前半セッションに比べ，後半セッションの参加者はより多くピースを回転させている．前半セッションの平均は 23％，後半セッションの平均は 35％であった．このことから，セッションの経過につれて，参加者がより頻繁にピースを回転させるようになったことが確認された．

パターンマッチング

　続いて，ゴールの参照とピースの回転を同時に行う行為（パターンマッチング）がどれほど出現しているかを分析する．ピース回転の総数に対する，ゴール参照を伴ったピース回転の割合がセッションごとにどのように変化したかを図

67

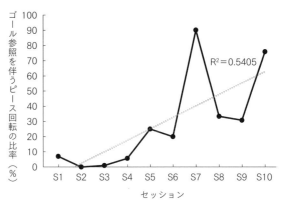

図 2-12　パターンマッチング

2-12 に示す．

　前半セッションの平均が 4% であるのに対し，後半セッションの平均は 62% であり，パターンマッチングはセッションの経過とともに大幅に増加している．

　前半セッションでも後半セッションでも，ゴールの参照やピースの回転は行われている．パターンマッチングが増加したということは，それらがたまたま同時に行われる回数が増えたということなのだろうか．そうではないということを示すため，S1 と S10 を例にとって詳細に分析してみよう．

　図 2-13 は最初のセッション（S1）および最後のセッション（S10）におけるゴール参照およびピース回転行為の出現状況を時間経過とともに累積度数で示し，さらに各セッションでの手数の推移を併記したものである．

　S1 では 60 〜 120 秒，240 秒前後，400 秒前後でまとまってゴールを参照しているが，この行為はピース回転とは非同期である（図 2-13 上の S1 の囲み部分）．手数の推移と比較すると，おおむね 4 手以上組み立てた段階でゴールを参照していることが読み取れる．要するに，多くのピースを組み立ててうまくいかないときに初めて，ゴールを見てヒントを探そうとしているのである．

　他方 S10 では，0 〜 60 秒，90 秒付近，120 秒付近，160 〜 180 秒付近と，ピースを回転させながら頻繁にゴールを参照している．かつ，180 秒以降の完成に至る最後の一連の試行を除き，どのパターンマッチングも手数の少ない段階で行われていることがわかる（図 2-13 下の S10 の囲み部分）．これらは二つの

第 2 章　メタ学習のミニチュアとしての洞察の熟達

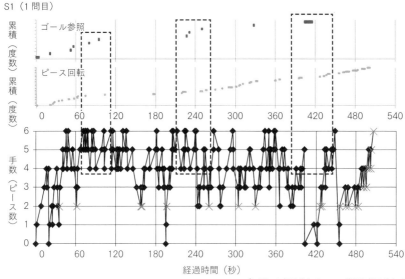

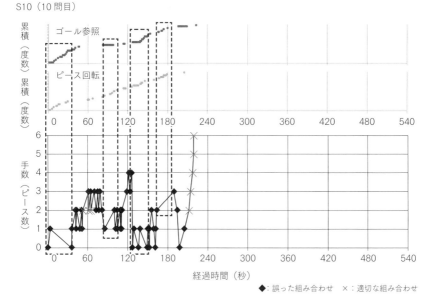

図 2-13　S1（上）と S10（下）におけるゴール参照とピース回転

別々の行為が偶然に同時に生起したものではなく，一つの行為として実施されていることを示唆する．S10 では，ピースの組み合わせの数が急激に増加する手前の段階（手数の早い段階）で，適切な配置を特定するためにパターンマッチングが行われているのである．

ところで，ゴール参照を伴うピース回転は，S1 から直線的に増加しているわけではない．S1 でもわずかに生起し，S2 〜 S3 ではほぼゼロに近くなり，S4 から再び増加傾向をたどっている（図 2-12）．中でも，S7 はとりわけ多い（90%）．S7 は全 10 問中，最も複雑な形状をした課題である．この問題が一つのきっかけとなって，パターンマッチングという方略が前景化した可能性がある．実際，S7 以降 S10 まで，参加者はセッション開始直後から，最初の 1 手を探索するための行為としてパターンマッチングを活用するようになった．

全 10 セッションの中では他にも，ゴールを記した用紙を手に取って熟視する，ピースとピースを物理的に重ね合わせて形状を比較する，ゴールの用紙やピース群の上に指で補助線を引くなどの行為が観察された．これらのことから，ピースのあてはまりの程度を知るための複数の方略が試されており，いつどれが優勢になるかには経路依存性があることが推察される．

作業環境のカスタマイズ

鈴木ら（2008）は，レゴブロックの単純な組み立て課題の熟達化の研究において，参加者が作業をしやすいように環境を自分なりにカスタマイズしていく様子を記述している．今回の第一実験においても，前半セッションから後半セッションに移行するにつれ，参加者の環境の調整の仕方，具体的には机の上の作業スペースのレイアウトや，参加者自身の姿勢に変化が見られた．これらの事象は定量化が難しく，2.5.4 でマッピングされた指標にも含まれないが，広義には外的資源との認知的協調として解釈できるため，簡単に分析しておく．

図 2-14 は，前半セッション（S1）と後半セッション（S10）からセッション開始直後の一場面を取り出したものである．S1 では目標シルエットを記した用紙（ゴール）はセッション開始時点の所定の位置に置かれており，操作対象（ピース群）と参加者との距離は離れている．これに対し，S10 ではゴールが参加者から見て右手前に引き寄せられ，参加者自身も姿勢を前傾させ，ゴールのすぐそばでピースを操作している．

第 2 章　メタ学習のミニチュアとしての洞察の熟達

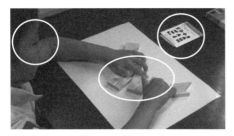 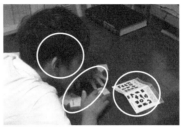

図 2-14　前半セッション（左）と後半セッション（右）の作業環境

　参加者がセッション開始と同時にゴールを記載した用紙を手前に近寄せるようになったのはS7以降であり，S6以前には観察されなかった．この環境調整は，パターンマッチングがセッション開始直後から行われるようになるのと並行して生起し，S10まで継続された．

　ゴールと操作対象となるピースを近づけ，さらに自身もこれらに近づくことによって，ゴールのあてはまり具合の評価がしやすくなる．作業環境のカスタマイズは，ゴールを参照しながらピースを回転させる行為（パターンマッチング）とあいまって，試行に対するフィードバックを得やすくするための物理的な工夫として解釈することができよう．

　以上のような外的資源の基本的配置に加え，後半セッションでは実際にピースを操作する空間についても独特な使い分けがなされていた．このことは，後半セッションにおいて少ない手数での探索が増えることと関連していると考えられる．

　S1のような初期のセッションでは全般に手数が多く，ほとんどの時間で同時に四つから六つのピースを組み合わせて動かしている．他方，後半セッションでは少ない手数での探索が多く，一つないしは二つのピースを取り上げて検討する時間が長い．その結果，現在検討中のピースとそうでないピースのグループが生まれることになる．この区別が，今，注意を向けて操作しているピース群を配置するエリア（操作領域）と，当面は検討外となっているピース群を配置するエリア（周辺領域）との区別を生み出す．

　後半セッションで参加者は次のように作業環境を調整し，問題解決に取り組んでいた．まず，ゴールを記した用紙を自分の右手前に配し，自らも前傾姿勢

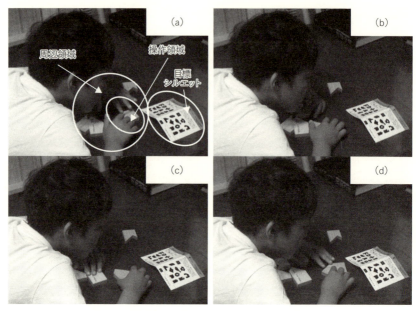

図 2-15 S10 における作業空間の使い分け

をとる．自分が試行に使うアクティブなピース群は目の前の操作領域に置いて操作する．検討対象外のピースはこれらの範囲外の周辺領域，参加者から見て手前側か奥側によけて置いておかれる．ただし，周辺領域は視線を動かせばすぐ見て取れる近さにあり，操作領域から完全に分離独立しているわけではない．

参加者はしばしば操作領域からアクティブなピースをはじき出し，かわりに周辺領域から別のピースを操作領域に投入する．このピース交替によって操作領域での試行にゆらぎが生じ，局面が転換するシーンが後半セッションに頻繁に見られる．

図 2-15 は，こうした作業空間の使い分けの典型例を S10（開始後 2 分 14 〜 18 秒）から取り出したものである．(a) では参加者は中央の操作領域で凹型ピースを回転させているが，(b) では凹型ピースを手前の周辺領域に取り下げる．それと入れ替わりに (c) で周辺領域にあった凸型ピースを操作領域に持ってきて，(d) ではこの凸型ピースのあてはまりを調べている．

操作領域と周辺領域の間でのピース交替はほとんど瞬時に行われる．はじき

出されたピースは思い思いの向きで周辺領域に散らばり，参加者がピースを交替させるたびに机上のピースの配置状況は変化していく．

　こうしたピース交替が熟慮に基づいてなされているようには見えない．たとえば，参加者は頻繁にピースを持ち替える．すでに同じ型のピースを手にして操作しているのに，周辺領域で目に入った別の同型のピースとわざわざ交換することもある．同じ型のピースを手にしているのならそのピースを使って作業を継続すればよく，あえて同型の別ピースに持ち替える合理的理由はない．なぜこのようなことが起こるのだろうか．

　Ballard *et al.*（1997）は，ブロックの組み立て課題の実験において，参加者が頻繁に急速な眼球移動（saccade）を行うことを示した．頻繁かつ急激な視線移動は累積的なものではない．参加者は同じものに何度も視線を向け，ブロックの色，形，位置などを必要なつど見る．要するに，人はある対象物を操作しようとするとき，豊かで安定した内的表象を作り上げることよりも，その場にある対象物を何度も見ることのほうを選択するのである．

　第一実験の参加者も，おそらく同様に頻繁に視線を動かしており，その時点で好ましいと感じられる向きに置かれている別のピースが目に入ると，それが自分がすでに手にしているピースと同型かどうかといった比較考量を経ることなく，ただちにピースを取り換えてしまうのであろう．これは非効率で無駄の多いやり方とも言えるが，周辺領域に散らばったピースが偶然織りなした向きや配置すら，問題解決の手がかりとして貪欲に活用しているとも言える．以上を実証的に説明するには視線解析など別の実験を要するが，後半セッションにおいて，参加者が内的な表象操作よりも外的資源を活用した身体的な問題解決を志向していることを示唆する一つの現れとして記載しておく．

2.6.4　まとめ

　第一実験は，洞察問題解決の熟達を題材に，メタ学習の暫定的な概念モデルの有効性を検証するために実施された．参加者は与えられた10問すべてに正解し，解決時間は大幅に短縮された（パフォーマンスの向上）．この熟達化は，モデルの予想する通り，試行の多様性の増加，評価の適切性の向上によってもたらされていた．

概念モデルには試行の多様性，評価の適切性に加え，外的資源との認知的協調という要因が含まれている．Ｆパズルを解くという課題における外的資源は，目標シルエットを記載した用紙（ゴール），操作対象となるパズルのピース，そしてパズルを行う作業環境の三つである．これらの外的資源との認知的協調をゴールの参照，ピースの回転，知覚的パターンマッチングの3指標で計測して分析したところ，セッションの経過とともにいずれも増加していることが確認された．以上により，暫定的な概念モデルには一定の有効性が見込めることがわかった．

　セッション間で比較すると，参加者が行った試行のうち既存パターンの流用は少なかった．また，ピースの配置の良し悪しは問題によって異なるため，ピースの組み合わせやその評価基準を覚えたことによって評価の適切性が向上したとは考えにくい．だとすれば，試行の多様性や評価の適切性は何によって増加・向上したのであろうか．ここでカギとなるのが外的資源との認知的協調である．

　参加者の問題解決過程を詳細に分析すると，外的資源との認知的協調は，パフォーマンスに対して試行の多様性や評価の適切性と並列に作用する要因，すなわちパフォーマンス向上に直接寄与する要因であるというよりは，むしろ試行の多様性や評価の適切性を高めることで，間接的にパフォーマンス向上に影響する要因なのではないかと考えられる．ピースを回転させることで，より多様な組み合わせが生み出されるようになる．ゴールを参照したり，パターンマッチングを行ったりすることによって，より適切に現状が評価できるようになる．これらは，試行の多様性の増加や評価の適切性の向上が，内的記憶の増大や計算能力の向上によってだけもたらされたのではないということを示唆している．参加者は自身の知覚と行為を適切に制約してくれるように外的環境と関わることを学習し，それこそが結果的に問題解決のパフォーマンスを促進したと考えられるのである．

　次の第二実験では，参加者数を増やして引き続きモデルの有効性を検証するとともに，モデルの構成要素（パフォーマンス，試行の多様性，評価の適切性，外的資源との認知的協調）の相互関係を明確化することを目指す．

2.7 構成要素間の関係性の分析(第二実験)

2.7.1 目 的

前節では,参加者1名に対する事例分析的アプローチを通じて,メタ学習のモデルに一定の妥当性が認められることを確認した.次なる実験の目的は,参加者数を増やしてモデルの確からしさを検証するとともに,モデルを構成する要因間の関係,特に外的資源との認知的協調がどのような位置づけでパフォーマンス向上に貢献するのかを明らかにすることである.第一実験の結果を踏まえると,外的資源との認知的協調は,パフォーマンス向上に直接寄与する要因というよりも,試行の多様性や評価の適切性への影響を通じて間接的にパフォーマンス向上に寄与する要因である可能性が高い.

2.7.2 方 法

参加者

大学生4名が実験に参加した.以下では順に,参加者A,B,C,Dと呼ぶこととする.4名のうち3名(参加者B,C,D)は類似のパズルの実施経験はなく,1名(参加者A)は1年前に学内の実験協力でTパズルに取り組んだ経験があったが,ヒントを提示されても解けなかったという.

課 題

図形パズル(Fパズル)のうち12問を課題として取り上げる(図2-16).第一実験と同様に,課題は特定の解決策がほかの問題に転用できないような構成とした(表2-4).偶然に解法の転移が起きやすい順序となることを避けるため,課題の実施順序は参加者間で同一とする.以降,それぞれの問題を順にS1(1問目)〜S12(12問目)と呼称し,S1〜S6を前半セッション,S7〜S12を後半セッションと呼ぶことにする.

手続き

全12問を4問ずつに分割し,3日間にわたって順に取り組ませた.1日目にS1〜S4,2日目にS5〜S8,3日目にS9〜S12を実施し,1日目,2日目,3日目の間にそれぞれ数日のインターバルが置かれた.第一実験同様,ヒント

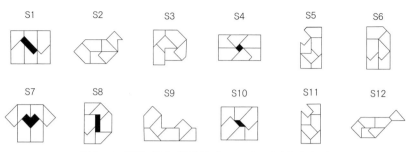

図 2-16 課題の構成(黒地はピースのない空白部を表す)

表 2-4 課題の特性

課題	対象制約 遵守	対象制約 緩和	関係制約 遵守	関係制約 緩和	対称性	頂点数
S1	6	0	1	1	非対称	8
S2	3	3	1	1	非対称	9
S3	3	3	2	0	非対称	8
S4	4	2	2	0	対称	8
S5	5	1	1	1	非対称	8
S6	4	2	1	1	非対称	5
S7	4	2	2	0	対称	16
S8	5	1	2	0	対称	10
S9	3	3	1	1	非対称	10
S10	4	2	2	0	対称	8
S11	5	1	0	2	非対称	7
S12	3	3	2	0	非対称	8

提示やフィードバックは行わなかった．時間制限も設けないが，10分ごとに経過時間を告知し，20分経過して以降は参加者の判断により，未解決であっても中止(ギブアップ)できるものとした．参加者が希望した場合はセッション間に適宜休憩をとることも許容した．

目標とするシルエットは，製品に同梱された用紙(縮尺4分の1)にてそのつど示した．また，六つのピースや目標シルエットを記した用紙は，セッション開始時には定位置に配置し，セッションが終了するごとに初期の定位置に再配

置して課題に取り組ませた．問題解決の様子はビデオに撮影し，映像アノテーションソフト（ELAN 4.7.3）に取り込み，フレーム単位で分析した．

参加者には3日間の実験終了後に参考情報として，(1)3日間の取り組みを通じてこの図形パズルに上達した感覚があるか，および (2)もしこのパズルを知らない小学生にコツを教えるとしたらどのように教えるか，という二つの質問に回答してもらった．これに対する回答結果は巻末の付録にまとめている．

2.7.3 結　果

各参加者のパフォーマンス，試行の多様性，評価の適切性，そして外的資源との認知的協調についてセッションごとの推移を示す（図2-17～図2-20）．指標の定義は第一実験と同一であり，解決時間のグラフ下端の記号が○が正解，×が不正解（もしくはギブアップ）であったことを示す．パフォーマンスの指標としての解決時間は，正解に至るまで，もしくはギブアップするまでの時間をデータ化した．前半セッションと後半セッション，およびセッション全体の各指標の平均値を求め，前半セッションと後半セッションの両者について対応のある t 検定（両側）を行った結果を表2-5に示す．

メタ学習の有無

参加者によって，また指標によって結果はばらついた．正解率や解決時間に関して，問題による共通傾向も特に見られない．そこで，各参加者の問題解決のパフォーマンスと，パフォーマンスに影響を及ぼすと考えられる要因それぞれの変化から，どの参加者にメタ学習が生じたのかを区別する．以下の記述は，主に表2-5を参照している．

全12セッションを通じての正解率は，参加者Dが91.7%，参加者Aおよび Cが75.0%，参加者Bが50%である．前半セッションと後半セッションの正解率を比較すると，どの参加者も前半より後半のほうが正解率は上がっている．解決時間も，どの参加者も前半平均より後半平均のほうが短い．しかし，前半セッションと後半セッションで解決時間が有意に短縮したのは参加者C，Dの2名であり，参加者A，Bには有意差が見られなかった．よって問題解決のパフォーマンスの面から，熟達（メタ学習）が生じたと考えられるのは参加者C，Dである．

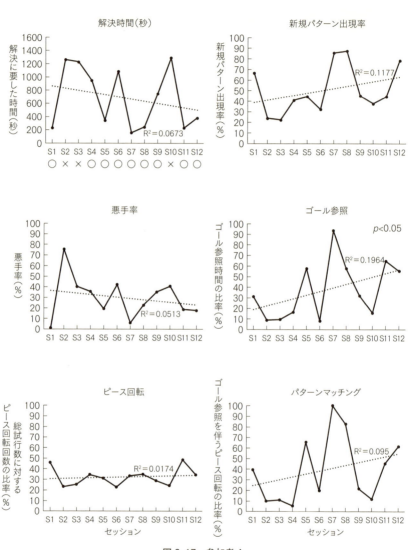

図 2-17　参加者 A

第2章 メタ学習のミニチュアとしての洞察の熟達

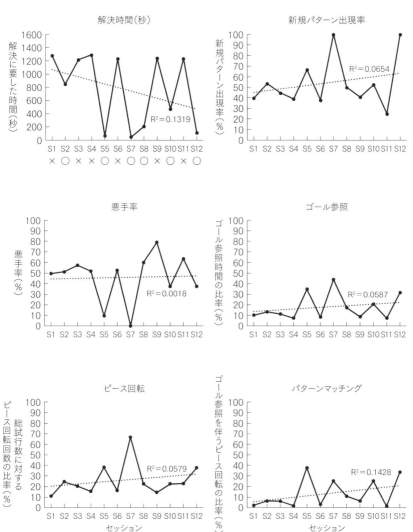

図2-18 参加者B

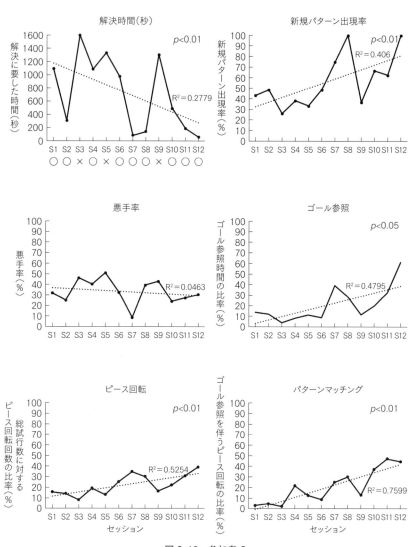

図 2-19　参加者 C

第 2 章 メタ学習のミニチュアとしての洞察の熟達

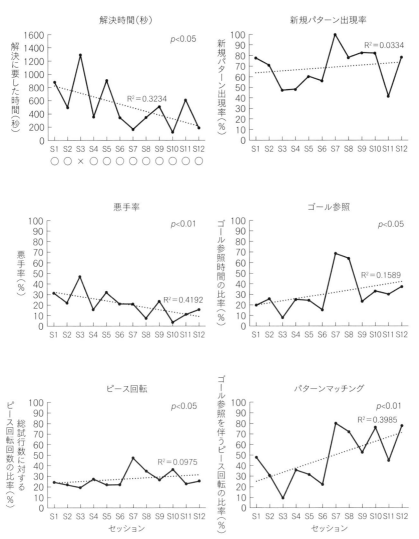

図 2-20　参加者 D

表 2-5　各指標の前半・後半・全体平均

	参加者 A				参加者 B			
	全体	前半	後半	p	全体	前半	後半	p
解決時間	681	852	510		770	988	551	
正解率	75.0%	66.7%	83.3%		50.0%	33.3%	66.7%	
新規パターン出現率	41.0%	35.3%	48.5%		41.6%	42.0%	40.8%	
悪手率	40.2%	44.9%	32.8%		56.6%	52.1%	64.5%	
ゴール参照	22.6%	14.6%	35.8%	*	10.7%	10.1%	11.7%	
ピース回転	28.4%	27.7%	29.4%		18.1%	17.0%	20.0%	
パターンマッチング	23.8%	17.0%	33.8%		6.7%	4.7%	9.6%	
試行速度	17.3	16.9	18.0		20.4	20.2	20.7	

	参加者 C				参加者 D			
	全体	前半	後半	p	全体	前半	後半	p
解決時間	717	1,060	375	**	518	712	323	*
正解率	75.0%	66.7%	83.3%		91.7%	83.3%	100.0%	
新規パターン出現率	40.2%	38.1%	47.4%	**	62.7%	59.5%	67.1%	
悪手率	39.7%	40.5%	37.4%		26.6%	34.1%	14.2%	**
ゴール参照	11.4%	8.9%	18.3%	*	24.4%	18.0%	38.6%	*
ピース回転	16.8%	15.5%	20.3%	**	24.1%	21.6%	28.3%	*
パターンマッチング	14.5%	10.1%	24.2%	**	41.6%	26.4%	60.9%	**
試行速度	25.2	25.3	25.0		23.4	22.9	24.2	

試行速度は 1 分あたりの平均試行数を表す.

　次に，新規パターン出現率，悪手率，外的資源との認知的協調（ゴール参照，ピース回転，パターンマッチング）の計 5 指標の推移を確認すると，参加者 C，Dはそれぞれ 4 指標について前後半で有意差が確認されたのに対し，参加者 Aで有意差が確認されたのは 1 指標（ゴール参照）のみ，参加者 B はどの指標にも有意差は見られなかった．また，参加者 C，D は第一実験でも観察された作業環境のカスタマイズを行うようになったが，参加者 A，B にはそのような事象は観察されなかった．したがって，パフォーマンス向上に影響する要因の面からも，参加者 C，D にメタ学習が生じ，参加者 A，B には生じなかったという判定が支持されよう．

　以上より，12 セッションの取り組みを通じてメタ学習が発生したのは参加

者C，Dの2名であり，参加者A，Bにはメタ学習が起こらなかったと結論する．4名の参加者の詳細な事例分析と各々の言語報告については，巻末の付録を参照されたい．

2.7.4　構成要素の関係性分析

　第二実験では，メタ学習の生起した参加者とそうでない参加者に分かれた．後者の参加者もいくつかの洞察問題には正解しており，時には高次学習を行っている．つまり，高次学習が起こっているからといって，必ずしもメタ学習が起こるわけではないということがわかる．

　では，メタ学習が発生する条件は何か．メタ学習が起こる場合には，試行の多様性，評価の適切性，外的資源の認知的協調という各要因が向上あるいは増加している．逆に，これらの要因に変化がないと，メタ学習が起こらず，パフォーマンスは向上しないものと考えられる．

　二つの実験を通じて見えてきたのは，ゴール参照，ピース回転，パターンマッチングの3要因は，パフォーマンスに直接影響を及ぼす要因というより，新規パターン出現率や悪手率を媒介して間接的にパフォーマンスに影響する要因なのではないかということである．言い換えると，外的資源との認知的協調の増加が試行の多様性や評価の適切性の増加をもたらし，メタ学習が起こると推測される．この関係性は暫定的な概念モデル（図2-2）には表現されていない．

　以上の仮説に妥当性があるかを確認するため，ミニチュア（洞察問題解決）の事象モデルを作成し，共分散構造分析を用いてモデルとデータの適合性を数理的に検証する．観測変数は表2-6の六つである．なお，解決時間と悪手率は，それぞれ値が低いほどパフォーマンスがよい，あるいは評価の適切性が高いと解釈されるデータであることに留意してほしい．

　仮説検証は以下の順に行う（表2-7）[5]．はじめに，創造的問題解決における

---

5)　平均構造を導入するなど縦断的データでの共分散構造分析モデルはいくつか存在するが，本書で想定している因果モデルに適用あるいは代替することは難しい．教示などの介入を行って効果検証する実験とは異なり，本実験では前半に比べ後半の課題で何らかの変数の値が全体的に向上するとは想定しておらず，向上するかどうかは個人に依存する．そのため，成長曲線モデルのように全体的な向上を想定したモデルは適切でなくなる．

表 2-6　観測変数

概念モデルにおける構成要素	事象モデルにおける観測変数	観測変数の定義
パフォーマンス	解決時間	各セッションで解決ないしはギブアップまでに要した時間（秒）
試行の多様性	新規パターン出現率	各セッションの総試行数に対し最初の 2 ピースの組み合わせのパターン数の占める割合（％）
評価の適切性	悪手率	各セッションの総試行数に対し 4 〜 6 手の手数が占める割合（％）
外的資源との認知的協調	ゴール参照	各セッションの解決時間に対し目標シルエットを視認した時間の割合（％）
	ピース回転	各セッションの総試行数に対し 90 度程度以上ピースを回転させた回数の割合（％）
	パターンマッチング	各セッションにおけるピース回転回数に対し，ゴール参照を伴うピース回転が含まれる割合（％）

多様性と評価の重要性（鈴木，2004）に鑑み，試行の多様性と評価の適切性のみがパフォーマンスに影響するモデル（H1）を確認する．外的資源との認知的協調を含む後続のモデル（H2 〜 H6）と比較することで，外的資源との認知的協調が確かにパフォーマンス（メタ学習）に影響する要因であるのかどうかが評価できる．

　次に，試行の多様性，評価の適切性，外的資源との認知的協調が並列でパフォーマンスに影響するモデル（H2）を検討する．この検討は，外的資源との認知的協調からパフォーマンスへの影響が，間接的なものなのか直接的なものなのかを判断するために行うものである．なお，H2 は現時点の暫定的な概念モデル（図 2-2）に相当するモデルである．

　最後に，外的資源との認知的協調が，試行の多様性や評価の適切性に対する影響を媒介して間接的にパフォーマンスに作用するモデルを検討する．今回の実験では，外的資源との認知的協調に対応する観測変数として，パターンマッチング，ピース回転，ゴール参照の三つのデータがある．そこで，三つの要因が並列で試行の多様性や評価の適切性に作用するモデル（H3），三つのうちどれか一つの要因が起点となってほかの要因を促進するモデル（H4 〜 H6）に細分して検証する．本書のここまでの実験結果は，外的資源との認知的協調がより深い階層から間接的にパフォーマンスに影響することを表現する仮説群

第 2 章　メタ学習のミニチュアとしての洞察の熟達

表 2-7　共分散構造分析による仮説検証シナリオ

概念モデル	仮説	事象モデルにおいて想定されるパス
「試行の多様性」と「評価の適切性」が高まると「パフォーマンス」が向上する	H1	「新規パターン出現率」「悪手率」→「解決時間」
「試行の多様性」「評価の適切性」「外的資源との認知的協調」が高まると「パフォーマンス」が向上する	H2	「新規パターン出現率」「悪手率」「ピース回転」「ゴール参照」「パターンマッチング」→「解決時間」
「外的資源との認知的協調」が原因となって「試行の多様性」と「評価の適切性」が高まり，その結果「パフォーマンス」が向上する	H3	「ピース回転」「ゴール参照」「パターンマッチング」→「新規パターン出現率」「悪手率」→「解決時間」
	H4	「パターンマッチング」→「ゴール参照」「ピース回転」→「新規パターン出現率」「悪手率」→「解決時間」
	H5	「ピース回転」→「ゴール参照」「パターンマッチング」→「新規パターン出現率」「悪手率」→「解決時間」
	H6	「ゴール参照」→「ピース回転」「パターンマッチング」→「新規パターン出現率」「悪手率」→「解決時間」

（H3 〜 H6）のいずれかを支持するように思われるが，三つの観測変数間にどのような関係性があるかは未確定である．H3 〜 H6 を検討することで，事象モデルにおいて外的資源との認知的協調の 3 要因がどのような相互関係を持っているのかを特定したい．

　表 2-7 の各仮説に従い，第二実験のデータ[6]を用いて共分散構造分析を行う．分析には Amos ver. 27.0.1 を用いる．第二実験の各データ項目の相関表を表 2-8 に示す．また，共分散構造分析によって得られた各モデルの適合度を表 2-9 に，各々に対応するパス図を図 2-21 〜図 2-26 に示す．

---

6)　サンプルサイズは 48（参加者 4 名 × 12 セッション）であり，各々に「解決時間」「新規パターン出現率」「悪手率」「ピース回転」「パターンマッチング」「ゴール参照」の六つのデータ項目が含まれる．標本には同一参加者によるデータが含まれるが，セッションごとに課題が異なっていること，同一の問題に取り組むと同一の結果が得られるという性質の課題ではないこと，そしてセッションごとに参加者が新たに問題解決に取り組む過程で得られたデータであることから，相互に独立な測定と見なして分析を行う．

表 2-8 相関表（第二実験）

	解決時間	新規パターン出現率	悪手率	ゴール参照	ピース回転	パターンマッチング	M	SD
解決時間	—						659.150	481.596
新規パターン出現率	−.802**	—					0.576	0.228
悪手率	.732**	−.593**	—				0.324	0.188
ゴール参照	−.726**	.685**	−.663**	—			0.275	0.205
ピース回転	−.697**	.647**	−.627**	.688**	—		0.270	0.110
パターンマッチング	−.690**	.680**	−.688**	.861**	.529**	—	0.304	0.259

表 2-9 モデルの適合度比較

仮説	χ^2	df	p	CMIN/DF	GFI	AGFI	CFI	RMSEA	AIC
H1	20.327	1	.000	20.327	.810	−.138	.763	.641	30.327
H2	175.347	10	.000	17.535	.400	−.260	.276	.593	197.347
H3	99.094	7	.000	14.156	.654	−.039	.597	.529	127.094
H4	32.820	7	.000	4.689	.809	.758	.887	.280	60.820
H5	69.082	7	.000	9.869	.732	.418	.728	.434	97.082
H6	5.536	7	.595	.791	.962	.886	1.000	.000	33.536

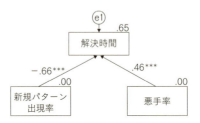

図 2-21 事象モデル（H1）

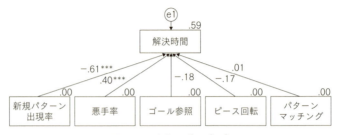

図 2-22 事象モデル（H2）

第 2 章　メタ学習のミニチュアとしての洞察の熟達

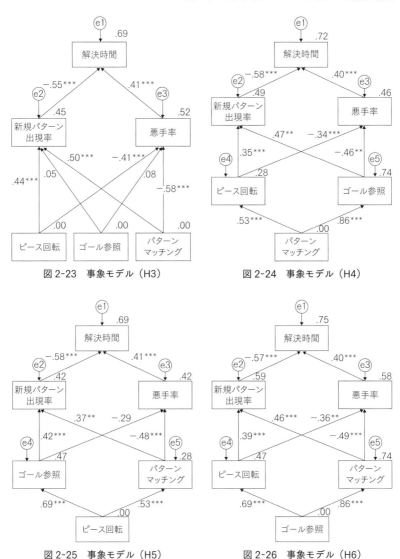

図 2-23　事象モデル（H3）　　　　図 2-24　事象モデル（H4）

図 2-25　事象モデル（H5）　　　　図 2-26　事象モデル（H6）

H1，H2，H3 のモデルは AGFI が負の値となるなど，データに対する適合度がきわめて低い．H1 の結果からは，外的資源との認知的協調を要因としてモデルに組み込んだほうがよいことが示唆される．H2 の結果からは，外的資源との認知的協調が，パフォーマンスに直接作用する要因ではないことが推測される．さらに，H3 の結果からは，事象モデルにおいて外的資源との認知的協調に含まれる三つの要因に，何らかの相互関係が存在することが推定できる．

そこで H4，H5，H6 を比較すると，ゴール参照を外生変数とする H6 のモデルが最も適合度が高い．GFI は .962，AGFI は .886 であり，χ^2 検定の p 値も .595 とほかのモデルより望ましい値を示した[7]．H6 は情報量基準の AIC もほかのモデルに比べて十分に低いため，今回検討したモデル内では統計的に最良と考えられる．なお H6 では，ピース回転から悪手率へのパスが 1% 水準，その他のパスはすべて 0.1% 水準で有意であった．

H6 のモデルは解釈性の面でも優れている．このモデルによれば，学習の起点となるのはゴール参照であり，ゴール参照がピース回転とパターンマッチングの二つを促進する．これにより新規パターン出現率が増加し，悪手率は減少する．その結果として解決時間が短縮し，問題解決のパフォーマンスが向上するのである．ピース回転やパターンマッチングを通じて多様な組み合わせが探索され，評価のための情報が知覚的に創出されることは理解しやすい．また，一連のプロセスは実験における観察結果と整合的であり，ゴールと現状の差分解消という問題解決の基本構造からも納得性が高いものである．

以上の通り，モデルとデータの適合性，およびモデル自体の理論的妥当性の両面において第二実験のデータを最もよく説明するモデルは H6 と考えられる．

ここで，H6 のモデルに第一実験のデータ[8]を追加投入して再度分析する．

---

7) 共分散構造分析においてモデルのデータに対する適合を扱う χ^2 検定の確率は，通常の検定とは逆に高いほうが望ましい結果であると判断される（豊田，2007）．

8) サンプルサイズは 10（参加者 1 名 × 10 セッション）である．第二実験のデータと同様に，各々に「解決時間」「新規パターン出現率」「悪手率」「ピース回転」「パターンマッチング」「ゴール参照」の六つのデータ項目が含まれる．第一実験と第二実験では F パズルの中でも使用した課題が一部異なるが，いずれも F パズルの問題群の中から共通の基準に従って抽出したものであり，データ項目も共通の尺度（表 2-6）で測定されているため，同一の事象を同一の基準で観察したデータと見なして取り扱った．

第 2 章　メタ学習のミニチュアとしての洞察の熟達

表 2-10　相関表（第一実験＋第二実験）

	解決時間	新規パターン出現率	悪手率	ゴール参照	ピース回転	パターンマッチング	M	SD
解決時間	—						620.586	480.480
新規パターン出現率	$-.804^{**}$	—					0.581	0.229
悪手率	$.703^{**}$	$-.653^{**}$	—				0.316	0.202
ゴール参照	$-.632^{**}$	$.645^{**}$	$-.611^{**}$	—			0.259	0.202
ピース回転	$-.612^{**}$	$.604^{**}$	$-.593^{**}$	$.557^{**}$	—		0.282	0.129
パターンマッチング	$-.646^{**}$	$.669^{**}$	$-.683^{**}$	$.861^{**}$	$.474^{**}$	—	0.302	0.266

表 2-11　適合度（第一実験＋第二実験）

仮説	χ^2	df	p	CMIN/DF	GFI	AGFI	CFI	RMSEA	AIC
H6	5.630	7	.584	.804	.968	.904	1.000	.000	33.630

第一実験と第二実験を合わせると，サンプルサイズは 58 となる．一般に共分散構造分析では推定するパラメタの数が多く，大きなサンプルサイズが望ましい．しかし，本実験のように調査ではなく実験でデータを収集する場合，サンプルサイズを大きくすることは困難である．Bentler & Chou（1987）は自由母数の 5 倍から 10 倍のサンプルサイズを推奨しているが，これは絶対的な基準ではない（豊田，2003, p. 61）．本書では，実験によるデータ収集による制約のため，モデルがあまり複雑にならないよう自由母数の数を 14 に抑えている．サンプルサイズは Bentler らの基準（自由母数の 5 倍として 70）にはやや満たないが，理論的にも妥当なモデルを構築することで，分析結果を慎重に検討することとする．

　二つの実験のデータを合わせると，各項目の相関は表 2-10 となる．このデータを用いて再度共分散構造分析を行うと図 2-27 の結果が得られ，モデル内のパスはすべて 0.1% 水準で有意となった．

　適合度は $\chi^2 = 5.630$，$df = 7$，$p = .584$，GFI $= .968$，AGFI $= .904$，CFI $= 1.000$，RMSEA $= .000$，AIC $= 33.630$ である（表 2-11）．GFI と AGFI は一般に十分な説明力があると判断される 0.9 を超え，AIC は 33.630 とわずかに高くなった

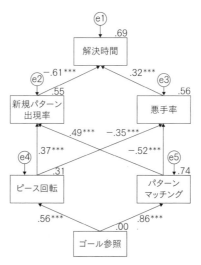

図 2-27　ミニチュア課題におけるメタ学習の事象モデル（H6：第一実験＋第二実験）

ものの，全体としてモデルの適合度が改善された．

　第一実験のデータを追加して得られたこのモデルにおいて，解決時間に対する影響の面では，新規パターン出現率（−.61）のほうが悪手率（.32）よりも大きい．また，新規パターン出現率や悪手率に対する寄与は，ピース回転（新規パターン出現率に対して .37，悪手率に対して −.35）よりもパターンマッチング（新規パターン出現率に対して .49，悪手率に対して −.52）のほうが大きかった．ゴール参照は，ピース回転に対しても（.56）パターンマッチングに対しても（.86）高い影響を及ぼしていることがわかった．

2.8　ミニチュア課題でのメタ学習と概念モデルの修正

2.8.1　実験の振り返り

　この章の目的は，非連続的な環境変化の常態化に適応するマネジャーの学習の解明に向けて，手がかりとなるような初期仮説を得ることであった．本書ではマネジャーの学習のミニチュアとして，創造的問題解決の一つ，洞察を選んだ（2.1）．洞察は制約緩和を通じて既存の知識をアンラーンしながら新しい解

決策を創造する過程であり，高次学習と多くの共通要素がある．それゆえ洞察の熟達は高次学習の学習，すなわちメタ学習としての特徴を持つ．しかし，先行研究が実証しているのはヒューリスティクスの教示によるパフォーマンス向上のみであり，新しい解決策の創造それ自体の熟達化は確認されていない（2.2）．そこで洞察の個人差を生み出す要因に関する研究や，創造性と身体性認知の研究を手がかりに，試行の多様性，試行に対する評価の適切性，そして問題解決過程における外的資源との認知的協調という三つの要因によってメタ学習がもたらされるという暫定的な概念モデルを構築した（2.3）．

　概念モデルの有効性を実験的に検証するため，洞察問題として知られる図形パズル（F パズル）を題材とした心理学実験をデザインした（2.4）．実験の参加者は解法が異なる複数題の図形パズルを解くことになる．この設定は，それまでにうまくいったやり方を次々と変えていかなければならないという意味で，マネジャーが直面する非連続的な環境変化の常態化に対応している．そして，パズルを 1 問解決することが高次学習（これまでに成功した手法をアンラーンし，新たな解を創造すること）に，複数の問題解決経験を通じてパフォーマンスが上がっていくことがメタ学習（高次学習の熟達）に，それぞれ対応することとなる．

　次に，概念モデルを事象レベルで検証可能なものとするため，モデルの構成要素を図形パズルの解決過程において観察できる行動指標へとマッピングした．パフォーマンスは解決時間や正答率で測ることとした．試行の多様性はピースの組み合わせにおける新規パターンの出現率で，評価の適切性は手数の多さとバックトラックの比率（悪手率）で把握することとした．さらに，外的資源との認知的協調は，問題解決過程におけるゴールの参照，パズルのピースの回転，および両者を同時に行う知覚的パターンマッチングの三つに分解して分析することとした．これらはいずれも，処理の負荷が高く，単独では創造的な活動には不向きとされる内的な認知過程を，身体を含む外的資源との相互作用に置換するものである（2.5）．

　実験は 2 段階に分けて行われた．第一実験には参加者 1 名が参加し，そもそも概念モデルが洞察のメタ学習という事象の分析や解釈にあたって期待される有用性や妥当性を持つのかを，事例分析的なアプローチによって検証した（2.6）．解決策を相互に転用できない 10 問の図形パズルを課題として教示なし

に解かせたところ，参加者は10問すべてに正解し，パフォーマンス，試行の多様性，評価の適切性，そして外的資源との認知的協調の各指標が，モデルの予想する変化を見せることが確認できた．また，この実験を通じて，外的資源との認知的協調が高まることによって試行の多様性や評価の適切性が高まるという新たな仮説が得られた．さらに，外的資源との認知的協調が，事象モデル内に設定した三つの要素（ゴール参照，ピース回転，パターンマッチング）だけでなく，作業環境の調整という環境全体に対する能動的な働きかけによっても促進される可能性があることを見出した．

第二実験は12問の図形パズルを課題とし，参加者を4名に増やして実施した（2.7）．その結果，2名の参加者にはパフォーマンスの有意な向上が見られ，2名の参加者には見られなかった．モデルの構成要素の推移を確認すると，メタ学習が起こる場合も起こらない場合も，モデルの要素間関係は整合的に保たれることがわかった．すなわち，このモデルはメタ学習が生起する場合も生起しない場合も説明できることが示唆された．また，第一実験で新たに得られた知見（外的資源との認知的協調がほかの要因に与える影響や，作業環境のカスタマイズの有効性）は，第二実験の参加者にもあてはまることが確認された[9]．

以上を踏まえ，二つの実験データ全体を用いた共分散構造分析を行うと，与えられたデータと適合性の高い事象モデル（図2-27）が得られた（2.7.4）．このモデルによれば，外的資源との認知的協調が高まることによって，試行の多様性や評価の適切性が高まる．試行の多様性と評価の適切性が高まることによってメタ学習が起こり，問題解決のパフォーマンスが向上する．これらの関係性は実験の観察結果と合致するだけでなく，後述する通り，創造的認知や身体性認知などの既存研究の報告とも親和性の高いものである．

なお，このモデルは単一課題における洞察と，複数課題における洞察のメタ学習（熟達的変化）の双方を表している．これは，洞察が起きることと洞察が起きやすくなることの，引き金となる要因が共通しているためである．試行の多様性，評価の適切性，外的資源との認知的協調の三つの要因が高ければ，高

---

9) 第二実験でメタ学習の生じた参加者C，Dはいずれも第一実験の参加者に類似した作業環境のカスタマイズを行うようになった．詳細は巻末の付録を参照のこと．

いパフォーマンスが出る（単一課題における洞察）．一方，複数課題に取り組む過程で上記の3要因が高くなっていくならば，これと連動してパフォーマンスも高くなっていく（複数課題におけるメタ学習）．表2-5で確認した通り，前半セッションと後半セッションで解決時間が有意に短縮した参加者にはそのような要因間関係が確認された．逆に，前後半の解決時間に有意差のなかった参加者の場合は，メタ学習をもたらす要因側にも有意な変化がなかったのである．

2.8.2　外的資源との認知的協調

洞察問題解決の熟達化，すなわちメタ学習は，可能なピースの組み合わせが幾何級数的に増大する手前の段階で，言わばコントロールされたゆらぎを生み出すようになったことで実現された．メタ学習を起こした参加者とそうでない参加者の違いは，6ピースを使って組み立てた最終的な形状の多様性ではなく，初期探索の多様性である．そして，次第に増加する試行の多様性は，知識の累積によってもたらされたものではなく，問題に応じて新規に生成されたものであった．

試行の多様性が増加しても探索効率が悪化しないのは，それと同時に試行に対する評価の適切性が高まったためである．このことは，試行の多様性が高くても，評価が適切にできない（悪手率が高い）ためにパフォーマンスが上がらない参加者が存在することからも明らかである．メタ学習を起こした参加者において評価の適切性の変化は，試行が多様化するのと同時に，より早い段階で失敗し，より早く悪手を見切るようになるという形で現れた．どのような配置が適切かは問題によって異なっているため，こうした「見る目」の変化が，様々な配置パターンの記憶によってもたらされたとは考えにくい．

一連の実験を通じて得られた最も重要な示唆は，試行の多様性や評価の適切性の向上が，内的記憶や計算能力の向上によってだけではなく，外的資源の積極的な活用によってもたらされるということである．メタ学習を起こした参加者は，自身の知覚と行為を適切に制約してくれるように外的環境と関わることを学習し，それが問題解決のパフォーマンスを促進したのである．外的資源との認知的協調によって得られる利点は四つある．

第一のメリットは認知的負荷の軽減である．ゴール参照や，ゴール参照を伴

うピース回転といった熟達者に特徴的な行為は，いずれも内的な計算・記憶負荷を軽減する off-loading（肩代わり）の実践である．ゴールを頻繁に見ることによってワーキングメモリの記憶負担が減り，ピースを実際に回すことによってメンタルローテーションをしないで済む．

　外的資源の積極的な活用は，認知的な負荷軽減以上の積極的なメリットをもたらす．第二のメリットは，現状や試行の良し悪しを評価するための情報の創出である．メタ学習を起こした参加者は，ピースを回しながら同時にゴールを参照するという自らの身体行為によって，自分自身に対する「よい知覚入力データ」を能動的に作り出すようになった．すなわち，単に多様な置き方をその場で生成するだけではなく，何がよくて何が悪いかが特定されやすいような形で多様な試行（失敗）を生み出すようになったのである．今回の実験のように，またおそらくはフィールドにおいて度重なる環境変化に見舞われるマネジャーと同様に，問題によってどんな試行がよいかが異なる課題においては，過去の経験や知識など既存の認知的資源だけで試行を評価することは困難であり，その場にある状況的・知覚的な資源を最大限に活用する必要が出てくる．

　そのような場面において重要なのは，ある試行に対して誤りを知らせる情報が，空間的あるいは時間的に近接して，それが何についてのフィードバックなのかが特定可能な形で得られることである．ある試行に対するフィードバック情報がずっと後になって得られたのでは意味がない．何かエラーが発生したことはわかったが，どの試行で間違ったのかはわからないという場合も，修正対象が特定されないため，やはり意味がない．

　メタ学習を起こした参加者は，目標シルエットを記した用紙の近くで少数のピースを操作することで，空間的にフィードバックを受け取りやすくしていた．また，手数の早い段階でピースを回転させながら同時にゴールを参照することで，時間的にも直ちに配置の良し悪しが判定できるようにしていた．メタ学習を起こした参加者が，後半セッションにおいてエラーがすぐに検知できるようになったのはこのためである．逆に，メタ学習の起きなかった参加者は，フィードバックを受け取るタイミングが遅く，自分がどこで間違えたのかをうまく特定できなかったものと解釈できる．このように，外的資源を認知的に活用することによって現状評価のための情報が顕在化し，同じタスクを内的推論に頼

って行ったときよりも，より適切に試行が評価できるようになるのである．

これと連動して，課題の認知的変換という第三のメリットが得られる．フィードバックが得られやすいように外界と相互作用すること，あるいはそのように作業環境を調整することによって，参加者はむしろ解くべき問題のほうを簡単にした．問題の構造も，目標の外的形状も変わってはいない．しかし，内部操作と外部操作の組み合わせによって，参加者の内的状態は認知的に変化し，同じ問題が参加者にとって解きやすい問題に変化している．つまり，参加者が経験を通じて獲得したのは，複雑な問題を解く高度なスキルというよりも，身体と環境を使って問題を解きやすいように変えてしまうスキルであったと言える．これは外的環境との相互作用を含まない戦略，たとえば自分の内的計算能力を上げるとか，様々な置き方を記憶して評価に役立てるといった戦略と好対照をなす．

最後のメリットは，心的制約の緩和による新規性の創出である．このことは図形パズルにとどまらず，人が思考を展開したり，何かを作り出したりする際に，好んで外的な道具を使うのはなぜかという問題ともつながっている．もし私たちに十分な内的推論の能力があり，創造性が私たちに「内在する」ものだとしたら，わざわざ実際に身体を使ってピースを動かしたり，動かしている過程や動かした結果を知覚を介して自らに見せたりするようなプロセスは必要ない．ゴールをいったん記憶したら，頭の中で試行を繰り返し，正解が出てから一気に実物のピースを組み立てればよいからである．

一般には，現実から離れ，「心の中で」「自由に」想像したほうが新奇なアイデアが生まれやすいようにも思われる．しかし，実際の創造活動はそのようには進まないということを複数の研究が報告している．Schön (1983) はデザインの過程が，アイデア生成のような内的操作と，スケッチのような外的操作とが相互作用を繰り返しながら進展する過程であることを示した．内的操作と外的操作の繰り返しは短いスパンで行われ（Gero & McNeill, 1998），繰り返しを通じてデザインのコンセプト自体が変化する．コンセプトが変化するきっかけは，デザイナーが外的表象内に知覚的な発見を行うことにある（Suwa, 2003）．つまり新たなコンセプトは，内的表象を外化し，外化された表象を知覚入力として再度インプットするという，内的操作と外的操作のループの中から生まれてく

るのである.

　抽象画の制作プロセスを調査した van Leeuwen *et al.*（1999）は，いくつか
の実験によって興味深い事実を明らかにしている．彼らによると，私たちが
「心の中で」像を描くときには独特な制約がかかり，新しい形や要素を生み出
すのが難しい．こうした内的制約の存在は，Finke *et al.*（1992）の構造化イマ
ジネーションの実験でも確認されている．オブジェクト生成課題で参加者が生
成するオブジェクトは，実験時のインストラクションから想起される既知のカ
テゴリに強く制約される．心的制約の強度は強く，「できるだけ創造的に考え
てください」「突飛な想像をしてください」といった教示を与えてもなかなか
緩和されない．ほとんどの場合，どこか似通った「構造化された」想像物が生
み出される．

　van Leeuwen らは，心的制約は off-line での処理時に作用するものであり，
on-line で知覚しているときには人はそのように制約されることが少ないとい
う [10]．したがって，画家が想像し，スケッチを描き，描いたスケッチを再知
覚し，また想像してスケッチを描き直すという，外界を媒介したループを繰り
返すことは，抽象画の全体的な構造を発明したり，新しい要素を見出したりす
るために欠かせないプロセスなのである（Clark, 2003）．

　以上のような議論を踏まえると，熟達者がピースを回転させたりゴールを参
照したりしながら，外界を経由して自分自身に知覚入力を与えるという相互作
用を繰り返すようになった背景には，そうすることによって計算量を減らすだ
けでなく，新しい創造的な組み合わせを生み出しやすくするという積極的な意
味もあったことが窺えよう．

　外的資源との認知的協調は，認知負荷の軽減，評価情報の創出，課題の認知
的変換，そして内的制約の緩和による創造性の増加という四つの認知的利得を
もたらしている．これらが試行の多様性や評価の適切性の向上に影響する要因
であることは明らかだろう．人間の認知システムは開放系（open system）であ
り，身体や環境を基盤として，それらと協調的に機能することによって初めて

---

10)　on-line とは知覚などを通じて外界と接続した状態でリアルタイムの計算を行うこと，
　　 off-line とは外界から断線した状態で，内的資源のみを用いて計算を行うことを指す．

適応的な活動を生成する（Clark & Chalmers, 1998）．このことを考え合わせるならば，外的資源との認知的協調が洞察の熟達において中心的な役割を果たすとしても何ら不思議はない．

2.8.3　学習のタイプ

　続いて，今回の事例で生じた学習がどの次元において起こったものかを振り返り，この学習がメタ学習にふさわしい変化であったかどうか，あらためて検証しよう．以下では，二つの実験でメタ学習の生起した3名の参加者（第一実験の参加者1名と第二実験の参加者C・Dの2名）を念頭に議論を進める．

　まず，参加者の熟達はピース操作の速度や精度の向上によってもたらされたものではなかった．どの参加者も試行速度に前後半での顕著な差はなく，試行速度が問題解決のパフォーマンスを左右したとは言えない．また，実験で取り上げた課題はいずれも，決まった置き方をほかに転用して解けるような定型的な問題群ではなかった．のみならず，それぞれの参加者が生成した新規パターンは，各問題に応じて新たに生み出されたものが多かった．つまり，この変化は問題に固有の知識やピースの組み合わせのレパートリーが増えたことによってもたらされたものではない．したがってここで観察された学習は，既存の手続きに則ってパフォーマンスを改善していく低次学習には相当しないと言えよう．

　それでは，ここで生起したのは高次学習であろうか．確かに参加者は新しい物の見方ややり方を生み出し，そのために既存の制約を緩和させる必要があった．だが，彼らが学習したのは単に一つの新しい置き方を生み出すことではなく，異なる複数の問題にわたってそのつど新しい置き方が生み出されやすいようにすることである．すなわち，高次学習の起こし方こそが学習されたのであり，この変化はまさにメタ学習に相当する．これとは逆に，何問か正解はしながらも全体としてはメタ学習を起こすには至らなかった2名の参加者も，少なくとも何度かは高次学習をしていた．つまり，メタ学習の起きた参加者とそうでない参加者の違いは，必ずしも高次学習をしたかどうかでは説明できないということである．

　観察された単純な行為のレベルでは，参加者はゴールを見たり，ピースを回

したりしているだけである．言うまでもなく，目標を確認する，対象物を回転させるといった行為はありふれた日常的行為にすぎず，それ自体が新たに学習された当のものではない．この変化を，特定の行為や知識の学習，すなわちゴールを見ることや，ゴールを見ながらピースを回転させること自体の学習としてとらえてしまうとカテゴリ錯誤を犯すことになる．

　観察された行為のレベルと，それらの行為が持つ意味のレベルは区別されなければならない．そうでなければ，洞察の熟達に関する先行研究の多くが陥ったように，メタ学習を特定の行為（解法）の学習ととらえることになり，熟達者の適応性や柔軟性と，知識の領域固有性を両立的に思考することができなくなる．熟達者の知が状況や問題に固有のものだとすれば，状況や問題の数だけ知識が必要ということになるし，未経験の状況に対処したり，新たな知識を生み出したりすることがそもそも不可能になってしまうからである．

　ピース回転やゴール参照といった行為群は，内的計算を外的資源とのインタラクションに転換することで，内的な負荷軽減や制約緩和を促進するという意味を持つ．あるいは，外的資源に働きかけることによって，形式的には等価であるが，人間にとって解決しやすいように問題表現を変換するという意味を持つ．これらは問題を解決するオペレータとしての行為ではなく，認識（内的状態）を変える行為である（Kirsh & Maglio, 1994; 椹木ほか, 2018）．参加者が学習したのは内的な負荷軽減や制約緩和に向けた外界とのインタラクション方略であり，それが図形パズルという問題の解決にあたっては，たとえばピースの回転やゴールの参照，ゴールを記した用紙の位置移動といった形で出現したのである．

　言い換えると，一連の経験を通じて真に変化したと言えるのは，参加者と問題，そして外的資源との全体的な関係性である．参加者が獲得したのは，新たな問題に対して創造や学習が起こりやすいように向き合おうとする傾向性（Ryle, 1949）であり，観察された諸々の行為は，そうした傾向性が現実化した一つのあり方としてとらえるべきであろう．これらは問題に依存した知識や手続きの学習とは異なるメタレベルの変化であり，高次学習を生み出すシステム自体の変化によってもたらされたものである．

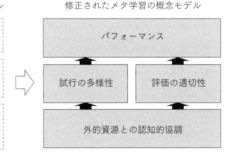

図 2-28　修正されたメタ学習の概念モデル
「→」：共分散構造分析によって確認されたパス．実線は正，破線は負の係数を表す．
「解決時間」「悪手率」は逆転項目．

2.8.4　概念モデルの修正

　ここまでの議論を踏まえると，暫定的に設定した概念モデル（図 2-2）は修正する必要がある．暫定モデルにおいては，パフォーマンス向上すなわちメタ学習を支える要因として，試行の多様性，評価の適切性，外的資源との認知的協調の三つが同じ階層に並んでいたためである．しかし，すでに共分散構造分析を通じて，外的資源の認知的協調はパフォーマンスに直接寄与する要因ではなく，試行の多様性や評価の適切性に対して影響を及ぼす要因であることが明らかとなっている．

　共分散構造分析によって得られた，洞察の熟達に関する最も適合度指標の高い事象モデル（H6）を抽象化して要因間の関係性を見直すと，図 2-28 右のように修正された概念モデルが得られる．

　外的資源との認知的協調とは，外界とのインタラクションによって内的状態を変化させる行為を表している．これが活発化することで，試行の多様性が増すと同時に，試行に対する評価が適切にできるようになる．本章の実験において外的資源との認知的協調は，図形パズルの主要な外的資源である，ゴールを記した用紙の参照，ピースの操作，そして一連の試行を行う作業環境のカスタマイズという事象として観察された．

　なお，これらは図形パズルに固有の要素であって，ほかの洞察問題やマネジャーのメタ学習にそのまま転用できるものではない．次章でフィールド調査を行うにあたっては，洞察問題解決の事象モデルではなく，修正された概念モデ

ルをあらためてフィールドの事象にマッピングする必要がある.

2.8.5 知見の制約

ここでは,本章の実験に固有の制約をいくつか挙げ,得られた知見のうち,汎化可能なものとそうでないものを区別する.

第一に,実験に参加したのは計5人の参加者のみであり,モデリングに用いた観測変数も六つにすぎない.したがって,ここで観察された内容や統計分析の結果がほかの参加者にも同様にあてはまるものであるかは,さらなる検討が必要である.

その一方,この実験で取り上げた課題は先行研究と類似のものであり,メタ学習の三つの要因も,創発認知(鈴木, 2022),創造的問題解決(阿部, 2019; 鈴木, 2004),熟達者の外的資源利用(Kirsh & Maglio, 1994)などの諸研究から導かれたものである.それゆえ,本書の知見が少数の特別な参加者から得られた例外的事象であるとは考えにくい.

また,本章の目的はあくまでもフィールド調査に向けて概念モデルを開発することであった.重要なのは概念モデルの構成要素(パフォーマンス,試行の多様性,評価の適切性,外的資源との認知的協調)とそれらの関係性であり,ミニチュアの事象モデルの精度ではない.本章の実験を通じて,概念モデルの妥当性は確認できた.図形パズルに即した事象レベルのモデルは参加者数や取り上げる課題の種類によって変わる可能性があるが,仮に今後,参加者数を増やしたことによって,図形パズルの事象モデルにおいて,たとえば「ピース回転」と「パターンマッチング」の間に新たにパスが引かれたとしても,概念モデルに基づくフィールド調査の有効性を損ねるものではない.

第二に,本書が取り上げたのはあくまでもFパズルの熟達であり,これがどの程度まで領域横断的な汎用性を持つのかは検証されていない.ただし,成績向上の見られた参加者が,まったく未知の状態から,特段の教示も受けずに独自の試行錯誤によってメタ学習を行ったことを考慮するならば,少なくとも今後類似の空間的課題に対処した際には,同水準の学習を発生させる可能性が高いと推察される.

第三に,どのような問題をどのような順序で経験するかによって,学習のあ

り方は変化する．第一実験では全10問，第二実験では全12問を通じての様々
な変化を検証したが，出題の順序が変われば傾向も変わった可能性がある．ま
た，今回観察された内容が熟達の最終的な到達地点とは限らない．13問目，
14問目を実施したら別の傾向が現れる可能性もあるだろう．とは言え，二つ
の実験の課題は各々が異なる特性を持つ問題から構成されており，まったく異
質な傾向が出てくる可能性は低いと言えよう．

第四に，本書が取り上げた図形パズルがゴール（正解）のある課題であり，
ゴールのない課題について本書の知見がどこまで適用可能かという問題がある．
しかしながら，ゴールの有無や明示性はモデルの構造には影響を与えない．こ
の点については次節で詳述する．

2.9　ミニチュアからフィールドへ

本章では，フィールドにおいて既存手法をアンラーニングし新規手法を創出
する高次学習のミニチュアとして洞察問題解決を選んだ．洞察問題解決の熟達
が高次学習の熟達，すなわちメタ学習のミニチュアとなる．

一連の心理学実験を通じて，メタ学習の概念モデルが得られた．この節では，
次章より概念モデルをフィールドに適用するにあたって，ミニチュアとフィー
ルドの各々の事象に，共通の概念モデルを適用可能な同型性が確かに備わって
いるのかどうか，およびミニチュア研究から得られた概念モデルをフィールド
に持ち込むことによって，経営学や組織行動論の従来の知見に対して果たして
どのような新しい着眼点が得られる可能性があるのかを論じる．

2.9.1　ミニチュアとフィールドの同型性

本書が目指すのはメタ学習のメカニズムの解明である．メタ学習とは非連続
的な環境変化が常態化した状況で求められる学習のことだ．したがって，ミニ
チュアとフィールドにおいて担保されるべき最も重要な共通項は，「それまで
にうまくいっていたやり方を次々と変えていかなければならないこと」である．
この特徴は，ミニチュアでは相互に解が転用できない非定型な洞察問題の課題
群として，フィールドでは文字通り非連続な環境変化の連続として表現されて

おり，状況の同型性は保たれている．

　このような状況で求められる学習のモデルを，本書は創造的問題解決（洞察）の知見をベースに作成した．創造的問題解決は学習を含む認知過程であり，非連続な環境変化に適応するために求められる主要な要素（既存手法のアンラーニングと新規手法の創出）を備えているためである．以下では，ミニチュアとフィールドの事象を問題解決の学習過程として見た場合に，それらの事象間に共通の概念モデルを適用することを妨げるような大きな違いがないのかどうかを，あらためて検証してみよう．

　問題解決とは，解決のための手段がすぐにはわからなかったり，習慣的な手段では解決できない問題に直面したとき，あれこれ手段を探索し，適切な手段を発見したり生み出したりして解決に至ることを言う．図形パズルの洞察問題解決とマネージャーの組織運営やプロジェクト管理が，この意味において問題解決と見なしうる活動であることに異論はないだろう．

　認知科学において問題解決は，望ましい状況（ゴール）と現状（初期状態）の不一致に対して，両者を一致させるためにオペレータを適用していく活動として定義される．初期状態に対してあるオペレータを適用すると新しい状態が生まれ，新しい状態に対してさらにオペレータを適用すると別の状態が生まれる．こうした状態遷移の集合を問題空間という．また，与えられた状態に応じて利用できるオペレータは様々に異なる．これらをオペレータ適用制約という．

　問題の記述からゴール，現状および適用可能なオペレータが明確であり，問題空間が一意に定まる種類の問題を，良定義問題という．代表例としてハノイの塔問題がある．この問題では，はじめ左のペグに三つのディスクが置かれている（図2-29左）が，三つのディスクを右のペグに移すことがゴールである（図2-29右）．ただしディスクを移動させるには，一度に一つのディスクしか動かせない，小さなディスクの上に大きなディスクを載せることはできないなどの制約条件があり，このルールに従ってディスクを動かす必要がある．

　ハノイの塔問題では，初期状態とゴール（目標状態）が明確であり，適用可能なオペレータも決まっている．この問題では問題空間（初期状態からゴールに至るまでの状態遷移）を系統的に列挙することができる．

　他方，問題の記述からはどのようなオペレータが利用できるかが不明確であ

第2章　メタ学習のミニチュアとしての洞察の熟達

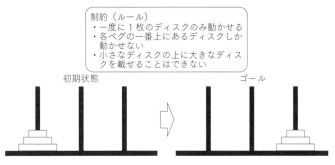

図 2-29　ハノイの塔問題

ったり，ゴールが曖昧であったりするなどの理由で，問題空間が一意に定まらない問題を，悪定義問題という．学校の試験問題から日常の意思決定に至るまで，私たちが経験する問題解決のほとんどは悪定義問題である．

　本書がミニチュアとフィールドで観察する事象も，ともに悪定義問題の問題解決である．図形パズルの洞察問題には無数のオペレータがある．さらに対象制約や関係制約といった標準的なオペレータ適用制約が妨害的に作用するため，問題空間を限定するのが難しい．マネジャーの組織運営も，ゴールが不明確であったり，オペレータの組み合わせが無数にあったり，場合によっては現状（初期状態）の把握も困難であったりする中で行われる．過去の経験において有効だったオペレータがかえって当面の問題解決を阻害するという点も，洞察問題と共通している．

　まとめると，本書がミニチュアとフィールドで研究する事象は，問題解決者が，過去の習慣的な手法が通用しない新しい問題に対して，オペレータが無数にあったり，どのように組み合わせたらよいかわからなかったりする状態に置かれ，試行錯誤しながら解決していく過程であるということになる．

　こうした問題解決過程には，探索と選択という共通の基本構造がある．ハノイの塔や図形パズルから，チェス，科学的発見，経営意思決定，都市計画，そして芸術家のデザインに至るまで，人の行う問題解決は試行錯誤による探索と選択の様々な組み合わせである（Simon, 1996, 1997）．さらに，多くの創造性モデル（Boden, 2004; Campbell, 1960）や学習モデル（Hebb, 1949/2002; Holland et al., 1986）が多様な探索からの選択というメカニズムを共通して採用している．

103

本書の概念モデルもまた，探索と選択という問題解決の基本構造を下敷きにしている．試行の多様性は探索に，評価の適切性は選択に関わる要因だからである．以下では，いくつかの観点から，ミニチュアとフィールドの事象レベルの差違にもかかわらず，探索と選択という問題解決の基本構造が共通していること，したがって同じメタ学習の概念モデルを適用可能であることを述べる．

　まず，ミニチュアとフィールドでは目指すべきゴール，適用可能なオペレータやその組み合わせ，利用可能な外的資源，問題解決のタイムスケールが異なるが，これらは探索と選択の複雑さの程度の違いであり，基本構造の違いではない．また，ミニチュアではそのつど一つの問題解決に取り組んでいるのに対し，フィールドのマネジャーは同時に複数の問題解決に取り組んでいるという状況の違いがある．しかし，マネジャーが行う一つ一つの活動はやはり問題解決であり，より広いスパンから見れば，非連続な環境変化の中での組織運営という大きな一つの問題解決に取り組んでいるとも言える．以上の違いはミニチュアとフィールドの事象レベルの差異であり，概念レベルにおいて問題解決の基本構造に変更を求めるような違いではない．

　次に，今回取り上げた図形パズルとフィールドの組織運営とでは，課題におけるゴールの明示性に違いがある．図形パズルでは問題解決のゴールが目標シルエットとして提示されているのに対し，組織運営においてはゴールが明示的に与えられないことがある．しかし，ゴールが明示的に与えられるかどうかによって，問題解決の基本構造が変化することはない．Simon（1977）は，メノンのパラドクス[11]を「問題の正解がわからなくても，解の候補が与えられたときに，それが正解であるかないかを判定できるのはなぜか」と読み替えた上で，正解が満たすべき条件と，ある解がその条件を満たすかどうかを判定する手続きがあれば，正解自体の知識がなくても問題解決はできると言っている（佐伯，1983）．

　問題解決において重要なのは，試行を行った際に，それが解決に近づくもの

11）「何を探求するかの知識がなければ探求自体ができないが，何を探求するかの知識があるならそもそも探求する必要がない」という，プラトンの初期対話篇『メノン』に登場するパラドクスである．本書の文脈においてこのパラドクスは，「達成すべきゴールがわからないのに人はなぜ問題解決ができるのか」という問題を提起していることになる．

なのか，遠ざかるものなのか，そのいずれでもないのかを告げるフィードバックが得られることである．このフィードバック情報は，明示されたゴールとの比較だけから得られるわけではない．たとえば，MacGregor *et al.*（2001）は，9点問題のようにゴールが明示されない課題であっても，ある試行が失敗かどうか，それも「惜しい」失敗なのか，はなから脈のない失敗なのかが区別できることを示している．9点問題ではゴールの具体的イメージは存在しないが，何がゴールを満たさないかの条件は存在している．参加者は主観的な下位目標（サブゴール）を設け，これをどれだけ満たすか（満たさないか）によって試行を評価しているのである．ゴールの明示された図形パズルにおいても，参加者はサブゴールを設けて評価を行っている．たとえば，最初の2ピースで目標シルエットのどの部分を作るかは参加者が定めるサブゴールであるし，どんなピースが使われずに残っているかも，直前の試行と現在の状態を評価するための情報として活用されうる．

　フィールドにおいても事情は同様である．明確なゴールが与えられない場合でも，問題解決にあたっての条件や基準は存在している．たとえば全社の経営方針や事業部の戦略，マネジャー自身が持つ組織運営の方針は，比較的安定的なゴール制約として機能する．また，プロジェクトのスケジュール，顧客の反応，使用可能なコスト，要員の空き具合，技術的なケーパビリティなど，現実的なオペレータ適用制約も複数存在する．これらの制約条件は問題解決の初期段階から一挙に与えられるわけではない．また，時間経過に伴って条件が変化することもしばしばである．それでも，マネジャーはそのつど，取りうる試行を制約したり，ある試行が成功したか失敗したかを評価したりする何らかの基準を利用できる．マネジャーは，図形パズルにおける目標シルエットのような完全解を与えられなかったとしても，会社の経営目標などのより上位のゴールや，部分経路（サブゴール）に対する評価関数を用いることで，現状やオペレータを評価できるのである．

　ミニチュアとフィールドに見られる類似の違いとして，課題におけるゴールの変動性が挙げられる．図形パズルでは，問題解決の過程でゴール（目標シルエット）は変化しない．他方フィールドにおいては，外的要因によってゴールが変化したり，マネジャー自身の働きかけによってゴールが生成したり修正さ

れたりすることがある.

　しかし，ゴールが変動する場合も，探索と選択という基本構造に変わりはない．問題解決者にとっては，最終ゴールが与えられることだけではなく，次にどこを探索するかの情報が与えられることが重要である．新しい物語を描く小説家は，ある場面の下書きを前にして，「何か違う」あるいは「よい感じだ」といった手応えを持ち，次になすべきことを発見する．油絵を描く画家も，キャンバスに絵具を塗っていくごとにある種のパターンを生み出し，それが次に塗るべき色や場所の制約条件となって，次なる探索が可能となる．このように，最終ゴールが前もって存在しない場合や，時間経過とともにゴールが変化するような場合であっても，あるオペレータを適用した結果が，次のオペレータ適用のための初期条件を設定する限りにおいて，やはり探索と選択による問題解決が行われるのである．

　さらに，今回選定したミニチュアとフィールドでは探索の終了条件が異なる．ミニチュアでは最適解が要求されるのに対し，フィールドでは満足解に到達したところで問題解決が終了することが多い．図形パズルの課題において，探索の終了条件は六つのピースを用いて目標シルエットができることであり，それ以外はすべて失敗である．「正解に近い形ができた」とか「3ピースまでは正しい配置ができた」からといってそこで終了することはない．他方，フィールドでは，スケジュールやコストなど問題を取り巻く様々な周辺状況の影響によって探索が打ち止めとなり，所期の目標レベルには達しなかったとしても，ある満足レベルに達した時点で解が受容されることがある．このような違いは，本書の概念モデルに影響を与えないだろうか．

　目指すべきゴールが最適解ではなく満足解である場合も，やはり探索と選択という問題解決の基本構造に変わりはない．満足解の問題解決においては，通常は不等式で表されるような満足解の条件や，探索のための資源の有限性といったオペレータ適用制約が探索の終了条件として追加されるだけであり，それ自体は探索や選択のメカニズムに影響を与えないからである．

　以上，ミニチュアとフィールドの間には，適用可能なオペレータやその組み合わせの複雑さ，ゴールの明示性と変動性，探索の終了条件など事象レベルの違いがあるものの，問題解決における探索と選択というメカニズムは共通して

いることを述べた．問題解決は情報収集の過程である．問題解決に必要な情報や条件は，明示された，不変のゴールからだけ与えられるわけではない．問題解決者は，あるオペレータを評価する情報や，次のオペレータを探索ないし選択するための条件が与えられれば，問題解決を継続することができる．そしてメタ学習の概念モデルが主張することは，メタ学習を起こす熟達者は，外的資源との認知的協調によって，問題解決を容易にするような情報を自ら創出するということなのである．

　それゆえ，ミニチュアとフィールドの各々の事象は，問題解決の活動として相互に同型性があり，概念モデルがフィールド調査に向けても有効な予測を提供することが期待できる．たとえば，図形パズルの熟達者が行う知覚的なパターンマッチングや作業環境のカスタマイズは，概念レベルにおいては，フィードバックが得られやすいように試行すること，とりわけ，それがどの試行に対するフィードバックなのかが特定可能な形で試行することを意味している．フィールドのマネジャーにとっても，ゴールが非明示であればあるほど，試行の良し悪しに対するフィードバックがすぐに得られやすいように試行することの重要性は増すであろうし，与えられた成功ないしは失敗状態が，前日の資料の修正によってもたらされたものなのか，数年前の会議での一言によってもたらされたものなのかが特定可能な形式で試行することも，同様に重要となるだろう．このように，外的資源との認知的協調は，ゴールが非明示であったり変動したりする場合にこそ，むしろ不可欠の役割を果たす．

　最後に，こうした問題解決を行う認知資源の共通性についても触れておきたい．鈴木（2016a）は，Siegler（2002）の重複波モデルを引きながら，課題—行為—内的リソースの間に一対一の対応関係を想定するような学習・発達観を批判している．人の認知システムには，複数の認知資源が強弱を変えながら同時に存在している．その強弱のパターンの変化として学習や発達をとらえることで，課題に応じた認知資源のストック，発達段階に応じた認知資源の完全な切り替えといった，人のハードウェア上では非現実的な仮定を置かないで済む．

　課題に特化した認知資源があるわけではないということは，類似性のある認知活動において，共通的な認知資源が動員されている可能性が高いということだ．人は課題に特化した認知資源——たとえば図形パズル専用のモジュールや，

マーケティング専用のモジュールなど——を持っているわけではない．洞察や科学的発見，デザインなどの創造的認知に類似性があることは周知の事実であり（阿部, 2019; 鈴木, 2004），そうした創造的な問題解決はまた，多くの部分において標準的な問題解決と共通の認知資源を用いて作動している（安西, 1992; Simon, 1996, 1997）．これらを総合すると，本書のミニチュアとフィールドにおいて，まったく同一とは言えないとしても，ある程度までは共通の認知資源が活用されていると推測できようし，同じ概念モデルに基づいて共通的な認知資源の働きを解明していくことにも，研究としての意味があると言えるだろう．

2.9.2　フィールド調査に向けた示唆

　最後に，本章の心理学実験によって得られた知見が，フィールド調査に向けてどのような示唆をもたらすかを簡潔に述べる．

　図形パズルの実験により，メタ学習を起こした熟達者は，複雑な内的過程を外部環境とのインタラクションに転換することによって，様々な認知的利得を得ているということが明らかとなった．外的資源との相互作用は，状態を目標状態に近づけるためのオペレータとしての行為ではなく，メンタルな状態空間を能動的に変更し再構成するための行為である．通常，認識は行為に先立つものと考えられているが，メタ学習の過程においては，むしろ認識を生み出すための行為，すなわち認識的行為（epistemic action）が増加していくことが特徴である．

　これらの知見は，フィールド調査にあたっても新しい着眼点をもたらす．従来のリーダーシップ理論や管理者行動の研究では，資源調達，意思決定，影響力行使など，もっぱら問題解決に直接寄与する実用的行為（pragmatic action）に注目してきたからであり，経営学においても，認識（環境分析や戦略計画）が行為（戦略実行）に先行することが前提になっているからである．

　また，本章で得られた概念モデルをフィールドで観察されるリーダーシップ行動に適用することで，従来重視されてきた行動や環境条件が，認知科学的に異なる意味を持って立ち現れる可能性がある．たとえば，口頭での断片的なコミュニケーションを好むマネジャーの行動傾向は，文書を通じた off-line での現状把握を代替するものかもしれないし，マネジャーによる組織設計や関係構

築，風土形成などは，マネジャーや組織の構成員を認知的にサポートする環境の構築ないしは調整として解釈できるかもしれないのである．

　刻々と変化する不確実な事業環境において，現状を正確に把握し，適切な対策を考えることは，内的処理としては図形パズルの比較にならないほど複雑である．組織の変革を阻害する様々な制約を緩和することも，意識的に遂行できるとは限らない．本章の概念モデルを参照すれば，メタ学習を起こすようなマネジャーは，これらを内的計算として処理するかわりに，外部環境とのインタラクションに置き換えることによって制約緩和を促し，非定型的な諸問題に対して創造的な解決策を生み出しているのではないかと予想できる．メタ学習の概念モデルの重要な含意の一つは，熟達者は外的資源との認知的協調によって，問題解決を容易にするような情報を自ら創出する（あるいは顕在化させる）ということだ．状況が複雑かつ不確実であればあるほど，外的資源との認知的協調の機能は，むしろさらに重要性を増すのではないかと考えられる．

　以上の示唆をもとに，次章では，非連続的な環境変化の常態化に直面したマネジャーのフィールド調査へと進む．

第3章　フィールドでのマネジャーのメタ学習

　この章では非連続的な環境変化に直面しながら組織の業績をあげてきたマネジャーに対するフィールド調査を行う（3.1, 3.2）．マネジャーの日常は断片化しており，そのふるまいは機会主義的である（3.3）．こうした現実のマネジャーの学習においてもメタ学習の構成要素が成立しているのだろうか．

　ミニチュア実験で得られたメタ学習のモデルをフィールドの事象に注意深くマッピングし（3.4），フィールド調査の観察結果を分析すると，組織の業績向上（3.5）の背景に，マネジャーの管理行動における標準プロセスからの逸脱（3.6）と意思決定タイミングの早期化（3.7）があることが確認された．これらの傾向はマネジャーの高次学習の仕方が変化し，学習効率が高まったことを物語る（3.8）．

　さらに，組織運営における目標設定，計画立案，実行の各側面におけるマネジャーの認知過程と外的資源との関わりを分析すると，創発的なゴール設定（3.9），計画の分散（3.10），多様な接点での頻繁な調整（3.11）など，マネジャーを認知的に支える外的環境との相互作用が増加していることがわかった．これらは管理行動の多様化や意思決定の早期化を下支えする要因であると考えられる．

　以上の結果より，マネジャーのメタ学習は，急激な環境変化に対して高次学習が起こりやすいように外的環境を調整したり，それらと認知的・社会的な相互作用を行ったりすることによって促進されることが明らかとなった．このような観点を導入すると，マネジャーの機会主義的な行動様式は，その見かけ上のでたらめさに反して，実は非連続的な環境変化の常態化に対する適応的なふるまいであることがわかってくる（3.12）．

3.1 フィールド調査にあたって

3.1.1 フィールドとミニチュア

第2章では，ミニチュア課題の研究を通じて，フィールド調査の初期仮説となるメタ学習の概念モデルを作成した．この概念モデルは，ミニチュアとフィールドの表3-1のような対応関係を念頭に置いたものである．

一つの洞察問題を解決することは，非連続的な環境変化に直面したマネジャーが高次学習を行うことに対応している．洞察問題では，既存の制約にとらわれない試行を行うことでひらめきを生み出す．マネジャーは，既存手法をアンラーンして新規手法を創出する．

一方，複数の洞察問題を経験することで洞察そのものに熟達していくことは，非連続的な環境変化が常態化した状況でマネジャーが高次学習自体に熟達していくこと，すなわちメタ学習を行うことに対応している．ミニチュア実験で得られた概念モデルによれば，試行の多様性と試行や現状に対する評価の適切性が増すことでパフォーマンスが向上する．それらを下支えしているのは，主体と外的な認知資源との関係性の変化である．

この章では，第2章で得られた概念モデルを用いてフィールド調査を行い，マネジャーが行うメタ学習のメカニズムを探究していく．

3.1.2 学習の主体・過程・成果

本章ではIT企業の一事業部に対するフィールド調査を行うが，分析の対象は個人（マネジャー）の学習過程である．個人学習と組織学習をめぐっては研究者の間でも解釈が分かれている．以下では，学習の主体，学習の過程，そして学習の成果を本書がどのようにとらえるかを述べ，調査の前置きとしたい．

組織学習論では，学習の主体をめぐって，個人を学習主体とする立場と，組織を学習主体とする立場，そして個人と組織の両者を学習主体とする立場が存在する（安藤, 2019）．本書は第一の立場に立ち，学習の主体を個人とし，ある事業部を率いるマネジャーを分析対象とする．

その理由は，第1章で述べた通り，非連続的な環境変化が恒常化した時代に

第3章　フィールドでのマネジャーのメタ学習

表 3-1　フィールドとミニチュアの対応

学習が求められる状況	フィールド	ミニチュア
非連続的な環境変化が発生	高次学習 ・新規手法の創出 ・既存手法のアンラーニング	洞察問題解決 ・洞察問題における解の創造 ・制約緩和
非連続的な環境変化が何度も発生	高次学習の熟達（メタ学習）	洞察問題解決の熟達

おいては，組織のレベルだけでなく，個々の人材レベルでの学習が必要となる
ためである．また，組織学習において起点（きっかけ）となるのは個人の学習で
あり，組織学習が成立したときに生じるのも組織内のほかの個人の学習である．
実際に学習するのは組織を構成するメンバー個人であって，個人の学習なしに
組織学習が成立することはない（Simon, 1997）．さらに，広範な組織学習を引き
起こすのは多くの場合，組織内で影響力を持つ個人，具体的には経営層やリー
ダー層である．これらのことは，組織学習論の代表的な成果（Argyris, 1977;
Argyris & Schön, 1978; Hedberg, 1981）でも繰り返し確認されているところだ．

　以上の議論は，個人の学習が個人（マネジャー）の中だけで完結して起こる
ことを意味しているわけではない．学習の過程には，個人と，個人にとって外
的なものとの相互作用が含まれる．個人の学習は組織に影響を与え，組織は個
人の学習に影響を与える．本書は両者が相互規定的であることを受け入れ，積
極的な分析対象とする．そもそもマネジャーの仕事のほとんどは他者との相互
作用であるし，本書が提案しようとするメタ学習のモデルにおいても，外的な
認知資源との相互作用が重要な役割を担うはずだからである．

　ただし，マネジャー個人の学習を主な対象とするため，組織の外部環境（顧
客，競合）や内部環境（構造，文化，制度）などの諸システムは，それがマネジ
ャーの学習に影響を与える，ないしはマネジャーの学習によって影響される限
りにおいて議論の対象となる．この点は，個人と組織の関係を対等なものとし
てではなく，どちらかと言えば組織からの個人に対する影響力をより強い規定
力を持つものとして描く組織学習論の伝統（e.g., Shrivastava & Schneider, 1984）
とは異なる点である．

　最後に，何をもって学習が成立したと見なすかの基準，すなわち学習の成果
をめぐっても，知識の変化，認知や行動の変化，そしてルーティンの変化など

様々なとらえ方が存在している（e.g., Fiol & Lyles, 1985; Huber, 1991）．本書は，個人（マネジャー）の学習は個人の知識，認知，行動などの変化として確認でき，その成果は組織の業績の変化として現れるという立場をとる．マネジャーは学習しているが組織は成長していないというケース，あるいはマネジャーは学習していないが組織は成長しているといったケースも存在するだろう．こうしたケースも研究対象として興味深いが，本書の基本的な問題関心に照らして，ここでは調査の対象外とする．

　なお，学習の結果としての組織の業績向上の一体どこまでが個人（マネジャー）によってもたらされ，どこまでが市場環境や組織の仕組み，マネジャーに関わるほかの個人などの要因によってもたらされたのかを区別することは難しい．組織の業績向上は，個人（マネジャー）の学習だけからもたらされるわけではない．しかし，前述の通りマネジャーの学習は組織の業績に無視できない影響を与える．本書では，組織の業績が一定期間にわたって向上し，その間にその組織を率いるマネジャーが学習と見なしうる変化を遂げているならば，マネジャーの学習と組織の業績向上には正の関係があるものと考える．これらの点については，マネジャーが率いる組織のパフォーマンスについて論じる際にあらためて詳述する．

3.2　調査の概要

3.2.1　調査の目的とアプローチ

　調査の目的は，度重なる非連続的な環境の変化にうまく対処しているマネジャーの学習のメカニズムを明らかにすることである．この目的を達成するため，本書はフィールド調査に基づく事例研究的なアプローチを採用するが，以下ではその理由について述べる．

　経営学で主流となっている質問紙調査のような間接的な手法では，知見の一般性は担保されるものの，統計処理の結果ごく当たり前の事実を再確認するにとどまるケースが少なくない．優れたマネジャーのパフォーマンスを複数人の平均などの代表値で分析すると，個々のマネジャーの認知システムの変化はむしろとらえにくくなる．学習や発達に重要な役割を果たすゆらぎや個別性が，

誤差として消去されてしまうためである．さらにこうした調査においては，メタ学習のモデルが重視するところの，マネジャーとマネジャーが働く環境（外的資源）との相互作用の実際の姿（in the wild）をとらえることができないというデメリットがある．

1.4 節でも簡単に触れた通り，2000 年代の初め，Barley & Kunda（2001）は組織論の動向を振り返って，「人々が実際に行っていること，つまり日常業務を構成するスキル，知識，実践に関するデータが少ないために，仕事と，それがどのように組織化されているかについてのアナクロな理論や古びたイメージがますます増えている」（p. 90）と警告した．以来，管理者行動の現実の姿をとらえるため，再び質的な観察手法による研究アプローチが見直されるようになった．様々な手法が提案される中で，Korica *et al.*（2017）が有望視したのはエスノグラフィックなアプローチである．彼らは，Mintzberg（1973）によるマネジャーの役割セットのようなよく知られたテンプレートを所与とするのではなく，まずはマネジャーの実践が，特定の場所や時間でどのように達成されているかを知ることが欠かせないと主張している．このように，個々の状況を込みにした詳細な分析を有望とする立場は管理者行動の研究者からも支持されている（e.g., Miettinen *et al.*, 2009; Nicolini, 2012）．

事例研究的なアプローチは，要因統制された集団実験や社会調査に比べ，結果の再現性や一般性の点では見劣りするが，事象の個別性や具体性を代表値に回収することなく抽出できるという利点がある．経営学において長い伝統を持つケーススタディは事例研究から一般的な知見を導き出そうとするものであるし，管理者行動論の成果は少数の観察事例から導き出されたものである．加えて，今回の調査対象は数年間に及ぶマネジャーの熟達化のプロセスである．こうしたダイナミクスの記述には縦断的な単一事例分析が適している（Siggelkow, 2007）．長期にわたる調査は，なぜマネジャーがそのように行動するか，なぜマネジャーの行動がそのように変化したか等について，数少ない事例から豊かな洞察をもたらすことができるからである（e.g., Hales, 1999, 2001; Watson, 2011）．

認知科学でも，談話分析，エスノグラフィ，神経心理学などの研究はもちろんのこと，問題解決，学習，熟達の研究において，単一事例から得られた知見が大きな意味を持ってきた（e.g., Anzai & Simon, 1979; Lawler, 1981; 岡田ほか，

2007). 集団調査による標準的な研究が重要であることは言うまでもないが，それと特定事例に対する微視的な分析を組み合わせることによって，今日の管理者行動や学習のあり方を総合的に理解することが可能になるものと考える.

3.2.2 対象組織

第1章では，日本の産業界全体の傾向として，環境の不確実性が増し，変化のスピードも加速していることを述べた. とは言え，その様態は業界・業種のレベルにおいても，個々の企業や企業内の部門のレベルにおいても異なっている. 調査にあたっては，次のような条件を満たすフィールドを選定する必要がある.

- 通常業務のレベルではなく，事業レベルの非連続的な変化，たとえば外部環境の急激な変化，市場や製品の転換，組織構造の変更などの変化が恒常的に発生している組織
- 予定外の仕事が日常的に舞い込むような組織，すなわちルーティンワークではなく非定型的な業務が行われる組織
- このような環境において効果的なマネジメントがなされていると見なしうる組織
- 会議や商談，部下との面談に至るまでの，職場における日常的な活動に対する観察調査やデータ取得が許容される組織

これらの条件を満たすフィールドとして，本書は大手ITサービス企業の関連会社P社におけるA事業部を選定し，当該組織を所掌する事業部長1名を主たる調査対象とする. この事業部は調査開始の前年度に新規事業開発を目的として設置され，売上規模，組織規模ともに急成長を遂げた. この後詳しく述べる通り，その成長過程は決して直線的なものではなく，毎年のように発生する様々な変化に対応しながら実現されたものであった.

以下では，P社とA事業部のプロフィールを紹介するとともに，A事業部が短期間の間に複数回の非連続的な環境変化に直面し，事業基盤や組織形態を転換しながら適応してきた組織であることを述べる.

P社は2001年に設立された中堅企業で，企業向けにコンサルティング，トレーニングやプラットフォームを含むITサービスを提供している. P社の主

第 3 章　フィールドでのマネジャーのメタ学習

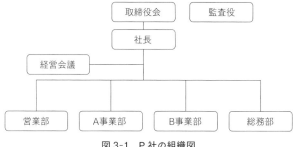

図 3-1　P 社の組織図

要顧客は親会社とそのグループ企業であり，P 社にとって一大市場をなしている．調査開始段階ではこれら内部市場向けの主力事業を B 事業部が担当しており，A 事業部はそれ以外の外部市場向けの事業を担当していた（図 3-1）．

　P 社の経営課題の一つは，P 社の親会社やグループ企業などの関連企業向けの事業が成熟期に入り，B 事業部の売上が伸び悩んでいることであった．A 事業部は，この停滞状況を打開するため，調査開始の前年（2014 年）に，言わば社内ベンチャーとして実験的に設立された組織である．

　A 事業部の目標は親会社やグループ企業以外の外部市場を開拓することであったが，P 社はそれまで外部顧客との取引がほとんどなく，新しい案件の具体的なあてもなかったため，新規事業がうまくいくかどうかは不透明だった．A 事業部の設置にあたって配属されたのはマネジャー 3 名で，1 年経って事業拡大が見込まれなければ，その時点で解散することも想定されていた．設立当初から A 事業部を率いた事業部長 G（本書の調査対象者）は当時の様子を次のように振り返っている．

　　最初のころは何もすることがなく，管理職が 3 人集まって，真昼間から SWOT 分析をしたりしていました．3 人ともそれまで部下のいる状態に慣れていたので，電話が鳴っても誰も出ようとしないし，経費精算の事務手続きもできませんでした．社内でも 3 人集まって一体何をしているんだろうと思われていたでしょうね．ただ，既存の事業部からは分離されており，雑音が少ない環境でした．担当役員も，失敗していいからやりたいようにやってご覧と言ってくださったので，その意味では気楽でした．1 年間で結果を出さなかったら多分バラされる（＝組織を解散させられる）

117

だろうなとは思っていましたけれども.（事業部長Gのインタビューより）

A事業部の事業開発は，グループ企業体における子会社が親会社向け以外の事業を開発しようとした事例にあたる[1].　グループ子会社による外部市場向けの事業開発には，内部市場の事業基盤やそこで培われたノウハウを活用できるという利点があると同時に，内部市場向けに最適化した様々な手順や組織風土などの制約を受けるというデメリットもある.

半信半疑の目で見られていたA事業部であったが，幸運にもいくつかの新規顧客を獲得し，設置初年度となる2014年度には期初目標を50%上回る売上を上げ，続く2015年度には前年比4倍の規模に拡大し，設置当初に5年後の到達目標として掲げていた事業規模を2年間で達成した.

こうした状況変化を受け，2016年度から2017年度にかけてB事業部の事業の一部，特に製品開発の機能がB事業部からA事業部に移管された.　A事業部は外部市場向けの事業（外販事業）と，親会社やほかのグループ会社などの内部市場向けの事業（内販事業）の両方を受け持つことになった.

その後もA事業部の業績は好調に推移し，組織の規模も拡大したが，2019年度末に新型コロナウイルスが急拡大し，P社全体が危機に見舞われることになった.　このときA事業部は，いち早くリモートワークに移行し，製品形態もオンライン中心に切り替えた.　また，このころから技術的な強みを持った競合の参入が相次いだため，P社においてもデジタル技術やデータを活用したビジネスや組織の変革（DX）が急激に進められることとなった.　A事業部はもともと外部市場の開拓を目的として作られた組織だったが，市場の状況変化を受け，親会社（内部市場）の支援を受けて先端的な技術を使った製品を開発したり，親会社と共同で内部市場・外部市場にアプローチしたりするようになった.

---

1)　2010年代の日本の情報システム子会社には，外販比率を高めて親会社から経営的に自立する方向，内販比率を高めて親会社への事業貢献を強化する方向，そしてそれらの中間の方向という三つの戦略オプションがあり，親会社との関係性や子会社の組織能力，および業界・顧客動向によって明暗が分かれた（矢野経済研究所，2015）.　P社のA事業部は，この分類では内販を維持しながら外販に着手するという中道的な戦略のもとに設立されたと言える.　なお，2020年代になると，デジタル技術の進展に伴い，親会社が子会社に求める能力が高度化し，子会社にも親会社の事業パートナーとして貢献することが求められるようになっている（矢野経済研究所，2021）.　同様のことがその後のP社にも生じた.

第 3 章　フィールドでのマネジャーのメタ学習

このように，A 事業部は何回かの非連続的な環境変化に対応してきた組織で
ある．第一は事業部を立ち上げ，新規市場を開拓した段階（2014 ～ 16 年度）で
あり，第二は新規事業と既存事業を統合した段階（2017 ～ 18 年度），第三はリ
モートワークの普及やデジタル技術の急激な進展に対応した段階（2019 ～ 21
年度）である．これらの各段階で A 事業部が直面したのは，単に技術的な問題
というより，業務プロセス，組織の構造や風土，人材の保有能力など，様々な
問題への同時的対処を要する適応的課題（Heifetz & Linsky, 2017）であり，A 事
業部はそのつど高次学習レベルの変革を行いながら対処してきた．

3.2.3　業務特性

次に，A 事業部の業務が非定型的で流動的なものであることを示す．多くの
企業同様，P 社でも毎年事業部ごとの事業計画を立てる．既存事業を受け持つ
B 事業部は継続案件が多いため，年間の売上や原価計画を詳細に策定すること
ができる．これに対し，成長を続ける A 事業部は精度の高い計画を立てるこ
とが難しく，例年，期初計画にない案件が全体の 6 割以上を占める．

A 事業部では，プロジェクトごとにそのつどチームを組成する方式をとって
いる．そのため，上司は自分の部下とだけ仕事をするとは限らないし，部下も
また自分の上司とだけ仕事をするとは限らない．A 事業部では多量の案件が同
時並行で進められており，調査期間において部員は 1 名あたり年間平均 12.5
案件を担当し，1 案件あたりの平均期間は 4.1 カ月であった．

P 社の新規製品やサービスは，同社の定める開発標準や管理会計の規程に則
って開発される．A 事業部は開発標準の主管部署の一つであるが，すべての製
品開発が開発標準の通りに進行するわけではない．ここまで述べてきた通り，
業務や体制が流動的で，前もって詳しい計画を立てることが難しいためである．
B 事業部の既存事業を引き取った 2017 年度をはじめ，A 事業部では何度か業
務の標準化が検討されたものの，十分に浸透しないまま今日に至っている．

最後に，職務分析の手法を用いて A 事業部の業務が非定型的なものである
ことを例証しておく．ここでは，業務を作業の定型性と依存性の二つの軸から
分析する．作業の定型性は業務の予測のしやすさや繰り返しの多さを表し，依
存性はその業務を進める上でどれだけ多くの関係者との協働が必要かを表す．

119

表 3-2　職務分析の設問項目

カテゴリ	設問	まったくその通り	どちらかといえばその通り	どちらかといえば違う	まったく違う
■作業の定型性					
作業に必要な情報の入手	*情報の入手先は大体決まっていて，必要であれば容易に手に入れることができますか	4	3	2	1
	*仕事に必要な情報は，具体的な数字や内容は変わるが，情報項目自体は変わらないですか	4	3	2	1
作業の遂行	*毎日の仕事内容は決まっており，手順どおりこなすことが大切ですか	4	3	2	1
	飛び込みの突発的な仕事や例外的な仕事に対応することが多いですか	4	3	2	1
	仕事の手順や手続きは明らかでなく，試行錯誤することが多いですか	4	3	2	1
	*仕事の手順や手続きが予め決まっている，または決めておくことが仕事の遂行上有効ですか	4	3	2	1
	新しいこと（商品，企画，戦略等）を考えたり，新しい課題に取り組むことが多いですか	4	3	2	1
作業の結果	*仕事の結果は予め想定できることが多いですか	4	3	2	1
	仕事の成果が出たか否かは，長い時間が経ってみないと判断が難しいですか	4	3	2	1
	*仕事は正確かつ効率よく行うことが最重視されていますか	4	3	2	1
■依存性					
情報の依存度合い	仕事を進める上で必要な情報を，職場内外の人々との接点から得ることが多いですか	4	3	2	1
	職場以外（他部門，社外等）から得る情報が，仕事を進めていく上で必要ですか	4	3	2	1
仕事の連携度合い	職場メンバーとの協力によって進む仕事が多いですか	4	3	2	1
	職場以外（他部門，社外等）との協力によって進む仕事が多いですか	4	3	2	1
	*他メンバー（職場内外）との連携は少なく，個人の作業に終始していますか	4	3	2	1
	*仕事を進めていく上で，職場以外（他部門，社外等）と接触する機会は少ないですか	4	3	2	1
	*毎日の仕事は，職場の人々との連携だけで進むものが多いですか	4	3	2	1
	毎日の仕事は，職場以外（他部門，社外等）と分業しており，緊密な連携が求められますか	4	3	2	1
支持・理解の取り付け度合い	仕事を進めていく上で，職場以外（他部門，社外等）の支持・理解を取り付ける必要がありますか	4	3	2	1
	*職場で完結する仕事が多く，職場以外（他部門，社外等）との調整はほとんど発生しないですか	4	3	2	1

設問文頭「*」は逆転項目であることを示す.

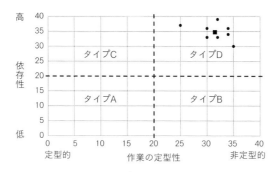

図 3-2　A 事業部の職務特性

縦軸に依存性に関する設問項目に対する回答の合計点，横軸に作業の定型性に関する設問項目に対する回答の合計点をとり，各マネジャーの回答結果をプロットしたもの．

それぞれの指標は表 3-2 の設問で測定するものとし，A 事業部のマネジャー（管理職）8 名に回答を求める．

　図 3-2 は，A 事業部のマネジャー 8 名の回答結果をプロットしたものである．図中の■は 8 名全員の平均値である．依存性を縦軸とし，作業の定型性を横軸とするこの図において，職務特性は大まかに四つに分類される．タイプ A（定型的×依存度低）の職務は，決まった仕事を決まった相手と進める作業が多く，形式的な手続きに依存する傾向が強い．タイプ B（非定型的×依存度低）の職務は，状況に応じた判断が求められ，個人の専門性や経験に依存する．タイプ C（定型的×依存度高）の職務は，ある程度標準化されたプロセスに従って進める作業が多く，緊密な相互連携が求められる．最後にタイプ D（非定型的×依存度高）は，複数の専門性を持って社外や他部門と協働しながら高い不確実性のもとで判断をする作業が多く，フレキシブルなチームによる流動的な展開に依存する傾向が強い．図 3-2 において，A 事業部のマネジャー全員の回答がタイプ D に位置づけられることから，A 事業部の業務が非定型的であり，かつ内外との共同作業が多いことがわかる．

3.2.4　調査対象者

　フィールド調査の対象は，A 事業部の事業部長 G である．2021 年度末時点の A 事業部の体制を図 3-3 に示す．事業部長の直下に 2 名の部長がおり，そ

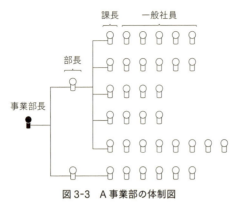

図 3-3 A 事業部の体制図

の配下に課長を筆頭とするチームが六つある．事業部長を含め，全体として 37 名の組織である．

G は，P 社での勤務が 19 年目 (2021 年度時点，以下同) となる女性である．大学卒業後，電気メーカーで SE を経験し，人材派遣会社などを経て P 社に転職した．管理職としてのマネジメント経験は 15 年である（課長として 8 年，事業部長として 7 年）が，P 社内において製品開発部門，購買部門など，数度の異動経験を持つ．G は A 事業部の設立時からの統括責任者であり，P 社内に広範な影響力を持っているほか，業界団体から表彰を受けるなど対外的にも評価されている．

3.2.5　調査データ

調査は 2015 年度から 2021 年度にかけて行われた．P 社の会計年度は 4 月から翌年 3 月までである．本書でたとえば 2020 年度というときは，2020 年 4 月から 2021 年 3 月までの期間を指す．

主なデータソースは，行動観察データ，会議データ，活動実績データ，インタビューデータ，およびこれらに考察メモを加えたフィールドノーツの五つである．行動観察，インタビュー，フィールドノーツはフィールド調査や事例研究の中心的なデータソースとして広く認められている (Bryman, 2016)．これらに加えて本調査では会議や活動実績（スケジュールや勤怠）のデータも取得している．以下ではこれらの概要を示す．

行動観察データ

7 年間の調査期間のうち，G に対して毎年 3 〜 5 日間，合計で 31 日間（291 時間）の行動観察およびデータ取得を行った．観察日には，出張，イベント参加，外訪などが少なく，社内勤務が中心の「典型的な 1 日」を選んだ．社内勤務が中心の日を選定するのは，日常的な職場運営の様子をとらえるためであ

る．選定した日には，事業部長が朝出社してから退社するまで，休憩や昼食時間を含む，すべての時間を観察の対象とした．こうした行動観察は，管理者行動論において行われたものと同様である．

インタビューデータ

2015年度，2017年度，2018年度，2019年度，2021年度に，Gに対する総計10.4時間にわたる非構造的インタビューを行ったほか，調査期間の全体にわたって，折に触れて短時間のインタビューや会話を行った．また，主にGとのやりとりや，P社とA事業部の状況を正確に把握することを目的として，A事業部の社員複数名に事実確認のための質問を行った．必要に応じてP社およびA事業部の文書類を参照した．

会議データ

2015年度から2021年度の各年度3〜4カ月をピックアップし，Gが参加した会議のデータを取得した．会議はマネジャーの意思決定を含む管理行動を把握するのに適したソースであり，管理者行動にとどまらず，製品開発における意思決定や組織における即興的活動の調査（Miner *et al.*, 2001），組織ルーティンの変化に関する調査（Feldman, 2000）などでも活用されている．本調査で取得したのは議題となる事案に対してGが意思決定者ないしは実行者として参加した会議（計726件）のみであり，採用面接，勉強会や委員会活動，取引先の挨拶訪問，プロジェクトに紐づかない評価面談などの打ち合わせは含まれていない．筆者自身が陪席してデータを取得したほか，P社に残っている会議記録（予定表や議事録，会議に使われた資料など）を参照した．調査で取得した会議データの平均参加者は3.7名／回，平均時間は52.7分／回であった．また，全726件の会議のうち，筆者が参加者として出席ないしはオブザーブした会議は421件であり，残り305件の会議は，会議で使用された資料，議事録，社内で共有されたネットワーク上に残された議事などをもとに分析した．

活動実績データ

マネジャーの時間配分を確認するため，2015年度から2021年度の各年度3カ月間（6月，9月，11月），合計21カ月間相当の活動実績データを取得した．調査には15分単位で記録されたP社の勤怠管理システムのデータと，P社内で共有されているオンラインのカレンダーのデータを用いた．活動実績データ

も管理者行動論の日誌法などでしばしば重要なデータとして分析対象とされてきたものであり，最近でも CEO（Porter & Nohria, 2018）やマネジャー（Luthans *et al.*, 2019; Luthans *et al.*, 1985）の時間配分が類似の手法で分析されている．

フィールドノーツ

本章では，以上すべてのデータに考察メモを加えた資料をフィールドノーツとして使用する．

筆者は調査期間中に overt full member（Bryman, 2016, p. 434）として参与観察し，データを取得した．内部者として観察することによって得られる利点は，社内の情報にアクセスできること，様々な事象を細部のニュアンスまで理解できること，対象者や周囲の自然な日常を観察できることである．一方，観察者が観察対象に影響を及ぼし，データをゆがめてしまうおそれもある．本調査では，G には観察者を意識せずに普段通りふるまうよう依頼し，もっぱら非干渉的な観察を行った．また，倫理的配慮のため，フィールド調査への協力および中断は調査対象者の自由であること，取得したデータの破棄・研究への使用中止にいつでも応じること，データは個人が特定されない形式に加工の上分析することなどを，調査開始前に文書とともに調査対象者に説明し，承諾を得た．

3.3　マネジャーの日常

「私たちはニューギニアで原始生活を送る人のことは多くを知っているが，ユニリーバ本社の重役室の住民たちについてはほとんど何も知らない」（Lewis & Stewart, 1961）．1950 年代の管理者行動論はこのような問題意識から始まった．2010 年代以降の管理者についてはどうだろうか．本書の目的はマネジャーの学習メカニズムの解明にあるが，マネジャーは顧客と交渉したり，部下と会議をしたりするのと同列の活動として「学習をしている」わけではない．それは9 時から顧客と交渉して，10 時からは部下と会議をし，11 時からは「学習をした」といった形で行われるものではないのである．マネジャーは日常活動の中で，日常活動を通じて学習し，学習による変化も日常活動の中に現れる．そこで本節では，A 事業部の事業部長 G を一つの事例として，現代のマネジャー

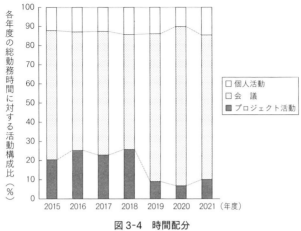

図 3-4　時間配分

がそもそもどのような日常を送っているのかを論じる．

3.3.1　時間配分

　はじめに，7 年間（うち計 21 カ月分）の活動実績データから，事業部長 G の時間配分の全体傾向を把握する．G の予定を個人活動，会議，プロジェクト活動の三つに大区分し，それぞれに費やした時間を各年度の総勤務時間に対する構成比率として表したものを図 3-4 に示す．

　個人活動とは，会議やプロジェクト活動など公式の予定が入っていない時間の活動のことで，主には G が一人で過ごしている時間を指す．会議とは，社内外関係者との公式の打ち合わせの時間を指し，誰が参加する会議かによって細分する．プロジェクト活動とは，G が A 事業部で行われる様々なプロジェクトに担当メンバーの一人として参画し，プロジェクト業務に直接携わっている時間を指す．なお，特定のプロジェクトに関する会議は，会議の時間としてカウントしている．

　7 年間の平均値としては，全体の 4 分の 3 にあたる 75.4％が会議に費やされている．個人で活動する時間は 14.5％と少なく，プロジェクトに直接参画する時間も 10.1％であった．これらは管理者行動論の報告ともおおむね合致する傾向である．

2015 年度から 2021 年度までの推移に目を転じると，個人活動は 10％前後で大きな変化は見られない．他方，2018 年度までは 60％台であった会議の比率が 2019 年度以降 80％近くに増え，かわりにプロジェクト活動が 20％台から 10％台に減少した．この背景には二つの理由があると考えられる．第一に，2017 年度から 2019 年度にかけて事業部長の G が A 事業部内のチーム編成を変更し，配下のマネジャーに対する権限移譲を進めたことである．G は個々のプロジェクトから退き，配下のマネジャーを通じた間接的マネジメントに徐々に移行したため，プロジェクト活動に割り当てる時間が減り，そのかわりに部内外での調整のための会議が増えたものと推察される．第二の理由として考えられるのが，新型コロナウイルスへの対応や，同時期に進行したリモートワークの浸透により，会議が増えたことである．A 事業部全体では，2019 年度から 2021 年度にかけて会議の開催数が 3 倍程度に増加した．2020 年は日本でも緊急事態宣言が発令され，業務上その対応に追われたことに加え，半ば強制的にリモートワークが実施されたことにより，一つの職場に集まって仕事をしていればわざわざ会議をするまでもなかったことまで，オンライン会議に関係者を招集して協議する場面がたびたび見られるようになった．このような会議の増加現象は，同時期の多くの企業でも観察されている．たとえば，Microsoft 社のレポートによれば，企業が従業員に在宅勤務を命じた 2020 年 3 月以降，同社のユーザが 1 年間に会議に費やした時間は 2020 年 2 月と比べ 2.5 倍となり，やりとりしたチャットのメッセージ数も 45％増加したという（Microsoft, 2021）．

会議から会議へと飛び回っている G であるが，一体誰と打ち合わせしているのだろうか．対象者別に分解すると，2015 年度から 2021 年度までの平均値としては，事業部内のメンバーとの会議が 17.9％，事業部外のメンバーとの会議が 51.7％であった（図 3-5）．古くは Sayles（1964）や Mintzberg（1973）が指摘したように，マネジャーを自分の部下のみをマネジメントする人物ととらえるのは誤りである．マネジャーは自分の部下以外の関係者のマネジメントに多くの時間を割くのが通常であり，G の時間配分も例外ではない．

対象者別には，事業部内での会議が 20％弱で推移しており，他事業部，経営層，顧客が各 10％程度の年度が多い．2019 年度から顧客との会議が 20％前

第 3 章　フィールドでのマネジャーのメタ学習

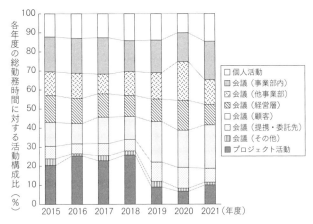

図 3-5　会議の時間配分の対象者別内訳

後とそれ以前に比べ高くなっている．もともと外部市場向けの事業部として発足した A 事業部であったが，デジタル技術の急速な進化を受け，この頃から内部市場，特に親会社の事業部門との取引を拡大する戦略をとった．この時期，G はこれまで取引のなかった顧客あるいは将来の顧客候補との関係構築を自ら推進したため，顧客との会議の比率が 2015 年度に比べて 2 倍近くに増えたのである．

　このような時間配分は，配下のメンバーに対して，公式の文書や発言以上に，マネジャーが何を重視しているかを問わず語りに伝える（Peters & Waterman, 1982）．社内ネットワーク上で社員の予定表が共有されるようになっている現代の職場においては，なおのことそうである．G の 2019 年度以降の時間配分の変化は，社内の経営層や他事業部よりも，社外の顧客との関係を重視しているということをシンボリックに物語っている．

3.3.2　日常活動

　次に，調査期間中の行動観察データ（計 31 日間）より，G がどのような 1 日を送っているのかを例示しながら，その特徴を分析する．P 社では調査期間中にリモートワークが浸透したため，日常活動の様子にも変化が見られた．そこで，リモートワークが普及する前の出社日，リモートワーク普及後の出社日の

表 3-3　リモートワーク普及前の出社日の様子

時間	活動内容
9:36	出社. 席に着くと部下が事業計画の件で説明に来る. PC を起動しながら聞く.
9:38	電子メールを確認し, 何通か返信する.
9:42	室内にいる複数の部下に声を出して指示する.
9:45	コーヒーを淹れに別室に移動する.
9:49	帰り道, 廊下で配下のマネジャーに呼び止められる. 中途採用の別の部下の人事評価について話し合う. 経営会議の模様についても知らせる.
9:52	執務室に戻り, 電子メールの処理を再開する.
9:53	室内の部下を呼び, 提案中の案件について確認する.
10:06	別室より新しく部下になったメンバーが訪れる. 2, 3 の相談に乗り, 事業計画についても指示を出す.
10:10	部下が終盤を迎えた重要案件について報告に来る. 年始に設定される予定の顧客の経営幹部との打ち合わせについて方針を話し合う.
10:11	別の部下に口頭で次の提案日時と場所を確認する. 部下が近くにやってきて再び話し合いが始まる. ほかのメンバーも話に加わって複数の新規案件について議論する. 最後に部下に最近読んだ本を紹介する.
10:15	部下を呼び, PC 画面を見せながら質問する. その後, 部下の作成したツールの動作確認を行う. ほかの部下が周囲に集まってしばらく話が弾む.
10:26	再び PC に向かう. 事業計画のファイルを開き, 電卓を打ちながら計算する.
10:59	執務室を訪れた営業部の社員から新規案件の受注報告を受ける. 別の案件の費用調整についても相談に乗る.
11:03	部下が別室から勤怠管理システムの承認依頼にやってくる.
11:05	室内のほかの部下にも勤怠管理システムの入力を指示する.
11:10	近くで別件の打ち合わせをしていた部下が急に振り向いて相談を持ちかける. G は「後のほうにこっそり入れといたら?」と助言する.
11:20	部下 3 名が目の前でプロジェクトの打ち合わせを始める. 大型のモニタに投影しながらレビューしている. G も自身の PC で作業をしながら時折投影画面に目をやり, コメントや質問をする.
12:10	別の部下 2 名が近くで顧客の幹部向けプレゼンテーションの準備を行っている.「ここでやってごらん」と指示し, その場でデモをさせる. ほかの部員にも近くに来るよう促し, 大勢でフィードバックを与える.
12:20	部下 2 名が連れ立ってやってきて重要案件の進め方を話し合う.
12:45	自席で本を読みながら昼食をとる.
12:50	本の内容をめぐり配下のマネジャーと雑談する. 先ほど英語のデモをした部下とも雑談を続ける.

時間	活動内容
13:05	部内の別のマネジャーがやってくる．事業計画の数値にミスがあった模様．マネジャーをもう1人呼び，3名で小声で協議する．対応策が決まる．
13:35	部下と家族について雑談する．
13:40	部下と次年度の事業計画について話し合う．製品ごと，顧客ごとのプロポーションについて手短に意見を共有する．
13:55	経理部門のマネジャーがやってきて，経費処理について報告する．
14:00	部下とともに同じフロアの別の応接室に移り，パートナー候補の社外コンサルタントと面会する．その場で複数の案件についてアサインメントと提案方針を決める．コンサルタントは文書作成を約束して退室していく．
15:15	客が帰った後も応接室に残り，アサインメントや製品開発状況について部下と話し合う．
15:49	コーヒールームでB事業部の社員（以前，Gの部下だったことがある）と会い，近況を聞いたり，仕事の分担について立ち話をする．
16:01	帰り道に社長とすれ違い，今後の組織体制や翌年度の事業計画について立ち話で相談する．
16:10	執務室の前の廊下で部内のマネジャーと会い，立ち話を始める．話題は新規案件の対応方針と，部員の状況や組織運営の仕方についてである．新規案件について別のマネジャーを支援するよう指示をする．
16:25	マネジャーどうしで立ち話をしている間に，B事業部の社員が帰り支度を整えてやってくる．GはこのSに対し，経営会議で批判的なコメントをしたことを詫びる．そのまま大型案件のベンダー委託方針や，B事業部のマネジャーの状況などについて話し合いが始まる．この社員はG管轄外のメンバーであるが，いくつか具体的な示唆を与え，社員はうなずきながら聞いている．
16:44	部屋から出てきた部下に明日の出張の段取りを確認する．
16:48	営業部の社員がPCを持ってやってくる．大口顧客との折衝状況について報告を受ける．営業部の社員はそのままA事業部の部屋に入って作業をしている．
16:52	ようやく自席に戻り，しばらくPCと手帳を見比べて予定を確認している．
16:58	手帳を持って部屋を出て，先ほど話題になったB事業部のマネジャーのところに赴く．大型案件の対応について相談に乗る．やや複雑な事案についていくつか協力依頼があり，受諾する．
17:30	再び執務室に戻る．作業をしていると経営管理部門のマネジャーがやってくる．しばらく来期事業計画について話し合う．B事業部のプランも話題になる．
17:45	部下のそばに座り，新しい案件について相談する．親会社も関わる案件で，中国向けのサービスである．
17:50	部下2名と中国向け案件のアサインメントを協議し，その場でおおむねフォーメーションを決める．
17:55	新規案件について情報をまとめ，関係者に連絡する．
17:57	営業部の社員がやってきて，別の新規案件について確認する．

時間	活動内容
18:24	今期の事業計画見通しについて配下のマネジャーに詳細をたずねる.
18:25	部下がやってきて派遣社員のネットワーク権限申請について督促する. その場ですぐに承認処理をする.
18:38	配下のマネジャー2名と部門の営業利益について細かな確認をする.
18:39	部下が書類を携えてやってくる. その場で判を押す.
18:45	他事業部の人事について執務室に残った部員と話す.
18:58	部下と再び事業計画と原価について相談する.
19:06	帰り支度を整えた後, 室内にいる部下6人と現在の全社状況や役員動向, 新規案件の進捗などについてざっくばらんに話し合う. 話題は多岐に及ぶ.
20:10	結局1時間近く話をしたあと, 電子メールを1通送信して, 帰途につく.

計2日間を取り上げることとする.

リモートワーク普及前の出社日

表3-3は, リモートワーク普及前のGのある1日の活動記録である. この日は緊急を要するイベントはなく, 1日を通じて慌ただしい様子は見られなかった. Gはこの日を次年度の事業計画を作成する日と位置づけており, 手元のPCで事業計画を修正したり, 頻繁に受信する電子メールに対応したりしながら, 1日の大半を部下とともに執務室で過ごした.

ここでは, 「PCを見ながら電子メールを処理する」「廊下で部下と立ち話をする」など, 外的に識別可能な一つながりの行動を「活動」ということとしよう. 電子メールを続けて5通送信した場合や, 部下との立ち話中に別の部下が加わって会話が継続された場合も, 種類として連続した行動である限り, 1活動と見なす.

時系列で整理すると, 見かけ上の平穏さに反し, 実際には非常に慌ただしい1日を送っていることがわかる. 9:36から12:45までの午前中約3時間の間にも電子メールの返信, コーヒー休憩, 廊下での立ち話, 事業計画の計算, 部下たちの会議への飛び入り, 部下への指示や確認と, 雑多な活動が脈絡なく次々と発生している. この時間には20の活動が観察され, 延べ27名の他者と関わっていた. Gは午後も社内におり, 20:10に退社するまでの間に総計51件の活動が観察された. Gが終日オフィスにいる日は多くはないため, 多くの部

下や他部署の関係者がGのもとを訪れ，短時間の会話をして去っていった．午後は延べ36名の他者との接点があり，1日だけで延べ63名の社員と対面でコミュニケーションをとったことになる．

　マネジャーの1日を構成するこれらの活動には，事務処理から重要な仕事まで多種多様な要素が混然と交じり合っている．活動の並びも不規則であり，その時々に起こる出来事に応じて次々に変化する．プログラマのような特定の職種であれば，一つの課題に集中して取り組んでいる期間が必ずある．マネジャーの活動にそうした一貫性や持続性はなく，部外者が単に外から観察しただけでは，一体何の仕事をしているのか一目ではわからないだろう．

リモートワーク普及後の出社日

　続いて，P社でリモートワークが導入された後，Gが出社して勤務した1日の観察記録を示す．P社ではリモートワークが推奨されており，社員の出社率はP社全体で39.4%，A事業部では27.0%（いずれも2021年度年間平均）であった．担当する仕事内容によって，あるいは各自の意向によって，リモートワークが中心でオフィスにはめったに出社しない社員もいれば，毎日オフィスに出社して勤務する社員もいた．この日，オフィスには20名程度が出社しており，まばらに着席して仕事をしていた．

　リモートワークが導入されてから，大半の会議はオンライン形式でなされるようになった．この日はオンライン会議が4件，オフィス内での対面での会議が2件実施された．1日を通じて対面で接点のあった社員は延べ36名であり，リモートワーク普及前に比べると半減している．Gはその日出社していたA事業部のメンバー全員と接点を持ったほか，他事業部の社員とも数多く会話をした．その多くはたわいもない雑談であったが，そこには久しぶりに顔を合わせた者どうしの，その場限りの打ち解けた雰囲気があった[2]．リモートワークにより移動時間もなくなったため，隙間なく会議が詰め込まれる傾向にあり，

2）　P社では，出社している社員もずっと自席にいるわけではなく，社内のあちこちに散らばってオンライン会議に参加している．そのため，誰が出社しているかすぐにはわからず，社内会議の場合は「今日はどこ？　会社？」などと確認し合っていた．社内での移動中に偶然すれ違って，お互いが出社していることを初めて知り，話し込む場面もしばしば見られた．

表 3-4　リモートワーク普及後の出社日の様子

時間	活動内容
9:30	出社．電子メール，Slack などのメッセージを飛ばし読みし，いくつかに返信する．
9:41	決裁システムにログインして何か確認．人のまばらなオフィス内を見渡す．部下の今日の予定を Outlook で確認する．
9:50	営業部の社員が近くにやってきて案件の相談を始める．
9:54	出社してきた A 事業部の社員を見かけると，「ちょうどよかった」と声をかけ，3 人で話し始める．話題があちこちに飛ぶ．
10:09	再び一人になり，画面上で部下のメッセージ（電子メール）と関係する資料を見比べる．
10:17	プロジェクトでトラブルを起こしている部下と Slack 上でやりとりがあり，午後に打ち合わせが 1 件追加される．
10:22	経理から支払手続きの件でメッセージ（電子メール）が届く．
10:38	別の部下から悲鳴のような相談メールが来る．別件とあわせて経理に確認するから大丈夫だ，と返事をする．
10:44	経理の社員がいるかを確認する．Outlook の予定表や Slack のステータスを見ると今日はオフィスに出社する日のようだが，見回しても席にはいない．
10:46	会社に来ている部下 2 名のところに行って，たわいもない話をする．
10:51	別の部下が近くを通りすぎ，会話に加わる．急に思い出して業務の確認をし，その場でいくつか作業を依頼する．
10:59	自席に戻り，ヘッドセットをつけて Teams で行われる顧客との定例会議に参加する．
11:01	オンライン会議が始まる．最初に挨拶した後は，会議に参加しながら 4〜5 画面ほど開いて会議とは関係のない作業をしている．会議では EXCEL のスケジュール表が表示されているが，文字が小さくてほとんど読めない．ネットワーク負荷を軽減するため，全員がビデオオフで参加している．
11:07	同じ会議に別の場所から参加している部下が，新規に始まったプロジェクトについて報告している．
11:12	突然会議に割って入り，「トライアルは中身もそうですが進め方自体もトライアルすることになっています」と発言する．
11:17	会議中も電子メールや Slack で頻繁にメッセージが届き，あまり間を置かずにすぐに返信している．先ほど発言したのとは別の部下が，会議にて重要な別プロジェクトの話題を取り上げたため，会議の画面を見ながら話を聞き始める．
11:20	Outlook の自分の予定表を開き，「大丈夫です」と発言．今日，および翌々週に打ち合わせが設定される．
11:27	予定より早く定例会議が終わり，席を立ってコーヒーを淹れに行く．途中で営業部の社員とすれ違い，立ち話を始める．リラックスした様子でいくつかの案件を話題にする．
11:32	「ほかに何か話しておくことあったっけ？」と G が尋ねる．「何かあったような気がします．軽い話です」．相手は思い出せない．「今日はずっと会社にいるから適当に……」と答えて

第3章　フィールドでのマネジャーのメタ学習

時間	活動内容
	別れる.
11:33	コーヒーコーナーで先ほどの定例会議に出ていた社員と出くわす. お互い会社に来ているとは知らずにいたため, 挨拶する.
11:35	帰り際に経理の席に立ち寄るが, 会いたい社員は席にいない. 隣にいた別の社員から, 今日は出社しているが, どこか別の場所でオンライン会議に出ていると言われる.
11:38	自席に戻る途中に別の社員に会い, つかまえて近くのロッカーに寄りかかってしばらく相談している. いくつか質問したり, 提案したりしている.
11:48	席に戻って電子メールや Slack のメッセージを確認する. もう1人, 相談事のあった社員が今日は会社に来ていることがわかる. どの部屋にいるのか問い合わせる.
11:51	クリアファイルを取りに行った帰りに人事担当者と会い, 休職している部下について小声で話し合う. 休み明けに産業医と面談があるという. また連絡をとり合うことを約束する.
12:04	昼休みとなり, オフィスが消灯される. 目当ての経理担当者が席に戻ったのを見つけ, 近寄って今朝の件の相談を始める. 微妙な処理なのでどう回答したものか悩んでいた, と経理担当者が苦笑いしている. いくつか確認して回答を得ると, 自席に戻る.
12:14	スマートフォンを見ながら席で昼食をとる. いつもは出社した日は誰かと一緒に昼食をとるのだが, 今日は一人だという.
12:23	部下が相談にやってくる. 隣に座らせて, 話を始める. 自分の PC で資料を画面に映し出し, 画面を見ながらいくつかコメントをする. 「私から言っておくよ」と言って別のメンバーにその場でメッセージ（Slack）を送る. 仕事の話題が終わると雑談が長々と続き, 部下は「ありがとうございます」と言って立ち去る.
12:51	先ほど経理に確認した結果をまとめて関係者にメッセージ（Slack）を送る. そのうちの1人に, 今電話できるかを確認したところ, 可との返事がすぐ返ってきたので, 電話をかけて事情を解説する. 部下は了解し, 今日中に対応策をとると答えた.
12:59	昼休みが終わってオフィスの照明がつくと, 見計らったように午前中のオンライン会議に同席していた営業部の社員がやってきて相談を持ちかける. ある案件に事業部として対応することを約束する. 営業部の社員に対して, 先ほどの定例会議でのファシリテーションが上手だったと称賛. しばらく冗談を言い合っているうちに複数の新規案件に話題が及び, 営業部の社員はいくつか走り書きのメモをもって自席に戻っていく.
13:11	今朝方からやりとりしていた顧客から「了解しました」と返事が来ている（Teams）.
13:13	いくつか決裁を承認し, 立ち上がって室外へ. 階段を降りていると下の階から PC を抱えて上がってくる部下と会い, 踊り場でお互いの近況報告が始まる.
13:29	オフィスに戻り, 最近異動させた部下のところに行って様子を聞く. 部下は苦笑いしながら答えている.
13:34	別の部下2人が窓際のオープンスペースでモニタに何か投影しながら打ち合わせているところに立ち寄り, 「何？」と聞く. 部下が説明し始め, うなずきながら聞いている.
13:55	PC を抱えて廊下に出て別の会議室に向かう. 別事業部のマネジャーが1人, すでに入室している. 人事評価の話題になり, 相手は「30人いるのでまだ終わっていない」とこぼす.

時間	活動内容
14:01	そうこうするうちに1人，2人と会議室に入ってくる．4人が会議室に，1人がオンラインで参加している状態で，打ち合わせが始まる．20以上の案件が並んでいるスケジュール表を開いて担当者の割り当てと主な締め切りを確認し，決まったことを欄外にメモしながら進む．
14:08	会議は終始なごやかな空気で進み，あっという間に終わる．参加者をエレベータの前まで送っていき，再び自席に戻る．
14:09	書籍が届いたとの連絡が入り，受け取りに行く．
14:20	自席で部下の資料をレビューし，赤字を入れて，Slack でレビュー完了を知らせる．
14:28	トラブル対応中の部下のメールのやりとりを追いかける．返事はしないで置いておく．
14:30	部下2人と進捗の思わしくない案件についてオンライン会議で話し合う．およそ10のモジュールがあり，一つずつ頁送りしながら資料を見せてもらう．それぞれのモジュールが現在どういう状態なのかがわからない．Gは気になることを画面上の付箋に走り書きしながら部下の説明を聞いている．資料を見せ合ったり，関係する資料の場所をチャットで送り合ったりしながら，たっぷり1時間，速い調子で議論し続ける．今日中に，社外の委託先の責任者とこの件で打ち合わせするよう指示したところで会議が終わる．「いやー，これは，ぐだぐだだわ」と言いながらヘッドセットを外す．
15:35	16:30 から委託先との打ち合わせが決まったと部下から連絡が来る（Slack）．「16:45 からにしてほしい」と返信．
15:36	先ほどの打ち合わせ中に，今朝立ち話をした人事担当者からメッセージ（電子メール）が来ていたので，別室に連れ立って相談する．
15:51	戻ってきて，部下のところに近寄っていき，雑談をしながら案件の様子を聞き出している．家族のこと，仕事のことなど話題は様々である．
15:58	先ほどの打ち合わせの様子を見ていたらしい別の部下から，「大変そうですね？」と声をかけられる．近くにいたほかのメンバーも加わってよもやま話が始まる．
16:18	自席に戻ると，気の早い顧客からすぐに連絡をとりたいとメッセージが来ている（Teams）．席に座って電話をかけ，PC の画面を見ながら双方の社内情勢や企画の状況について意見交換する．いくつか新しい情報が引き出され，顧客に打ち合わせや紹介を依頼して電話が終わる．
16:30	メールを検索し，探し出した後，朝方決まった部下との臨時のオンライン会議に参加．画面を見ながらある案件の今後の方針を話し合う．来週までに対策のめどをつけると部下が言って会議が終わる．
16:45	トラブル案件をめぐる，社外の委託先も交えた会議に参加する．深刻な状況だが，オンライン会議の途中に委託先の担当者の子どもが学校から帰ってきたりして，リラックスした雰囲気となる．
16:51	会議と並行して，電子メールや Slack 上にて，人事担当者とのやりとり，別のトラブル対応中の部下とのやりとりなどが行われている．
17:20	委託先との打ち合わせが終わる．モジュールのそれぞれについて，修正点を三つに絞って

134

時間	活動内容
	応急措置をとることが決まる．打ち合わせ後，オンライン会議に残った部下に対して，「課題管理表だけでなく，WBSを作り直して管理したほうがいい」と助言する．
17:45	配下のマネジャーがぶらりとやってくる．耳にスピーカーイヤホンをつけており，これと携帯電話があればどこでも打ち合わせできるという．
18:00	窓際の打ち合わせスペースに移動して，部下と打ち合わせを始める．いくつか質問し，いくつか修正の指示をする．
18:12	途中，部下から電話が来ていると呼ばれ，自席で立ったまま電話に応対する．
18:43	打ち合わせスペースでの会議が終わる．部下はすっきりした様子で席に戻っていく．
18:45	自席に戻って電子メールに立て続けに返信する．
19:10	お昼前にすれ違った営業部の社員が「ようやくつかまえた」と笑いながらやってくる．持参した提案書を広げてGに相談し，Gがざっくばらんにアドバイスをする．近くにいた部下も加わって雑談が始まる．休暇の過ごし方などを話している．
19:21	しばらく離席して，戻ってくる．着席すると，いくつか社内イントラネット上の資料を探して，先ほどの営業部員に電子メールで共有する．その間も，テレワーク中の部下とのSlackでのやりとりが続く．
19:33	部下の依頼で何かの書類に電子印を押す．資料を更新して，関係者に報告するという作業を三つほどこなす．
19:58	大勢の若手社員がどやどやとオフィスに戻ってきて，座席が3列くらい離れたところから大きな声で情報共有している．そのうちの1人の近況報告を聞く．仕事は充実している様子だ．
20:05	さらに部下たちがオフィスに戻ってきたり，出て行ったりし，そのたびに声をかけて立ち話をしたり，本を見せたりしている．
20:15	帰り支度をしていると他事業部のメンバーがやってくる．Gは聞き役となり，相手が奮闘している仕事について相槌を打ちながら話を聞く．
20:19	他事業部の別メンバーも加わって話に花が咲く．
20:28	ひとしきり話し込んだ後，机の上を整理して帰途につく．

部下は競い合うようにしてGとの会議の予約を入れていた．

　対面での接点が減少したかわりに，リモートワークに前後して普及したチャットツール（Slackなど）でのやりとりが増加した．この日，チャットツール上で接点を持ったのは延べ28人だった．Gは非常に速いペースで返信しており，会議中かどうかにかかわらず，1日中コミュニケーションが切れ目なく続いた．

　オンライン会議の増加とチャットツールの導入に伴い，会議中の並行作業が増加した．たとえば，PCを使ってオンライン会議をする間に，電子メールや

チャットツールで頻繁にメッセージが届き，同時並行で対応したり，別の作業をこっそり行ったりしている．結果として，オフィスに人がまばらな日であっても，1日の活動数はリモートワーク以前の出社日と同程度の62件となった．

Gはチャットツール上に並んだ部下や関係者のステータス（彼らがネットワークに接続しているか，今日は在宅勤務なのかオフィスワークなのかなどがアイコンで表示されている）を眺めたり，社内で共有されている予定表（Outlook）を開いて関係者の予定を調べたりした．また，画面上でメンバーの予定を確認し，相手の時間が空いていそうなところを見計らってメッセージを送信したり，電話をかけたりしていた．特に用件がなくても，気になるメンバーの1週間から1カ月の予定をネットワーク上で眺めていることもあった．

PC画面上では常時5から10のソフトウェアが立ち上がっていた．オンライン会議にはZoom，Microsoft Teams，Cisco Webexと相手に応じて複数のツールが併用されており，電子メールに加えて複数のチャットツール（Microsoft TeamsやSlack，LINE）も使われているため，Gは受信した記憶のあるメッセージがチャットツールに残っているのか，メールに残っているのかわからなくなることが多いと苦笑していた．

行動観察データの集計

同様の分析を行動観察の全データに適用し，集計したものが表3-5である．「1活動あたり平均時間」は勤務時間を1日の活動数で割り戻したものである．「受動的に始まる活動」とは，他者からの働きかけを契機に始まった活動の，全活動に対する構成比である．「計画外の活動」とは，その日の始めの段階で予定に入っていなかった（社内で共有されているスケジュール表に記載がなかった）活動の比率であり，必要に応じて計画性の有無をG本人にも確認した．最後に，「他者とともに過ごす時間」は会議に参加したり，共同作業に従事したりしている時間が勤務時間の全体に占める比率を表している．

調査期間の全体を通じて，1日あたりの活動数の平均は67.3件，1活動あたりの平均時間は15.1分であった．社内で共有された予定（Outlook）上では，Gの予定は30分単位で記入されているが，実際にはそれより短いスパンで活動していることがわかる．

2015年度から2021年度への推移を見ると，当初は1日あたり活動数が56.7

第 3 章　フィールドでのマネジャーのメタ学習

表 3-5　日常活動

年	2015	2016	2017	2018	2019	2020	2021	平均
1 日あたり平均活動数（件）	56.7	60.2	59.3	65.4	65.8	84.2	86.1	67.3
1 活動あたり平均時間（分）	14.8	15.0	21.3	19.7	16.0	12.2	9.0	15.1
受動的に始まる活動	44.6%	50.3%	40.8%	57.1%	56.9%	65.1%	59.3%	56.4%
計画外の活動	67.2%	58.1%	55.4%	52.3%	60.4%	72.3%	75.4%	62.4%
他者とともに過ごす時間	81.9%	77.3%	70.2%	74.6%	74.2%	83.1%	75.7%	78.1%

件，1 活動あたりの平均時間が 14.8 分であったのに対し，2021 年には 1 日あ
たり活動数が 86.1 件と約 1.5 倍に，1 活動あたり平均時間は 9.0 分と約 40％短
くなっている．この数字が意味しているのは日常の断片化である．1 日 8 時間
の勤務は，1 時間ごとに切れ目よく区切られた作業のまとまりではなく，多様
で小さな活動の集積である．要するに，2021 年度の G はおよそ 10 分ごとに
活動を切り替えながら 1 日を過ごしていたということだ．これらの傾向は管
理者行動論の報告とも符合する．全体として，情報技術やリモートワークの普
及は，マネジャーの活動の断片化にさらに拍車をかけていると言えるだろう．

　他者からの働きかけによって開始される活動や，計画外の活動についても同
様の傾向が見られる．調査期間全体の平均でも，受動的な活動が 56.4％，計
画外の活動が 62.4％とそもそも多いが，2015 年度から 2021 年度にかけて，受
動的な活動は約 15％増え，計画外の活動も約 8％増えた．他者とともに過ご
す時間の比率は，年度による凹凸はあるものの，おおむね 80％前後で安定し
ている．これらのデータは，少なくとも日常活動のレベルにおいて，マネジャ
ーがもっぱら機会主義的にふるまっていることを物語っている．

　こうした慌ただしく細切れの日常活動の中で，マネジャーは一体いつリーダ
ーシップを発揮しているのだろうか．いつ厳しい意思決定を下しているのだろ
うか．いつ戦略を策定し，いつ学習し，いつ部下を育成しているのだろうか．
伝統的なカテゴリにおいてマネジャーの仕事とされるような活動が，事業部長
の日常の中で，すぐにそれとわかるような形で観察されることはほとんどなか
った．マネジャーは司令塔や戦略家のようには見えず，ともすると場当たり的
で突発事項に追われているようにも見えた．

137

ここで確認されたマネジャーの現実の姿は，明らかに規範的なマネジャー像とは異なっている．もしこれが，なすすべもなく状況変化に翻弄されるマネジャーの姿なのではなく，非連続的な環境変化に適応することを学習しつつあるマネジャーの姿なのだとすれば，私たちは優れたマネジャーの人物像を書き改める必要があると言えるだろう．そのためには，非規範的な日常の行動様式が，なぜ，どのようにして環境変化に対して適応的なふるまいとなるのかを明らかにしなければならない．

3.4　概念モデルの構成要素のフィールドの事象へのマッピング

第3節では，調査対象となる事業部長 G の日常業務の様子を定量的および定性的に分析した．マネジャーは8割近くの時間を他者とともに過ごしており，その1日はおよそ10分内外の活動の連続である．かつ，それらの活動の大半は受動的に始まり，1日の始めには予定されていなかったものであった．このような日常業務の中でマネジャーが行うメタ学習のメカニズムを解明することがフィールドの調査の目的である．

初期仮説として，第2章でメタ学習の概念モデル（図3-6）を構築した．この概念モデルは一般的なものであり，モデルの構成要素が担う機能や構成要素どうしの関係性は広く個人の学習にあてはまることが期待されている．とは言え，このモデルの構成要素を，マネジャーが上記のような日常を送っているフィールドにおいて，どのような事象に関係づけるかには慎重な検討を必要とする．本節ではこれらの対応づけを行う．

3.4.1　パフォーマンス

ミニチュア課題におけるパフォーマンスとは，一つの洞察問題の正否や解決時間であり，学習によるパフォーマンスの向上とは，複数の洞察問題解決における正答率や解決時間の変化であった．

フィールドにおけるパフォーマンスとは，高次学習の成果である．では，高次学習の成果は何で見るのがよいだろうか．マネジャーは非連続的な環境変化に適応しながら組織の業績を上げるという課題に取り組んでいる．組織の業績

第3章　フィールドでのマネジャーのメタ学習

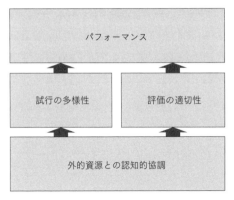

図3-6　修正されたメタ学習の概念モデル

は，マネジャーの学習やマネジメントの効果性を判断する代表的な指標として経営学において広く利用されている（Kotter, 1982; Mintzberg, 2009; Sayles, 1979）．組織学習論でも，組織において高次学習が起こるかどうかは，当の組織を率いるリーダー自身が学習できるかどうかにかかっていると言われる（安藤, 2019; Argyris & Schön, 1978; Fiol & Lyles, 1985; Nystrom & Starbuck, 1984）．したがって，フィールド調査におけるパフォーマンス（高次学習の成果）は，マネジャーが管轄する組織のパフォーマンスによって測定するのが妥当であろう．

ただし，組織の業績にはマネジャーの行動以外にも，外部環境の変化や組織の内部プロセスなど，様々な要因が影響を与える．そこで，組織の業績向上に対するマネジャーの貢献，具体的にはマネジャーが何を学習し，それがどのように組織の業績変化に結びついたのかを事例的に確認することで，組織の成果や成長が確かにマネジャー自身の学習によってもたらされたものであると言えるのかを裏づけることとする．

3.4.2　試行の多様性

概念モデルにおける試行の多様性は，問題解決者が繰り出す打ち手のランダムさを表している．創造的問題解決で多様性が重要となるのは，問題の性質上，通常は探索しない範囲まで，言い換えれば，既存の成功事例によって制約された範囲の外まで打ち手を探索しなければならないためであった．問題のこのよ

表3-6 標準プロセス

工　程	概　要
分　析	情報を集め，市場の需要を特定したり，問題の定義や目標設定を行ったりする過程
計　画	収集した情報とその分析結果をもとに，タスクやリソースを計画したり組織化したりする過程
実　行	モニタリングしながら計画を実行し，発生した問題に対処したり，完了後に評価したりする過程

うな性質は，たびたび非連続的な環境変化が生じる中で組織目標を達成するというマネジャーの課題にもそのままあてはまる.

　では，マネジメントにおける試行の多様性とは何だろうか. 管理者行動論やリーダーシップ論が指摘してきたように，マネジャーの管理行動はそもそも多様であり，とらえどころがない. 学習するマネジャーもそうでないマネジャーも大なり小なり多様な行動をとっているとするならば，見かけ上の行動の多様性を分析したところで得るものは少ないだろう.

　洞察問題解決の知見に立ち戻って考えると，私たちが見るべき多様性は，制約緩和によって非標準的な試行がどれだけ出現するかという意味での多様性である. 洞察においては，制約緩和によって非標準的な試行が増加することで問題解決の可能性が高まった. 既存の成功事例が有効でないばかりか，かえって失敗に結びつくような問題に直面したマネジャーにとっても，時に組織における約束事や定型的なルールから逸脱するような行動が必要になると考えられる.

　制約の緩和した行動の出現頻度をとらえるためには，まず標準的な管理行動（制約）を定義する必要があろう. ここでは，管理過程論（Fayor, 1949; 二村, 1999）や戦略計画論（Mintzberg, 2000）において伝統的に採用されている表3-6のようなマネジメント・プロセスを標準と考える. 分析とはニーズや問題点を特定する過程，計画とは分析に基づき実施手順や体制を計画する過程，実行とは計画を遂行し評価する過程である. これらは系列的なプロセスであって，分析，計画，実行の順に実施することが望ましいとされている.

　この標準プロセスは決して過去のものではなく，現代においても経営計画やマーケティング戦略，通常業務における問題解決やタスク遂行の多くがこうしたプロセスに沿って実施されている. これらは組織内で繰り返し反復される行

動パターンであり，経営学における組織ルーティン（Becker, 2004; Felin & Foss, 2009; Levitt & March, 1988）の一つであると言ってよい.

認知科学において制約とは，膨大な情報の中から不必要なものを排除するフィルタであった. これと同じように組織ルーティンも，不必要な探索や調整を除外することで，組織と構成員の認知的資源を節約したり，組織における協働を円滑にしたりする. 事業環境が安定しているときには，組織ルーティンはその組織内の制約として有効に機能し，組織の競争力の源泉となるのである（March & Simon, 1993; Nelson & Winter, 1982）.

ただし，事業環境が急激に変化したときには，それまで有効であった組織ルーティンが組織の変革を妨げるようになる. 組織ルーティンとしての標準プロセスから逸脱することが，特に不確実な環境において組織運営やイノベーションに有効なものとなることは，複数の研究で報告されている. 急激な変化に対応する上で逸脱増幅（deviation-amplifying）の重要性を指摘した Meyer（1982）や，不確実な環境下では分析や計画よりランダムな動きが必要と論じた Weick（1995），曖昧な状況において求められる，合目的的でない遊びのような活動を「愚かさの技術（technology of foolishness）」として称揚した March & Olsen（1976）などのほか，近年のイノベーション研究においても，イレギュラーな行動をとるほど知の探索が進むこと（Zellmer-Bruhn, 2003），全社方針からの逸脱により組織が両利きとなること（Mom *et al.*, 2009）などが示されている. その反面，Gilbert（2005）はデジタル化の波にさらされた新聞社の事例研究を通じて，急激な環境変化に直面すると組織ルーティンがかえって硬直化し，組織の変化を阻害すると分析している.

起業家の熟達を研究した Sarasvathy らも，熟達した起業家のプロトコル分析から，彼らがマーケティングの標準プロセスとは一致しない行動をとることを示している（Read *et al.*, 2016; Sarasvathy, 2022）. マーケティングの教科書的な作法によれば，新規製品を成功させるには，まず市場調査をし，市場をいくつかに区分けする（segmentation）必要がある. その上で，自身がねらうセグメントを絞り込み（targeting），設定したターゲットに対して自社の製品を位置づける（positioning）のである. これは，Kotler（2000）が STP（segmentation-targeting-positioning）と名づけた有名な戦略策定プロセスであり，マーケティング戦略の

定石とされている．しかしSarasvathy（2022）によると，熟達した起業家はほぼこれとは逆のプロセスで物事を進めようとする．彼らはあらかじめ決められた市場からスタートしようとはしない．可能な所与の手段を定義することから始め，機会やパートナーを作り出し，偶発的なプロセスを通じて最後に市場を生み出すのである．Sarasvathyは，起業家の非標準的な行動は，Knight（1921）の第三の不確実性[3]が支配する世界においては，STPのような予測的推論よりも実効性が高いと言う．Sarasvathyが調査したのは，小売業から鉄道，電力，ITなど多種多様な業界で10年以上創業者・起業家として働き，少なくとも一つ以上の企業を創設し，1社以上を株式公開した起業家たちであり，このような行動原則が，業界や業種を問わず有効であることがわかる．

　これらの研究事例を踏まえると，マネジャーの管理行動のうち，標準プロセスに従った行動を制約遵守型の試行，標準プロセスから逸脱した行動を制約緩和型の試行と見なし，後者の出現率をマネジャーの管理行動の多様性を表す指標とすることができるだろう．安定した事業環境においては標準プロセスに従った制約遵守型の行動が有効であるが，事業環境が急激に変化したときには標準プロセスから逸脱した制約緩和型の行動が求められる．標準プロセスからの逸脱は，既存手法をアンラーンし，新規手法を創出する高次学習において必要不可欠なものと言えよう．

3.4.3　評価の適切性

　概念モデルにおける評価の適切性とは，ある試行がゴールに近づくものであるのか，ゴールから遠ざかるものであるのかが適切に評価できることであった．図形パズルの実験で触れた通り，ある試行をどのように評価しているのかを参加者（問題解決の主体）に直接尋ねることは難しい．試行のたびに評価を聞き出すのは現実的ではないし，評定課題を使って評価させること自体が評価やその

---

3) 第一の不確実性は，結果はわからないが，事象が生起する確率分布は既知であるような場合をさし，第二の不確実性は，結果がわからないことに加え，事象が生起する確率分布も未知であるような場合をさす．第三の不確実性は，第二の不確実性に加えて，事象が生起する確率分布を変わらないものと仮定してよいかも未知であるような場合をさす（Knight, 1921; 栗木，2015）．第三の不確実性は，メタ学習が必要な状況（非連続的な環境変化が常態化し，いつ訪れるかわからないような状況）にきわめてよく似通っている．

第 3 章　フィールドでのマネジャーのメタ学習

後の試行に影響を及ぼすからだ.

　この難点を克服するため，第 2 章では，問題解決のどの段階で試行をやり直すかにその時点での試行に対する評価が表れるととらえ，問題解決におけるバックトラック（手戻り）の比率を評価の適切性を示す指標として分析した. やり直しのタイミングが評価の適切性の指標となるのは，最終的な結果が出てから初めに戻ってやり直すよりは，結果が出る前に，早めに打ち手の良し悪しを見きわめてやり直しをするほうが，より適切に現状やその先の見通しを評価できていると考えられるためである.

　同様の考え方が，マネジャーの管理行動の分析にも適用できる. あるプロジェクトが終盤に差しかかり，プロジェクトの成果物が形になってから，あるいは財務実績がはっきりと数字になってから何らかの手立てを講じるのと，プロジェクトの初期段階でトラブルの予兆を見てとって早期対処するのとでは，後者のほうが現状に対する評価の適切性が高いと考えられる. 裏返せば，初期段階で適切に現状を評価するのは難しいということでもある.

　プロジェクトの早い段階でのやり直しや修正は，不確実な状況においては分析的・予測的なアプローチよりも有効とされている行動の一つである. たとえば，要件が不確定な中でのプロトタイピング（Kelly & Littman, 2001），本格的なプロジェクト開始前の実験による修正（Peters & Waterman, 1982），短期間の修正サイクルを繰り返すアジャイル開発（Rubin, 2012）など，デザイン，経営，ソフトウェア開発などの各分野で類似の内容が報告されている.

　そこで本章では，評価の適切性の指標として，マネジャーが組織運営やプロジェクト遂行にあたって，標準プロセスのどの段階でやり直しや修正を行うかを分析することとする. 具体的には，マネジャーがプロジェクトの早期フェーズで修正を行う場合は評価の適切性が高く，終盤フェーズで修正を行う場合は評価の適切性は低いものと考える.

　試行の多様性と評価の適切性は創造的問題解決の両輪であり，どちらが欠けてもうまくいかない. これと同じようにマネジャーの学習においても，標準プロセスからの逸脱（試行の多様性）と早期フェーズでの修正（評価の適切性）の双方が欠かせない役割を果たすと考えられる. 単に標準プロセスからの逸脱が増えるだけだと，組織は混乱し，多くの手戻りが発生するに違いない. 逸脱の

143

増加と同時に早期フェーズで軌道修正ができるようになることで，はじめて探索効率が高まっていくのである．

3.4.4 外的資源との認知的協調

第2章の実験から得られた重要な発見は，外的資源との認知的協調が，試行の多様性や評価の適切性の向上を下支えしているということであった．外的資源との認知的協調とは，主体の内的な認知過程の一部を外部環境に分散したり，外部環境との相互作用に置換したりすることを意味する．それによって認知的な負担が減ったり，内的制約が緩和されて創造的な解が生み出しやすくなったりするという利点がある．第2章の実験において，それらはゴールのリテンション，新規のオペレータの生成と適用，現状評価のための情報収集など，まさに問題解決の基本構造に関わる部分で行われていた．

マネジメントにおける外的資源は，組織内の資源（上司や部下，予算，製品や技術など）から組織外の資源（顧客，提携企業，委託先など）まで多岐にわたる．しかし，メタ学習のモデルにおいて重要なのは，マネジャーが動員する経営資源というよりは，認知過程における外的資源との協調である．非連続的な環境変化に直面した組織のマネジャーの認知過程をあらためて問題解決の枠組みでとらえると，次のような疑問が湧く．

- 目標状態に関する十分な情報が与えられていなかったり，時間の経過とともに目標とすべき状態が常に変化していくような条件下において，マネジャーは一体どのようにしてゴール（目標）を設定したり参照したりしているのか．
- 異なる時間軸で同時に進行している多量の案件を，多くの関係者とともに解決していこうとする中で，現状を目標状態に近づけるためのタスクをどのように計画したりモニタリングしたりしているのか．

マネジャーが問題解決にあたってどんな試行をし，それらの試行や現状に対する評価をどのように行うかは，マネジャーにとっての目標，そして現状を目標に一致させるための計画に深く依存している．だが，A事業部のように多量のプロジェクトが同時に実施され，その多くが期初計画には掲載されていない組織において，マネジャーはどのようにゴールを定め，初期状態を認識し，膨

第3章　フィールドでのマネジャーのメタ学習

表3-7　フィールドへのマッピング

メタ学習の概念モデル	フィールドにおけるメタ学習の事象モデル
パフォーマンス	組織パフォーマンス
試行の多様性	標準プロセスからの逸脱
評価の適切性	早期フェーズの修正判断
外的資源との認知的協調	ゴールの生成と参照 計画の作成と保持 現状のモニタリングとコントロール

大な問題空間の中から，現状を目標状態に近づけるための適切なオペレータを
選択するのであろうか．このマネジャーが前述の通り，断片的できわめて慌た
だしい毎日を送っていることを考慮すると，これらの疑問はさらに強まる．

　第2章の分析結果を念頭に置くと，マネジャーはこれらの難題に対して，認
知の内的資源と外的資源を最適な形で組み合わせて問題解決にあたるようにな
るのではないかと予想できる．そこで本章では以下の側面からマネジャーと外
的環境との相互作用を分析することとする．

・ゴールの生成および参照
・計画の作成と保持
・現状のモニタリングとコントロール

これらはまた，組織運営の基本的なサイクルであるところの，目標設定，計
画策定，計画実行がどのように実践されているのかを，マネジャーの認知過程
に焦点をあてながら確認しようとするものでもある．

　分析にあたっては，各々を内的な off-line 処理として遂行した――マネジャ
ーが現場から離れ，一人で頭の中で考えながら物事を実行した――場合に比べ
てどのような認知的な利得があるのか，そしてこれらが試行の多様性や評価の
適切性にどのように影響するのかの2点をあわせて検討したい．

3.4.5　まとめ

以上より，第2章で得られた概念モデルを，表3-7のようにフィールド調
査で観察可能な事象にマッピングすることができる．

　なお，概念モデルから事象モデルへのマッピングが妥当なものであったとし

ても，どのような業界のどのようなマネジャーを対象に，どのような指標で測定するかによって，データの値やそれらが持つ意味合いは変わってくる．そのため，事象モデルや得られたデータの解釈にあたっては，一般的に言明できる内容はどこまでで，どこからが事例に固有の内容であるのかをあらためて考察の対象とすることにしたい．

3.5　組織パフォーマンス

本節では，フィールドにおけるマネジャーのパフォーマンスを，マネジャーが所管する組織の業績によって測定し，それらが実際にマネジャー自身の学習によってもたらされたものと見なしてよいかどうかを確認する．これらの手続きによって，調査対象者となるマネジャーがメタ学習を起こしているのかどうかを見定める．

3.5.1　組織の業績

経営学においてマネジャーのマネジメントの効果性は，そのマネジャーが所管する組織の業績によって判断されることが多い（Kotter, 1982; Mintzberg, 2009; Sayles, 1979）．また，急激な環境変化に直面したときなど，組織が学習しなければならない状況において，実際に組織学習が起こるかどうかは組織のリーダー自身が学習できるかどうかにかかっている．特に，過去に有効だった既存手法を捨て去らなければならない場合には，リーダーのアンラーニングが最重要要因となることが知られる（安藤, 2019; Argyris & Schön, 1978; Fiol & Lyles, 1985; Nystrom & Starbuck, 1984）．これらを踏まえ，ここでは事業部長 G が管轄する A 事業部の組織業績をたどり，事業部長としての G のマネジメントや学習の効果性を外形的に確認する．

表 3-8 に 2015 年度から 2021 年度までの 7 年間の A 事業部の主要な業績指標を一覧化した．A 事業部は事業開発を行う組織なので，事業成果（結果）を表す指標として売上成長率と投資対効果を，結果に至るプロセスの健全性を見る指標として，部員 1 人あたりの製品開発本数や，遅延や原価増などの障害が起きた案件の比率を示す．

第3章　フィールドでのマネジャーのメタ学習

表 3-8　A 事業部の業績推移

年度	結果指標			プロセス指標	
	投資対効果	売上成長率	市場成長率	1 人あたり 開発本数	遅延・原価増 案件比率
2015	601.4%	102.8%	102.3%	2.7	33.3%
2016	681.8%	101.9%	102.2%	3.3	16.7%
2017	710.5%	110.3%	101.8%	3.2	27.8%
2018	721.8%	115.5%	101.2%	3.6	14.3%
2019	939.8%	112.6%	100.8%	4.1	12.5%
2020	666.1%	95.0%	91.5%	6.3	5.9%
2021	1104.9%	117.9%	108.9%	6.5	5.0%

指標の定義は次の通り：
投資対効果（％）＝売上総利益÷開発原価（単年度）
売上成長率（％）＝当年度売上高÷前年度売上高
市場成長率（％）＝矢野経済研究所（2021）より，当年度の推定市場規模÷前年度の推
定市場規模
1 人あたり開発本数（本）＝当年度開発製品数÷当年度期初要員数
遅延・原価増案件比率（％）＝遅延・原価超過のあった当年度案件数÷当年度全案件数

　2020 年度は新型コロナウイルスの拡大により売上高が前年度を割り込んだ
ものの，その他の年度は前年度を上回っている．調査開始時（2015 年度）と調
査最終年度（2021 年度）を比較すると，売上成長率は約 15％伸長し，投資対効
果も 1.8 倍となっている．1 人あたり開発本数は 2.4 倍に増加し，遅延・赤字
案件の比率は約 6 分の 1 以下に減少した．以上から，A 事業部は財務実績の面
でも生産性の面でも成長したと言ってよいだろう．

　A 事業部の業績は，業界平均と比較しても高い水準にある．業界の市場成長
率と比較すると，2015 年度の A 事業部の売上成長率は業界平均に対して＋0.5％
であったが，2021 年度には業界平均に対して＋9.0％となった．これは単に売
上が伸びただけでなく，売上の成長率自体が伸びたということを意味している．
2015 ～ 21 年度の A 事業部の年平均成長率（CAGR）は 8.6％となり，業界全体
の同期間の年平均成長率 0.8％を大きく上回った．

　すでに述べた通り，A 事業部の成長は予測のつきやすい安定環境で実現され
たものではない．そして，成長率は組織の学習効率を表す指標の一つである．

これらのことから，A事業部ではある環境変化に適応するだけでなく，環境変化への適応能力自体が向上したこと，すなわち組織レベルにおいてもメタ学習が進んだことが推察される．

3.5.2　マネジャーの学習と組織の業績

　ここまでに，非連続的な環境変化に見舞われながらもA事業部の業績が向上していることを確認した．経営学や組織学習論の見解に従えば，A事業部のマネジャー（事業部長G）のマネジメントは効果性が高く，自らもメタ学習を行っている可能性が高い．しかしながら，組織業績の外形的な確認のみでは，業績向上がマネジャーの学習以外の要因によってもたらされた可能性を排除できない．たとえば，マネジャー自身は学習をしていないにもかかわらず，配下組織や部下が成長したため，あるいは競争環境がその組織に有利に働いたために組織の業績が向上した，などの可能性である．

　筆者はA事業部の業績が事業部長Gの学習だけからもたらされたとは主張しないが，事業部の業績向上にあたりGがきわめて大きな役割を果たしたと考えている．そのことを示すため，ここでは行動観察データ，インタビューデータおよびフィールドノーツをもとに，調査期間中にGのマネジメント手法がどのように変遷したか，それがどのように組織業績に影響を及ぼしたかを述べる．マネジメント手法とは，事業部長としてのGがA事業部のメンバーを管理する組織運営の手法と，A事業部の主要業務である製品開発の手法を指すものとする．これらは，それに基づいてGがA事業部の人と業務をマネジメントしている手法であり，G自身が責任者としてその内容，採否，適用を決定しているため，G個人の学習が反映されやすい対象であると言える．

第1期：事業部の立上げ（2015 〜 16年度）

　Gはそれまで別事業部で内部市場向けの既存事業を担当していたが，新設されたA事業部の責任者として外部市場での新規事業開発を担うことになった．要員はG自身を含め3名であり，顧客も製品も実質的にゼロからのスタートである．内部市場と外部市場では求められるサービス品質，スピード，コストがまったく異なっている．外部市場の顧客は総じて要求水準が高く，内部市場では出会わないような競合との競争にさらされる．

既存事業における大規模組織の運営手法は通用しないため，Gは自ら陣頭指揮をとって案件を開拓する起業家的な小集団の管理手法を身につける必要があった．それまでG自身が直接業務を担当することは少なかったが，3名しかないA事業部においては，営業から開発，サービスのデリバリー，そして業務上の細かな事務処理まで，すべて一人でやらなければならなかった．

また，新たに外部市場に取り組むにあたっては，従前の開発プロセス，コスト感覚や時間感覚なども捨て去る必要があった．顧客の要求するスピードが速く，かつ未経験分野の製品開発に取り組むため，従来の既存事業とは異なる製品開発手法を試行することが求められた．

この時期のGは，成熟した内部市場でそれまで培ってきた仕事のやり方や，規模の大きな組織における分業の仕方をアンラーンし，言わばベンチャー組織の創業経営者のようなスタイルでマネジメントするようになった．その過程で失敗も発生したものの，その後，A事業部の事業基盤となる大型顧客と主力製品が複数生み出され，短期間で売上規模が急拡大することとなった．

第2期：既存事業の統合（2017～18年度）

第1期に想定以上のスピードで成長したA事業部は，事業成長に組織成長が追いついていない過剰拡張（over extension）の状態にあった．そんな中，A事業部は外部市場の新規事業だけでなく，内部市場の既存事業も受け持つことが決まった．A事業部の人員規模はさらに拡大し，一つの組織内で，動的な新規事業と成熟した既存事業という，性質のまったく異なる二つの事業を管理することになった．

こうなると，第1期の起業家的なスタイルだけでは円滑な組織運営はできない．Gは異質な事業の両立に苦しんだが，新規事業と既存事業の担当チームを混成とし，会議体や管理帳票を共通化することで組織をまとめた．事業部として初めて戦略計画を文書にし，事業部創設期（第1期）の挑戦的な精神がすたれないよう，事業部の「行動規範」も明文化した．Gは，特に既存事業を担当するメンバーがやる気を失わないように，彼らとのコミュニケーション機会を増やすなど，自身の言動に気を配った．さらに，新規事業と既存事業の成功事例を組み合わせて新たな製品開発手法を創り出し，両者が相乗効果を生み出すように計らった．

この時期のGは，その前の段階の成功経験にとらわれることなく，より複雑で規模の大きな組織の責任者として組織作りに取り組んだと言える．組織運営の仕方は起業家的な率先垂範スタイルから，新たな組織の規模や事業の成熟度に見合ったものに切り替わった．Gは以前のようにすべての案件に参加するのではなく，自ら統制する直接コントロールと，仕組みや部下を通じた間接コントロールとを，選択的に使い分けるようになった．その結果，配下に何人かの有力な人材が育ち，彼らも事業の一端を担うようになった．また，新規事業で生み出された製品を既存顧客に転用したり，既存顧客と開発した製品を外部の新規顧客に提案したりするなどの相乗効果が生み出され，A事業部の業績は再び成長軌道に乗った．

第3期：ビジネスモデルの変更（2019〜21年度）

A事業部の業績は順調に伸びていたが，コロナ禍の発生によって，対面を前提とした組織運営や既存の製品形態はすべて見直さなければならなくなった．さらに，A事業部は高い成長率を保っていたが，データやデジタル技術の活用という点ではまだ十分とは言えず，外部市場においても内部市場においても，新たな競合から事業機会を奪われる可能性が次第に高まっていた．

Gの指示により，A事業部は社内でもいち早くリモートワークに移行した．Gは試行錯誤しながら分散環境での集団管理の仕組みを整備し，数カ月間という短期間で既存製品を全面的に作り直した．2020年初頭に国内で初めて緊急事態宣言が発令されたが，そのときまでにA事業部は新しいワークスタイルや製品の提供方法に対するノウハウを蓄積していたため，これを社内に共有して，P社の危機回避に貢献することができた．

同時にGは，P社の売上の大半を占める既存製品とは使用技術や収益モデルが異なる新しい製品の開発をスタートさせた．それらは従来にない新規製品であったため，新たな製品開発手法や大規模な開発体制が必要だった．Gは部員の教育のための予算を確保したり，新技術を使わざるを得ないような案件機会を作り出したり，社外から有識者を招いたりして，事業部全体の組織能力を高める働きかけを行った．Gは自身も新技術を学びながら，A事業部のこれまでの強みにとってかわるであろう新規製品の育成に注力した．

また，創設時に外部市場を担当していたA事業部は，内部市場に対して比

較的独立した位置どりをしていたが，2020 年度以降，内部市場と連動した取り組みをあらためて強化するようになった．その背景には，技術革新が激しい業界で新たな製品を生み出していくためには，親会社をはじめとする関連企業の技術力や資金力，営業チャネルが不可欠であるという，事業部長としての G の判断があった．こうして内部市場における関連企業との関係性が変化した結果，A 事業部の製品開発手法もさらに変化し，顧客開拓の仕方や収益構造のあり方も刷新されることになった．

組織のリーダーとしての学習と貢献

　A 事業部の創設以来 7 年間の歩みを三つの段階に分け，事業部長 G のマネジメント手法の変化と A 事業部の変化を確認してきた．これらの経緯からわかることは，G が状況変化に合わせて高次学習を行っていることである．たとえば，第 1 期ではそれ以前の大規模組織の運営手法から起業家的な少人数組織の運営手法に切り替え，第 2 期になると今度は起業家的な運営手法を手放し，新規事業と既存事業の統合的な運営手法を生み出すといったように，ステージが変化するたびに，G は以前のステージでうまくいっていた既存手法をアンラーンし，新規手法を創出している．調査期間中に確認された G のマネジメント手法（組織運営と製品開発の手法）の変化を図 3-7 にまとめる．

　A 事業部が直面した環境変化はいずれも急激かつ非連続的なものであり，第 1 期と第 3 期とでは，組織体としての A 事業部も A 事業部が行う事業も大きく様変わりした．この間の A 事業部の主要な変化を，G のマネジメント手法の変化を抜きにして考えることはできない．そして，三つの段階でなされた高次学習は同じ一つの高次学習の繰り返しではなく，前の段階で生み出された新規手法のアンラーニングも含む，異なる高次学習であった．

　むろん，何度か高次学習をしたというだけでは，高次学習に関する熟達（メタ学習）が起こったとは言い切れない．しかし，すでに見た通り，A 事業部では売上成長率や年平均成長率（CAGR）がそれぞれ市場平均を上回る比率で上昇している．マネジャーの学習が組織の業績に強く相関しているとするならば，これらの事象は事業部長 G の高次学習のパフォーマンスが次第に高くなったこと，つまり高次学習の熟達（メタ学習）が生起したことを強く示唆するものである．

【第3期】	アンラーンしたもの	新規創出したもの
2019〜21年度 ビジネスモデルの変更 （高次学習#3）	・従来型の小規模製品開発手法と販売体制 ・オフィスへの出社を前提とした対面での集団管理	・デジタル技術を取り入れた大規模な製品開発手法 ・分散環境（リモートワーク）での集団管理

【第2期】	アンラーンしたもの	新規創出したもの
2017〜18年度 既存事業の統合 （高次学習#2）	・外部市場に対応する迅速な製品開発手法 ・少人数チームでの起業的な集団管理	・新規事業と既存事業を統合する製品開発手法 ・仕組みやルールによる体系的な集団管理

【第1期】	アンラーンしたもの	新規創出したもの
2015〜16年度 事業部の立上げ （高次学習#1）	・内部市場向けの系列的な製品開発手法 ・大人数のプロジェクト組織の集団管理	・外部市場に対応する迅速な製品開発手法 ・少人数チームでの起業的な集団管理

図 3-7　事業部長の高次学習の事例

　それでは，第1期から第3期にかけて高次学習の仕方は具体的にどのように変化していったのであろうか．以降の節において，メタ学習のモデルに従ってこの変化を詳しく記述していく．

3.6　標準プロセスからの逸脱

　A事業部のように変化の激しい環境に置かれた組織では，組織においてルーティンとなっている制約から逸脱するような試行が一定量出現する必要がある．それまでにうまくいったやり方では必ずしも状況が打開できないばかりか，むしろ以前うまくいったやり方こそが，かえって当面する環境変化に適応することを妨げる場合があるからである．こうした制約緩和の積み重ねが既存手法のアンラーニングを促進し，新規手法の創出をもたらす．

　組織のパフォーマンスや学習に与える影響力が大きいのは組織の経営層やマネジメント層であり，公式のスピーチや文書よりも彼らの行動である．A事業部の場合は，事業部長Gが，事業部のメンバーにも確認できるような行動レベルにおいて，ルーティンにとらわれない試行をどれだけ行うかが，事業部の

学習や業績に大きな影響を与えると考えられる.

このような見方は直感に反するかもしれない.マネジャーとは混乱を嫌う存在であり,でたらめな状態を統制し,物事を整然と秩序化することこそが彼らの職務であるように思われるからである.けれども,ここでの対象は顧客や業務プロセスの安定した事業のマネジメントではなく,非連続的な環境変化が恒常的に起こるような組織のマネジメントである.マネジャーに求められているのは,単一の課題に対する正確さや速度を向上させるような学習(低次学習)ではなく,それ以前の成功事例をアンラーンしながら新しい解決策を生み出すような学習(高次学習)である.このような場合には,洞察問題解決と同様に,制約の緩和した多様な試行が重要な役割を果たす.

そうした試行の多様性を確認するために,分析―計画―実行という業務の標準プロセスと比較する必要性を述べた.Ｐ社には案件管理の規程が整備されており,Ａ事業部を含めたすべての組織に適用されている.この管理規程は案件やプロジェクトの工程と各工程に含まれるタスクや成果物を規定しているため,Ｐ社内のどのプロジェクトも,ある時点で管理規程の定めるどの工程にあるかを一意に同定できる.というのも,工程ごとに終了基準が設けられており,それが管理会計の仕組みと連動しているからである.

Ｐ社の管理規程は,前掲の標準プロセス(表3-6)と類似の構造を持っており,管理規程に含まれる工程やタスクは,分析―計画―実行という標準プロセスにほぼ一対一で対応する(表3-9).以下では,これらをまとめて「標準プロセス」と呼び,分析―計画―実行の各工程を「フェーズ」と呼ぶこととしたい.

理論的には,Ｐ社のマネジャーは標準プロセスに従って,各フェーズで期待される行動をとることが想定されている.それでは,標準プロセスからの逸脱はどのようにとらえられるだろうか.ここでは,起業家(Sarasvathy, 2022)や創造的なマネジャー(Mintzberg, 2009),高業績組織(Peters & Waterman, 1982)が標準プロセスに従わず,しばしば分析や計画策定よりも実行を先行させるという知見を踏まえ,行動の種類ではなく,行動の順序や出現タイミングの標準性を見ることとしたい.具体的には,表3-9の右端に記載された「市場データの収集」「プロジェクト計画・製品企画作成」「プロジェクト実施」などの期待行動が,実際に各プロジェクトのどのフェーズにおいて出現するかを調査する.

表 3-9　標準プロセスと P 社の管理規程

標準プロセス		P 社の管理規程			
フェーズ	概　要	工　程	タスク概要	終了基準	期待される行動
分　析	情報を集め，市場の需要を特定したり，問題の定義や目標設定を行ったりする過程	調査・分析	市場やニーズの調査，課題の探索	・調査報告書の完成，RFP の受領等 ・企画会議	・市場データの収集，競合調査 ・ヒアリングやアンケートによるニーズ調査
計　画	収集した情報とその分析結果をもとに，タスクやリソースを計画したり組織化したりする過程	企　画	製品企画，プロジェクト計画	・開発会議，受注会議 ・プロジェクト計画の承認，費用コード発行	・プロジェクト計画・製品企画作成 ・プロジェクト開始に向けた関係者の合意形成
実　行	モニタリングしながら計画を実行し，発生した問題に対処したり，完了後に評価したりする過程	開発・実行	資源調達，計画実施，評価・モニタリング	・開始会議，完了報告 ・終了会議 ・費用コード凍結	・プロジェクト実施 ・モニタリング，例外対処 ・計画の修正やプロジェクト評価

　分析にあたっては，事業部長 G が議題に対して意思決定者ないしは実行者として参加した会議のデータを用いる．A 事業部では新規製品の企画・開発からリリース後まで様々な会議が催されており，そうした会議への参加こそ，G が持ち時間の大半を費やしている主要な活動だからである．すでに説明した通り，P 社のある時点のプロジェクトは，必ず分析フェーズ，計画フェーズ，実行フェーズのいずれか一つのフェーズに位置づけられる．したがって，これらに付随する会議も，どのフェーズで開催された会議なのかが特定できる．ここでは，これらの会議において G がとった行動が，標準プロセスの本来どのフェーズで期待される行動だったかを集計する．

　標準プロセスを可能な行動の選択肢を限定する制約と見なせば，あるフェーズで行われた会議においてそのフェーズに期待される行動がとられた場合，それは制約を遵守した標準的な行動と解釈できる．一方，その会議の位置するフェーズとは異なるフェーズで期待される行動がとられた場合，それは制約の緩和した非標準的な行動となる．後者が標準プロセスからの逸脱に相当する．

　標準プロセスからの逸脱は，標準プロセスにおいてその会議が位置するフェ

第 3 章　フィールドでのマネジャーのメタ学習

表 3-10　会議における管理行動の分類

		会議の行われたフェーズ		
		分析フェーズ	計画フェーズ	実行フェーズ
事業部長 G がとった行動	分析フェーズで期待される行動	制約遵守	制約緩和（後行逸脱）	制約緩和（後行逸脱）
	計画フェーズで期待される行動	制約緩和（先行逸脱）	制約遵守	制約緩和（後行逸脱）
	実行フェーズで期待される行動	制約緩和（先行逸脱）	制約緩和（先行逸脱）	制約遵守

ーズよりも後のフェーズで期待される行動を先行してとった場合（先行逸脱）と，その会議が位置するフェーズよりも前のフェーズで期待される行動を後からとった場合（後行逸脱）の 2 種類に分類される．先行逸脱とは，分析フェーズの案件の会議において実行フェーズで期待される行動をとるなどのケースを指し，後行逸脱はそれとは逆に，すでに実行フェーズにある案件の会議において計画フェーズで期待される行動をとるようなケースが該当する．

　なお，一つの会議においてマネジャーがとる行動は単一ではない．たとえば，1 回の会議の中で，ある案件をめぐって顧客の背景やニーズを探る（分析フェーズの期待行動），想定されるスケジュールを議論する（計画フェーズの期待行動），製品をその場で実際に試作する（実行フェーズで期待される行動）などが同時に行われることもしばしばである．そのような場合は，当の会議全体において中心となる行動を特定し，制約遵守，制約緩和（先行逸脱），制約緩和（後行逸脱）のいずれか一つに分類することとする[4]．

　調査期間中に取得した会議データのそれぞれにおいて G がとった行動を制約遵守，制約緩和（先行逸脱），制約緩和（後行逸脱）の三つに分類し，年度別に集計すると，各々の行動の出現率は図 3-8 のような推移をたどっていることがわかった．

　図 3-8 のデータによれば，2015 年度から 2017 年度までは制約遵守型の行動が 80％近くを占めており，制約緩和型の行動は先行逸脱・後行逸脱の双方を

---

4)　不明点を生じた場合は，事業部長 G がその会議のねらいや主たる成果をどのようにとらえているかを確認の上，分類した．

155

図 3-8 管理行動の多様性

下段の表は制約遵守型・制約緩和型の各行動の出現回数を，上段の棒グラフは年度内に確認された行動の総数に対する制約遵守型・制約緩和型の各行動の出現比率を示す．

合わせても20％前後にすぎない．しかし，2018年度を境に制約遵守型の行動の比率が大きく下がり，2021年度には40％を切った．そのかわりに増えたのが制約緩和（先行逸脱）型の行動で，2021年度には50％以上を占めるまでになった[5]．先行逸脱は，標準プロセスにおいて後工程で期待される行動を，それより前工程で先行して行う行動を指す．具体的には，分析フェーズにおいて計画作成や関係者の巻き込みを行ったり，計画フェーズで製品の試作など実行フェーズの作業を行ったりすることである．つまり，Gの管理行動は，特にプロジェクトの早期フェーズ（分析フェーズと計画フェーズ）において多様化したと言うことができる．

問題解決の初期において多様性が高くなる傾向は，第2章の図形パズルの熟達者にも共通して観察された傾向である．図形パズルの熟達者の場合，様々な問題に対して，手数の早い段階での試行の多様性（初期多様性）が増加していた．初期多様性の高さは，問題空間が適切に制約できない悪定義問題の場合に特に重要となる．第2章の熟達者と同様に，非連続な環境変化の常態化に

---

[5] 先行逸脱が50％以上となったのであれば，組織の標準プロセス自体を見直すべきとも考えられる．実際，調査期間中に，Gは経営幹部や総務部門に対し管理会計の仕組みの変更を何度か提案したものの，実現には至らなかった．

直面したマネジャーも，組み合わせ的爆発（combinational explosion）[6] が生じる手前の段階で，すなわちプロジェクトの分析フェーズや計画フェーズにおいて探索範囲を広くとることによって，見込みのある新たなオペレータを見つけ出す確率を高めているものと解釈できる．

制約緩和（後行逸脱）型の行動についても触れておこう．後行逸脱は 2015 年度には観察されなかったが，2016 年度からは数%，2019 年度以降は 10%程度の割合で出現している．後行逸脱には大別すると 2 種類があった．第一はやり直しである．具体的には，実行フェーズになってプロジェクト計画の不備が見つかり，計画を修正する，あるいは計画作成中に状況が大きく変化したため，分析フェーズに戻って調査をやり直すなどの行動が該当する．第二は，プロジェクト内での別プロジェクト組成である．このタイプには，プロジェクトの計画中ないしは実行中に，副産物として別の新規プロジェクトが考案されて，当初プロジェクトの予算内で実施された例や，あるプロジェクトが進行中の他のプロジェクトと合流して別プロジェクトが生み出され，並行して実施された例などが含まれる．なお，調査期間中に後行逸脱は増加したものの，A 事業部における遅延，原価増，開発中止などのアクシデントの発生率は減少している（表 3-8）．

標準プロセスに準拠した行動（制約遵守型の行動）の出現率が減り，標準プロセスからの逸脱（制約緩和型の行動）の出現率が増えるという全体的な推移は，G の管理行動の多様性が増したことを意味している．第 2 章での洞察の熟達に関する事象モデルの共分散構造分析からも示唆されたように，試行の多様性は評価の適切性よりも強く高次学習のパフォーマンスに影響する．試行にある程度以上の多様性がなければ，そもそも適切な解を含む問題空間に行き当たらないからである．同様に，標準プロセスからの逸脱の増加はマネジャーの高次学習の熟達（メタ学習）に対しても大きな影響を及ぼしたものと考えられる．

標準プロセスからの逸脱は，ただ単に後続工程で予定されたタスクを前工程で実施したり，前工程の作業が遅れて後続工程にずれ込んだりしたものではな

---

6) 組み合わせ的爆発（combinational explosion）とは，考慮すべき要素の数が増えることによってそれらの組み合わせの可能性やとりうる手順が爆発的に複雑化し，有限時間では処理できないほど計算量が増加することである．

いことに注意する必要がある．それらの多くは，既存手法のアンラーニングや新規手法の創出に結びついていた．これについては 3.8 節であらためて論じる．

また，標準プロセスからの逸脱の増加は，あくまでも出現頻度の変化であったことも特記すべきである．標準プロセスからの逸脱は調査初年度から発生している一方，最終年度においても 40% 弱は標準プロセスに準じた行動がなされている．A 事業部は何度か突然の変化に見舞われた組織であるが，G の行動は，ある時期から突然かつ完全に制約遵守型から制約緩和型に切り替わったわけではない．変化したのは様々な行動の出現頻度であり，標準プロセスに準じた行動も常に出現していることを忘れてはならない．

最後に，標準プロセスからの逸脱の増加がポジティブな意味を持つのは，あくまでも非連続的な環境変化が常態化した状況においてである．安定した環境ではこうした逸脱は抑制すべきノイズであり，かえって組織パフォーマンスを損ねることがあるのは言うまでもない．

3.7 早期フェーズの修正判断

標準プロセスから逸脱した行動の出現率が増えれば，通常では見つけられない解決策を見つけたり，生み出したりする確率が高まる一方，組織が混乱したり，プロジェクトが失敗したりする確率も高まる．A 事業部のような小規模組織で，事業部長 G のように影響力のある人物が組織のルーティンとしての標準プロセスを逸脱する行動をとり続ければ，早晩組織運営に支障をきたすことは避けられない．こうした事態を防ぐために必要となるのが，試行に対する適切な評価である．それは逸脱的な試行やその試行による結果を評価し，見込みのあるルートとそうでないルートを選別する機能を果たす．本節では，事業部長 G の会議における意思決定の内容とタイミングについて詳しく分析することで，評価の適切性にどのような変化が見られたかを確認する．

前掲の標準プロセスに従うと，あるプランや行動に対する評価が行われるのは，通常は実行フェーズにおけるモニタリングによってか，あるいはプロジェクトが完了して最終報告を行うときである．情報の乏しい初期段階に比べ，プロジェクトの終盤になればなるほどプロジェクトの評価は容易になる．開発し

ている製品の姿かたちや製品開発に関わる財務実績が最終形に近い形で現れるためである.

これに対してイノベーティブな組織は,プロセス上のより早い段階で試行に対するフィードバックを得,短いサイクルで頻繁に軌道修正を行うことが知られている(Kelley & Littman, 2001; Peters & Waterman, 1982).第2章の実験においても,図形パズルの熟達者は組み立てるピースの数(手数)が少ない段階でのやり直しが多く,最終的な結果が明らかとなる以前にピースの配置の良し悪しを見きわめるようになっていた.これらを踏まえると,マネジャーの熟達過程において,標準プロセスのより早い段階で,頻繁にプランや行動の修正が行われるようになっていくことが予想できる.すでにその兆候は,会議における制約緩和(先行逸脱)型の行動においても見て取ることができた.

マネジャーの行動をゴールに向かう道筋を探索しながら次のステップに進んでいく過程としてとらえると,ある行動をとった後,次のステップに進むのか,立ち止まるのか,ないしは戻るのかを調べることで,マネジャーの,現状や自身の行動に対する評価の一端を見ることができるだろう.ここでは,前節に続きGが意思決定者あるいは実行者として出席した会議のデータを用いる.前述の通りP社の会議は分析,計画,実行のいずれかのフェーズに位置づけることができる.会議が案件のどのフェーズで行われたかと,その会議においてどんな決定がなされたかをつき合わせれば,マネジャーがどの段階でどのような評価を行っているかを知ることができる.

そこで,Gが意思決定者ないしは実行者として臨んだ会議の決議事項,すなわち議論された案件やタスクをめぐってどのような決定がなされたかを分類する.決議事項には,会議で議論された内容に対して何らかの修正を求めるものと,大きな修正はなくそのまま進めることを承認するものの2種類がある.これらを細分したものを表3-11にまとめる[7].

意思決定の七つの区分について,定義と典型的な事例を示す.

---

7) これらの意思決定の区分は本調査以前の予備調査で作成し,Gと検証の上確定したものである.集計にあたっては,ある会議の主題に対してなされた中心的な意思決定を特定し,七つの区分のうちいずれか一つを割り当てた.不明点を生じた場合はGに確認の上分類した.

表 3-11　会議における決議事項の分類

大区分	小区分	定　義
修正あり	①中止	議題となっている案件やタスクを中止し，再開しないことを決める
	②停止	議題となっている案件やタスクを，何らかの状況変化が認められるまで停止（休止）することを決める
	③後退	議題となっている案件やタスクについて，より以前の工程に戻ってやり直すことを決める
	④前進（6種類以上の修正）	議題となっている案件やタスクについて，当初の方向性を維持しながら，6種類以上の修正をした上で，次の段階に進めることを決める
	⑤前進（大きな転換）	議題となっている案件やタスクについて，当初の方向性とは大幅に異なる方針転換をした上で，次の段階に進めることを決める
修正なし	⑥前進（5種類以内の修正）	議題となっている案件やタスクについて，当初の方向性を維持しながら，5種類以内の修正をした上で，次の段階に進めることを決める
	⑦前進（修正なし）	議題となっている案件やタスクについて，何らの修正や注文なしに次の段階に進めることを決める

3.7.1　修正ありの意思決定

①中止

議題となっている案件やタスクを中止し，再開しないことを決める．

　顧客より新規引き合いがあり，営業担当者と A 事業部の担当者との打ち合わせに参加する．G は当初からこの顧客に提案対応することに消極的だった．協議の末，結局この引き合いには A 事業部は対応しないことが決まる．営業担当者は受注機会を逃して残念そうだが，G は譲らなかった．

（2017 年 6 月／分析フェーズ）

②停止

議題となっている案件やタスクを，何らかの状況変化が認められるまで停止ないし休止することを決める．

　部下 5 名が参加する会議で，翌月から始まる予定のイベントについて相談を受ける．近々，新型コロナウイルスによる緊急事態宣言が発令されるとの憶測が広がり，予定通り製品がデリバリーできるか不確実な情勢である．会議の席では様々な成り行きのシミュレーションと，スケジュールの確認が行われる．期間もないため，部下たちはすぐにでも決定したそうであっ

たが，Gは準備だけ整えた上で，ぎりぎりまで待つよう伝える．（2020年
3月／計画フェーズ）

③後退

議題となっている案件やタスクについて，より以前の工程に戻ってやり直す
ことを決める．

部下2名より，昨年度からの継続顧客に対して，今年度どのような提案
をするかの相談を受ける．部下の提示したプランに対し，Gの反応はよく
ない．昨年度の実施結果と，類似の別事例を見直して，1週間後に再度プ
ランを見せるよう指示する．最後にGは「部内の会議なのだから，きれ
いな資料にしなくていいから」とつけ加える．（2016年9月／計画フェーズ）

④前進（6種類以上の修正）

議題となっている案件やタスクについて，当初の方向性を維持しながら，6
種類以上の修正をした上で，次の段階に進めることを決める．

ここでは，修正事項の件数ではなく，個々の修正事項が何に対する修正を求
めているかをいくつかの種類に分けてその数を計算する．修正の種類とは，た
とえば製品のターゲット顧客，売価やコスト，開発手法，スケジュール，開発
委託先との取引関係，関係者との調整，資料の再構成，資料内の誤字脱字修正
などである．誤字脱字の修正指示が5件あったとしても，修正のカテゴリと
しては一つとなるので，ここでは1種類とカウントする．

現在開発中の製品の設計書とできあがった一部分を部下が説明し，Gのレ
ビューを受ける．開発スケジュールの締め切りを確認した後，部下の説明
を聞きながら手帳にメモした内容をもとにGがコメントを返す．一つコ
メントするごとに新たな議論が始まり，なかなか終わらない．最終的に，
製品の提供順序の入れ替え，一部のモジュールの作り直し，開発協力して
いる社外の有識者に対する委託内容の交渉，開発スケジュールの組み直し，
事前デモンストレーションの追加，資料内のキーワードの表現変更など，
6種類計20件近くの修正が決まり，そのうち2件はG自身が手を動かし
て対応することになった．（2018年6月／実行フェーズ）

⑤前進（大きな転換）

議題となっている案件やタスクについて，当初の方向性とは大幅に異なる方

針転換をした上で，次の段階に進めることを決める．

　何が大幅な見直しとなるかは案件によっても異なるが，たとえばある製品と別の製品を統合する，ある製品をまったく異なる価格帯に位置づける，開発スケジュールを当初の3分の1以下に短縮するなどが該当する．

　　顧客および部下が参加する会議で，今後のコンサルティング案件の進め方を協議．議論があちちに発散したが，Gの発言をきっかけにして，プロジェクトにおいて当初想定していたよりもスコープを大幅に拡大することが決まる．顧客が退席したあと，Gは部下に対して再度工数見積をして顧客に対して予算増の交渉をすることと，担当メンバーを一人増やすことを指示する．部下は心配げな様子だが，Gはうまく調整できると考えている．（2021年9月／計画フェーズ）

3.7.2　修正なしの意思決定

⑥前進（5種類以内の修正）

　議題となっている案件やタスクについて，当初の方向性を維持しながら，5種類以内の修正をした上で，次の段階に進めることを決める．

　種類の定義は「④前進（6種類以上の修正）」と同様である．このタイプの決議事項は厳密には「修正あり」にあたるが，A事業部の会議ではこうした軽微な修正がいくつか発生するのが常態であり，このレベルの修正であれば社員も「特に大きな変更はなく承認された」と受け止めるため，「修正なし」に分類することとした．

　　今年度リリースした製品を初めて顧客に提供している担当者がGに呼ばれてプロジェクトの現状を報告する．様々な文書が入れ代わり立ち代わり画面に表示される．Gが次々と質問をし，そのつど様々な資料が画面に表示される．その場で新たに関係者への連絡，スケジュールの一部前倒し，顧客に対する中間報告の実施などが決まり，最後に担当者が走り書きした決定事項のメモを読み上げて会議が終わる．（2020年5月／実行フェーズ）

⑦前進（修正なし）

　議題となっている案件やタスクについて，何らの修正や注文なしに次の段階に進めることを決める．

部下 2 名が引き合いのあった案件についてシステム構成や開発スケジュール，費用などの概要を提案前に G に確認する．何度か類似の案件を受託していたこともあり，会議はスムースに進む．G もそのまま通すつもりで聞いているようである．最後にいくつか質疑がなされた後，部下の持ち込んだ内容で提案に進むことが承認される．メンバーは別の話題を話し始める．（2015 年 12 月／分析フェーズ）

3.7.3　意思決定の内容とタイミング

以上の枠組みに従って，2015 年度から 2021 年度にかけて G が参加した会議の決議事項を分類すると，図 3-9 の通りとなった．

全体として修正あり（①〜⑤）の意思決定が約 70 %，修正なし（⑥〜⑦）の意思決定は約 30 % であった．2021 年度は 2015 年度に比べ，修正ありの意思決定が約 15 % 多く，2015 年度から 2021 年度にかけ，修正ありの意思決定がわずかながら増加しているように見受けられる．

次に，意思決定の種類別の内訳を図 3-10 に示す．調査期間を通じて最も多いのは，方向性を維持しながら 6 種類以上の修正を決議する会議（④）であり，5 種類以内の修正を決定する会議（⑥）がこれに続く．中止（①）や停止（②），大きな転換を伴う前進（⑤）はわずかであった．これらのことからわかるのは，G の意思決定の多くは漸進的なものであり，中止したり方向転換したりするよりは，案件を前進させながら調整していくことが多いということである．

A 事業部が新規事業開発を担う部署であること，大きな環境変化に何度か見舞われ頻繁に体制や業務フローを見直しながら成長してきたことを考え合わせると，これはやや意外な結果かもしれない．そのような事業部であれば，非連続的で大胆な意思決定（たとえば，思い切った路線変更，痛みを伴う撤退や損切り）が頻繁になされているようにも想像される．しかし，少なくとも A 事業部の責任者としての G の 7 年間のデータにおいては，そのような大胆な意思決定はあったにせよ数えるほどであり，多くは漸進的な軌道修正であった．これらの事実は，現実の政策的意思決定が多くの場合与えられた状態をもとにした漸進的な修正となるメカニズムを論じた Lindblom（1959）を想起させる．

他方，調査期間を通じて変化が見られたのは，意思決定の内容ではなく，意

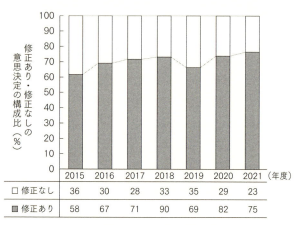

図 3-9 意思決定における修正の有無

下の表は修正あり，修正なしの各々の意思決定の年度別の件数を，上の棒グラフは年度内に確認された意思決定の総数に対する修正あり，修正なしの各々の意思決定の構成比を示す．

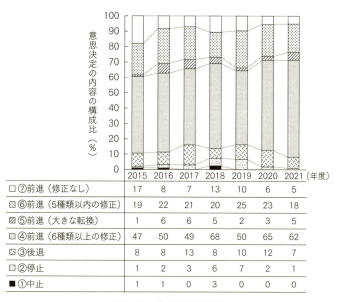

図 3-10 意思決定の内容

下の表は意思決定の内容別の件数を年度別にまとめたもの．上の棒グラフは年度内に確認された意思決定の総数に対する，意思決定の内容別の構成比を示す．

第 3 章　フィールドでのマネジャーのメタ学習

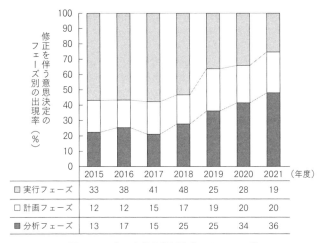

図 3-11　修正を伴う意思決定のタイミング

下の表は各フェーズでなされた修正を伴う意思決定の件数を，上の棒グラフは各年度になされた修正を伴う意思決定の総数に対して，各フェーズでなされた意思決定の構成比率を示す．

思決定のタイミングである．図 3-11 は修正を伴う意思決定（①〜⑤）が，プロジェクトのどのフェーズで出現したかを年度別にまとめたものである．

2015 年度には修正を伴う意思決定の 60% 近くが実行フェーズでなされ，分析計画フェーズでの決定は 40% 程度であった．この傾向はおおむね 2018 年度まで続いている．2019 年度になると実行フェーズでの修正を伴う意思決定は 40% 弱に減少し，分析＋計画フェーズでの修正が約 60% に増加する．この傾向は調査最終年度まで続き，2021 年度では実行フェーズでの修正を伴う意思決定は 20% 台まで減少した．特に増加したのは分析フェーズでの修正であり，2021 年度には 50% 近くの修正が分析フェーズで行われている．

以上より，G の意思決定の種類に顕著な変化は見られなかったが，修正を行う意思決定のタイミングはより早くなったと結論できる．これはプロジェクトが最終形に近づくよりもずっと手前の段階で，何らかの判断材料に基づき軌道修正を図るようになったこと，つまり，より適切な評価ができるようになったことを意味する．標準プロセスの逸脱と同様，これらの変化もまた漸進的な頻度変化として現れたものである．

3.8 高次学習の仕方の変化

ここで，標準プロセスからの逸脱（3.6）と早期フェーズの修正判断（3.7），そしてマネジメント手法（3.5.2）を関連づけながら，事業部長 G の高次学習の仕方がどのように変化したかを述べる．

第 1 期（2015 ～ 16 年度）は A 事業部の立ち上げ期であり，規模の大きな組織の運営から少人数での新規事業開発へとミッションが変化した時期である．この状況は管理行動にも大きな変化を要請するように思われるが，実際にとられた行動のうち 80% 近くは制約遵守型であった．非連続な環境変化にもかかわらず，この段階では，まだ G は多くの場面において標準プロセスに則った，従来的な管理行動をとっていたことになる．その一方，20% 程度出現している制約緩和（先行逸脱）型の行動は，この時期に取引が始まり，その後重要な大口顧客となる取引先とのプロジェクトに集中して発生している．この顧客は要求水準が高く，意思決定も早かったため，P 社の標準プロセスに沿った制約遵守型の対応だけでは満足させることができなかった．先行逸脱が増えたのは，この顧客を何とか攻略しようと，通常ではとられないような様々な試行錯誤をしたためである．ここでの行動が糸口となって，起業家的な組織運営と新たな製品開発手法ができあがり，他社にも展開できるいくつかの製品が生み出されると同時に，内部市場向けの製品知識や業務手順，大人数で整然と分業して進める運営手法などのアンラーニングが促された．

他方，第 1 期では修正を伴う意思決定の 60% 弱が実行フェーズでなされている．これは，新しい大口顧客への対応を通じて標準プロセスからの逸脱が出現したものの，まだ手戻りが多く，プロジェクトの実行局面になって頻発する修正対応に追われていたということである．

第 2 期（2017 ～ 18 年度）は新規事業と既存事業を統合した時期である．2017年度の制約緩和型の行動の出現率や，修正を伴う意思決定のフェーズ別の出現率は，第 1 期とあまり違いはない．はじめのうち，G は新しく所管することになった既存事業に対して，新規事業の製品開発手法や組織運営手法をそのまま適用することはせず，既存事業の担当者に親和性の高い，標準プロセスに則っ

た制約遵守型の管理を行った．2017年度の途中からGは新規事業と既存事業をどのように統合するか試行錯誤を始める．この年度に出現した20％ほどの制約緩和（先行逸脱）型の行動は，新規事業だけでなく，新たに受け持った既存事業においても出現している．この取り組みは必ずしもうまくいかず，Gは自分が新規事業に注力すると既存事業で問題が起こり，既存事業をテコ入れすると今度は新規事業が停滞するといったジレンマに直面した．2017年度に制約緩和（後行逸脱）型の行動が微増したのは，手戻りややり直しが増加したためである．

こうした行き詰まりの中，Gはそれまで別チームとなっていた新規事業と既存事業の担当者を混ぜ始めた．はじめは一つのプロジェクトで，次いで組織全体でチームを再編成し，すべてのチームが新規事業と既存事業の両方を受け持つようにした．これによって，Gがどちらかに肩入れをせずとも，既存事業で制約緩和型の行動が起こったり，新規事業で制約遵守型の行動が起こったりするようになった．また，この過程で組織運営や製品開発の手法が新旧で統合され，既存事業と新規事業の組み合わせによる相乗効果や，担当者の足並みを統制するための様々な仕組みが生み出された．同時に，チームを再編して要所にリーダーを配置した結果，G自身による直接コントロールの比率が減り，Gが新規事業と既存事業のどちらを重点的にケアするかによっていずれかで問題が発生するという当初のジレンマも解消された．

このようなマネジメント手法の変化により，2018年度には新規事業と既存事業の双方において制約緩和（先行逸脱）型の行動が一挙に増加し，外部市場と内部市場の双方で新たな製品が生み出されることになった．

ただし，修正を伴う意思決定の半ば以上は，依然として実行フェーズでなされている．すなわち，新規事業においても既存事業においても標準プロセスからの逸脱が発生するようになったが，実行段階になって生じる様々な仕様変更を事前に統制することはできていない．

第3期（2019〜21年度）には，A事業部はコロナ禍とデジタル技術の急速な進展に直面した．Gはリモートワーク環境での集団管理に切り替え，デジタル技術を中心とした新たな製品開発手法を模索した．この過程で制約緩和（先行逸脱）型の行動が40％を超えるとともに，制約緩和（後行逸脱）型の行動も10％

以上出現するようになった．後者は第1期や第2期のそれとは異なり，プロジェクトの実行フェーズで次のプロジェクトに向けた仕込み（調査や企画）を行うようになったためで，これは新しい製品開発手法の一部として定着した．さらに，Gは制約緩和（先行逸脱および後行逸脱）型の行動において，より広範囲に将来の顧客や協力先の候補と接点を持つようになった．こうしたことから，第3期に至って実行フェーズでの修正を伴う意思決定が急減し，2021年度には20％強に抑制されている．これは，実行フェーズになってから仕様変更が生じないように，それ以前のフェーズで先んじて軌道修正を行うようになったことを表している．

　2019年度を境とした意思決定の迅速化は，2018年度における制約緩和（先行逸脱）型の行動の増加を後追いする形で生じたものである．2017年度から2018年度にかけて，Gはプロジェクトの各フェーズにおいて，標準プロセスから逸脱する行動，特に後工程のタスクを前工程に織り込むという先行逸脱行動を増やすようになった．こうして分析フェーズや計画フェーズでの探索が頻繁になされるようになるのにつれて，顧客など関係者との相互作用も増加し，2019年度からは案件の早期段階で多くの修正がなされるようになったのである．

　標準プロセスからの逸脱と早期フェーズでの修正判断の変化をあわせてたどり直すことで，高次学習の仕方がどのように変化していったかがはっきりする．はじめ学習はおおむね標準プロセスの範囲内で生じた．すなわち試行の多様性は低く，修正は主に実行フェーズになってからなされた（第1期）．その後徐々に標準プロセスからの逸脱頻度が高まり，探索範囲が拡大したものの，依然として実行フェーズでの修正が多く，探索ルートを先まで進んでからやり直す方式が中心であった（第2期）．調査期間の後半になると，標準プロセスからの逸脱がさらに増加し，プロジェクトのより早い段階で多様な試行がなされるとともに，修正を伴う意思決定も早い段階で行われるようになった（第3期）．このため，多くのプロジェクトが初期段階に発散して収束し，終盤になっての，取り返しのつかない，あるいはコストの高くかかるような修正はむしろ減少していったのである．

　まとめよう．フィールド調査の期間中にGは3回の高次学習を行っているが，

第3章　フィールドでのマネジャーのメタ学習

第1期では試行の多様性と評価の適切性は必ずしも高くはなかった．その後，第2期で試行の多様性が高まり，第3期では評価の適切性も高まった．このように高次学習の仕方が変化したことによって学習効率が高まり，高次学習のパフォーマンスも向上した．それがA事業部の業績や成長率の向上に結びついたものと考えることができる．

　試行の初期多様性と早期の修正がともに増加することでパフォーマンスが向上するという傾向は，第2章で図形パズルの熟達者が示した傾向，すなわち問題解決の初期段階（2手目の組み合わせ）の多様性が増し，この段階で機敏に修正するようになる一方，問題解決の終盤での試行錯誤（4〜6手を組み合わせる悪手）は減っていくという傾向と類比的なものである．

3.9　創発的なゴール設定

　本節から3.11節までは，外的資源との認知的協調の側面から事業部長Gの行動を分析する．中でも組織運営の基本的な要素となる，目標設定，計画立案，計画の実行の三つに焦点をあてる．ここでの主題はそのうちの最初の一つ，目標（ゴール）の設定である．

　前節では，標準プロセスからの逸脱行動が増加すること，また分析フェーズや計画フェーズで修正を伴う意思決定が多くなされるようになったことを確認した．だが，顧客のニーズや解くべき問題が定義されておらず，どんな製品を作るかも決まっていない段階で，なぜマネジャーは資源を調達したり，製品を作ったりする／できるのだろうか．また，そもそも目標が不明瞭な段階において，マネジャーは何を根拠に状況の良し悪しを評価し，軌道修正を行っているのか．

　これらのことはいずれも，目標状態に関する十分な情報が与えられていなかったり，時間の経過とともに目標とすべき状態が常に変化していくような条件下において，マネジャーは一体どのようにしてゴール（目標）を生成したり参照したりしているのかという問題と密接に関わっている．フィールド観察から，典型的な制約緩和（先行逸脱）型の行動の事例を取り上げて分析してみよう．

169

3.9.1 事例：戦略的製品の開発

2018 年度に制約緩和（先行逸脱）型の行動が増えるきっかけとなった，A 事業部による戦略的製品の開発事例を取り上げる．この製品は P 社でもこれまで手がけたことがないような複合的な製品で，開発規模も大きなものだった．事業部長 G には早くからこの製品が親会社や親会社の顧客に受け入れられるはずだという確信のようなものがあったが，初期段階で決まっていたのはごく大まかなアウトライン（たとえば，デジタル技術をテーマにすることや，数千万円程度の開発投資をかけるつもりでいること）のみであり，具体的にどんな製品になるのかは明確ではなかった．製品の内容や使用する技術だけでなく，目指す市場や競合製品との違い，この製品が目標とする売上規模など，通常なら製品開発の初期に定めるべき要件や目標も，特に設定されていなかった．

この事例で G は，明確なゴールが定義されておらず，組織的にも未承認である段階から，計画を立てて関係者を仲間に引き入れたり（計画フェーズで期待される行動），製品のさわりを作って顧客を見つけたり（実行フェーズで期待される行動）していた．これらはどれも先行逸脱行動に該当する．

はじめ G は，部下にデジタル技術に関係のある P 社の既存製品を並べた製品体系図を 1 枚用意させ，この資料を別の打ち合わせのついでに，親会社や開発委託先のメンバーに見せては意見交換するようになった．こうしたやりとりを 1 カ月ほど続けているうちに，新たに開発したいと考える製品が，想定する顧客（ユーザ）に応じて何種類かに分かれること，これまでの製品より高単価で規模の大きなものとなりそうなことが明確になってきた．G はこの領域に詳しい部下 1 名と何度か議論をして，これらの大まかな構想を 1 枚の資料にスケッチとしてまとめた．

初期構想が資料にまとまると，G は再び社内外の関係者とこの資料をもとに話をするようになった．正式な打ち合わせを申し込んで話をすることもあれば，別の会議の途中に話の流れをとらえて説明し始めたりすることもあった．過去に例のない製品だったため，社内の経営層や営業部門は懐疑的な反応だった．一方，社外の関係者や将来顧客になりそうな取引先の中には，この製品を取り入れたいとか，別の顧客に紹介したい，あるいは一緒に作りたいなどという人々が現れ始めた．G が構想している製品はまだ社内で開発着手の承認を得て

いないが，Gは開発協力を申し出た相手には「ぜひ一緒に作りましょう」と約束し，製品に興味を持った顧客候補には大まかな費用見積もりを伝えて来年度の予算に組み込むよう依頼していた．

この頃からGはA事業部内で2名の部下を集め，一緒に初期構想をふくらませたり，さらに社外の開発協力者を募ったりした．また，親会社のとある事業部に呼びかけて，親会社の顧客向けにこの製品を提供するための枠組み作りを始めた．こうした働きかけを続けていく上では，どのような製品を作ろうとしているかの具体的なイメージを伝える必要が出てくる．そこでGは部下に命じて簡易なプロトタイプを作らせたり，デモンストレーションをさせたりしていた．こうして非公式に制作したプロトタイプを材料に，Gは将来の見込み顧客の反応を探り，それを材料にして製品の設計を変更したり，製品開発の実現性や販売の可能性に対して懐疑的な経営陣や営業部門を説得したりした．多くの関係者から様々なフィードバックを受け取った結果，製品の全体像は，当初の構想とはだいぶ異なったものに変化していった．

この製品の開発着手がP社内で正式に承認されたのは，さらに数カ月後のことである．Gとそのチームが競合製品の調査を始めたのは正式に社内承認を得るための資料を作っているときであり，売上目標や投資回収計画を立てたのもそのときだった．一方，P社内で開発着手が認められたときには，開発協力者や，この製品がリリースされたら導入したいという見込み顧客が周囲におり，他社と共同でニュースリリースを発行することまで決まっていた．

P社内で承認を得るまでの活動は非公式に進められており，Gは事業部の予算の中からこっそりこれらの活動資金を捻出していた．ただし，すべてをまったくの極秘裏に進めていたわけではなく，経営幹部にそっと予告するなどのセーフティネットを張っていた．もっとも，経営幹部や他部署の主要メンバーにどんな情報を報告し，どんな情報は報告しないかは，G自身が統制していた．

この製品はその後，半年ほどの開発期間を経て，新型コロナウイルスが拡大する中で市場投入され，P社の外部市場の開拓に貢献した．

3.9.2　事例に見るゴール創発の特徴

この事例に見られる顕著な特徴は，その非公式性である．Gが取り組んでい

た様々な目論見がP社内で公式な計画として承認されたのは，一連の活動の数カ月後であった．プロジェクトのフェーズと管理会計が密連携しているP社において，これらの活動は非公式のスカンクワークとして展開されていた．

計画が承認される前に非公認の活動が展開される現象は，「密造（bootlegging）」（Mainemelis, 2010）や「バイ・イン」（Kanter, 1984）と言われ，イノベーションを促す創造的逸脱として広く認められている．Gは自身の取り組みが規程違反として問題になったり，社内の反対にあって頓挫したりしないように，早いうちから幹部に状況を知らせる，顧客や社外の重要なステークホルダーの支援をとりつける，自身の裁量できる範囲内で支出をコントロールするなどの対処策を講じ，組織的な「保険」をかけていた．このような工夫は，Gが自身で会社を創設する起業家（アントレプレナー）ではなく，組織内の資源を使って事業や製品を開発する社内企業家（イントレプレナー）に近い存在であるために要請されたものであろう．

もう一つの特徴はプロセスの偶発性である．この事例では最終的に戦略的製品が出来上がり，P社の売上向上に貢献するようになった．このような結果から振り返ると，一連のプロセスがこれらの結果を目指して進められた過程であったかのように見える．しかしながら，実態としては事前に明確な計画は存在せず，最終的な成果も「それを目指して」獲得されたものではなかった．Gは既存製品の一覧表を様々な外部接点で紹介し始めるところからスタートし，まるでわらしべ長者のように，あちこちを動き回ることによっていつしか開発協力者や将来の見込み顧客を生み出していった．

特に目につくのは，Gがもともと設定されていた別の会議に飛び入りしたり，会議の参加者に紹介されたりして，ネットワークの即興的拡張が生じることである．この期間にGは製品開発に関わる会議に44回参加し，自身が所掌するA事業部を除き，計12組織と接点を持った．このうちマネジャーが当初から接点を持っていた組織は5組織のみであり，残り7組織は既存の接点からの紹介や会議への飛び入りによって新規に生み出された接点である（図3-12）．これらの訪問先の一部は最終的に製品開発協力者となり，あるいは最初の顧客となった．このように，偶発的に生み出される経路上を移動していく過程で，協力者や顧客の獲得（計画フェーズの期待行動），即席でのプロトタイプ作成（実

第 3 章　フィールドでのマネジャーのメタ学習

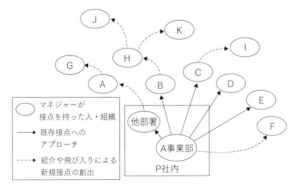

図 3-12　ネットワークの即興的拡張

行フェーズの期待行動）などの制約緩和（先行逸脱）型の行動が出現していた．

　こうしたネットワーク拡張が可能となる理由の一つは，出発点となる既存接点（この事例では P 社の A 事業部や他部署，社外の取引先 B，C，D，E）との関係性が良好に保たれていることである．もう一つの理由としては，日頃から G が周囲からの割り込みや中断に対して寛容な姿勢をとっているため，周辺で発生する様々な機会を認識しやすいことが挙げられよう．

　こうして目指すべきゴールが漸次的に創発した．この事例における戦略的製品のコンセプトは分析的に策定されたものではなく，一連の過程を通じて創発してきたものである．スタート時点で G が持っていたのは，既存の商材や不完全な将来構想にすぎなかった．G ははじめに攻略すべき市場を特定したり，期待される成果目標を定義したりするのではなく，その時点でのあり合わせの材料を持って，顧客や関係するステークホルダーとの会話を始めた．非公式的で偶発的な会合を続けるうちに，相手からフィードバックが得られ，フィードバックを反映して修正したアイデアを別の相手に示すと，さらに新たなフィードバックが得られてアイデアが変化するといった具合に，次第に目指すべきゴールや取り組むべき事項ができあがっていった．これらの過程は，G とその周辺の関係者による分散推論（Dunbar, 1995）[8] に近い側面を持っている．また，

---

8) 科学の研究室の会議を調査した Dunbar（1995）は，どの研究者の推論も，会議での議論を通じて限定，拡張など様々な修正を受けており，推論が研究室のグループ全体で分散して行われていると主張した．

複雑な相互作用の結果として当初の意図には含まれない何かが立ち現れるという点では，創発的戦略（Mintzberg & Waters, 1985）の形成過程とも似通ったものであった．

　ゴールを創発させるこれらのプロセスは，同時に味方と資源の獲得にもつながっていた．この事例においてGは芋づる式に関係者のネットワークを広げていき，それらの関係者が最終的には顧客や開発協力者になったのである．ネットワークが拡大していく過程をよく見ると，それがタスク主導（task-driven）ではなく，関係者主導（partner-driven）で進められたことがわかる．タスク主導の進め方では，まず構想を立てたり実施したりするために必要なタスクが定義され，その後になって，各々のタスクを遂行するために必要なステークホルダーが識別される．標準プロセスが想定しているのはこのような進め方である．

　一方，Gは最初にタスクを定義するというより，手近な関係者を思い浮かべ，話をしにいくという形でプロセスを進めていった．Gが考えていたのは「次に誰に会おう，その次に誰のところに行こう」ということであり，偶然の接点や，相手からの紹介などを最大限に活用して，次々と関係者のネットワークを拡大したのである．既存接点からの新規接点の創出や，偶然生まれた新規接点の活用は，ここで取り上げた事例に限らず数多く観察された．

　Sarasvathy（2022）によれば，熟達した起業家は競合調査よりも手近な関係者とのコミュニケーションを好み，こうした関係者の中から顧客や協力者（パートナー）を生み出していくという．Sarasvathyは起業家が既存の接点と偶然性を梃子として活用することを述べ，彼らにとってはこうした不確実性や経路依存性がエラーや脅威ではなく，むしろ問題解決のリソースになると言っている．こうした関係者主導の味方作りは，ベンチャー企業だけでなく，成熟企業のイノベーションプロセスにおいても，プロジェクトの資源動員とその正当化に欠かせない創造的プロセスとして認識されている（武石ほか, 2012）．

　こうしてネットワーク上を動き回った結果，Gの構想やそれを表現した文書もネットワーク上のあちこちに分散していき，別の組織の計画に融合したり，別の組織の計画がGの構想に追加されたりした．事業や製品のコンセプトを記載した複数のバージョンの文書は，それが拡散された様々な組織において，各々の文脈に沿った目標として組み込まれ，各組織の異なる活動の中に位置づ

けられると同時に，文書に記載された共通項目（製品名や体制図，スケジュール）を通じて，異なる文脈で異なる活動を行う様々な組織を協働可能にした．このように，拡散する文書は異なる集団をつなぐ境界的オブジェクト（Star, 2010）として機能したのであり，変更と共有が可能な電子ファイルとしての文書の物質性（D'Adderio, 2021）があったからこそ，直接 G が接した相手を超えて広範囲の影響力を持ったと言える．

3.9.3　創発的ゴール設定

　ここで，非公式に，偶発性を最大限に生かして味方を増やしながら，徐々に目指すべきゴールを生成していくような行動を，まとめて創発的ゴール設定と言うことにしよう．フィールド調査期間中に認められた制約緩和（先行逸脱）型の行動の多くは創発的ゴール設定であった．たとえば，外部市場の顧客を獲得するために，要望される前から様々な製品を作り込んで議論に行く（2015 年度），大口顧客向けのプロジェクト内で，契約外のサービスを追加提供して，翌年度の別の案件開発に結びつける（2016 年度），A 事業部の独自活動としてデータ分析を行い，その成果を顧客先に持って行って新たなサービスに仕立て上げる（2017 年度），内外の関係者と非公式の会議をしながら製品の先行開発をする（2018 ～ 19 年度），多くの他社と協同で中期的な事業構想を作り上げる（2021 年度）など，背景や規模は異なるものの，事前の明確なゴールやプランなしに関係者とコミュニケーションを図り，結果的に新しい製品が生まれたり，新しい案件が獲得されたりする場面が観察された．

　創発的ゴール設定を，「ラフなアイデアを携えて，非公式かつ偶発的に様々な関係者と接点を持ち，徐々にゴールやスコープを具体化していくような一群の行動」と定義し，2015 年度から 2021 年度までに観察された制約緩和（先行逸脱）型の行動の中での出現率を調べると，図 3-13 の通りとなった．2015 年度には，同年度に観察された制約緩和（先行逸脱）型の行動のうち，創発的ゴール設定の占める割合は 10% 程度に過ぎなかったが，2021 年度にはおよそ 60% が創発的ゴール設定となっている．

　経年推移は制約緩和（先行逸脱）型の行動の出現率（図 3-8）と類似の傾向をたどっている．2015 年に約 10% 程度出現している創発的ゴール設定は，A 事

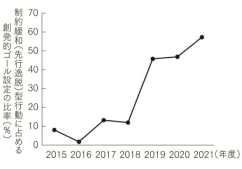

図 3-13　創発的ゴール設定

業部立上げ当初に取引が始まった大口顧客とのプロジェクトにおいて観察されたものである．これによってその後のA事業部の事業基盤となる顧客や主力製品が生み出されたが，創発的ゴール設定がそのまま増加することはなく，既存事業の統合準備の始まる2016年度にはいったん減少する．これはGが急に大所帯となる組織を安定化させることに注力したためであろう．2017年度になるとGは部内の要員を再編成し，外部市場向けの新規事業だけでなく，内部市場向けの既存事業でも創発的ゴール設定を行うようになった．その後2018年度から2019年度にかけて創発的ゴール設定は急激に増加する．それまでの創発的ゴール設定は主に外部市場向けの製品開発プロジェクト内で観察されたのに対し，これ以降は外部市場および内部市場の関係者の双方に向けて横断的に実施されるようになるのが特徴である．

　これらの変化についてG自身はどのように考えていたのだろうか．この節のはじめに紹介した戦略的製品開発は2018年度から2019年度にかけて行われているが，G自身もこの事例を含む2018年度頃より意図的に創発的ゴール設定を増やしたと振り返っている．Gが「増やした」と考えている行動は，具体的には，自分がやりたいと考えるぼんやりしたアイデアを方々で話して回ることであった．以下はインタビューからの抜粋である．

　　そうだね，計画通りに動かなくなったのはD（既述の戦略的製品の略称）のときぐらいから．まあ，正解がない時代になったからね．そういう中でいくら（計画を）詰めてやってもしゃあないなっていうのが何かわかってきて．あと性格があると思うんだよね，私はこう緻密にやるのが好きじゃな

いっていうか得意じゃないし．自分一人じゃとても考えられないから，始まる前から色んな人のとこに，とりあえずそのへんの資料もって出かけてく．さすがに手ぶらでってわけにもいかないじゃん？　まー手ぶらで行っちゃうときも多いんだけど．（事業部長Ｇのインタビューより．以下同）

　Ｇによれば，調査開始の以前から，特に難しい案件を担当したときに，これと類似した行動をとることがあった．Ｇにとっては，それは顧客を開拓したり，協力者を獲得したりする能動的な探索活動というよりも，相手から言いにくいことを言ってもらう（「怒られに行く」）活動として始まったものだった．

似たようなことは前もやってたよ，2006（年）くらいかな．えーっと，かなり早い段階から，コテンパンにやられたんだよねあのころ，私とかＡさんとかＢさんとか（当時のＧの部下），やっぱ太刀打ちできないなと思ったときに，とにかく自分の味方というか，頼れる人を何人か作りたいと思ってそれは超アングラで（非公式に）動いてた．そのころ結構ね，こんなんできましたけどこんにちわーって，けなされたり怒られたりしてもとにかくその人んとこに行ってた．なんか詣でることをやってて．

3.9.4　マネジャーの認知過程とゴール創発

　一連の事例において生み出されたゴールは，それを目指して計画的に獲得されたものではなく，マネジャーが出来合いの文書を携えてネットワーク上を移動していった結果，創発的に構成されたものであった．マネジャーの行動は，市場環境を調査し，ゴールを定め，ゴールを達成するための計画を立て，次いで計画を実行するという標準プロセスのちょうど逆向きになっている．問題を定義する前から実行し，実行しながら計画と体制を作り，その結果求めるゴールが生み出されるからである．

　Isenberg（1991）は，こうした「問題を定義する前に問題に取り組む」プロセスが，治療やエンジニアリングにも見出されるという．彼らは病気の症状やデザイン上の問題が複雑に入り組んでいたり，状況がはっきりわかっていなかったりする場合に，問題の原因が完全に解明されるのを待たずに治療やデザイン変更に着手する．組織のマネジャーも，じっくり考える前に行動を起こし，思考と行動のサイクルをどこから始めるべきかを直感的に判断していることが

177

多いとされる.

事業部長Gも,手持ちの手段から行動を始め,そうした行動が最終的に目的（ゴール）やその達成に必要な資源（予算や協力者の獲得）を生み出した.Gの行動はゴールを達成するための行動というよりは,ゴールを生み出すための行動である.創発的ゴール設定は,取りかかりとしてあり合わせの資料や大まかなラフスケッチがあれば始められる.この間の行動を制約するのは,ゴールよりも手段である.Gが売上などの期待成果（ゴール）にほとんど言及せず,使ってよいコスト（手段）だけ比較的早期に決めていたことや,目的達成のためのタスク主導ではなく,接点のある関係者（手段）主導で活動していたことは,手段―目的関係の逆転という観点を持つと整合的に理解できる.

標準プロセスが想定する分析的アプローチは,分析すべき情報が過不足なく与えられ,少なくとも分析している間は変化しないということを前提にしている.しかし,経営環境が予期しない非連続的な変化をする状況に置かれ,検討すべき情報も十分に与えられていない場合には,集めた情報を手元にためておき,現場の喧騒から離れて集中的に検討してみたところで,適切なゴールを見つけ出すことは不可能に近い.実際,この事例でGが生み出したような複雑な製品開発プランを,標準プロセスに従って分析的に作り出すことはできなかったに違いない.

不確実な状況下では,現在の状況をはっきりさせるような新たな情報がもたらされるのを待つのではなく,手持ちの手段を用い,具体的な応答やフィードバックを求めて環境に働きかけるほうがむしろ合理的な場合がある.それによって何らかのフィードバックが得られ,機会や脅威に関する隠れた情報が顕在化したり,次の行動を制約する条件が創造されたりするからである.

マネジャーの認知過程の側面から見ると,創発的ゴール設定は不確実な環境下での目標設定という,内的推論のみによっては実施困難なタスクを,ネットワークや文書,他者などの外的資源との相互作用に転換するものとみなすことができる.そこでは,マネジャー自身のタスクは「次に誰に会うか」「会った人とどんな話をするか」「そのために何を持っていくか」といった,より取り組みやすいタスクに認知的に変換されている.

同時にマネジャーにとってのゴールは,市場分析によって「見つけ出す

（find）」ものから，相互作用を通じて「作り出す（create）」ものに変わっている．一連のゴールはマネジャーが一人で生み出したものではなく，マネジャーが注意深く張り巡らしたネットワークや，そこへの他者の参与，共同でのファイル構築など，外的に拡張された系との相互作用によって構成されたものであった．

　G自身も，動き始めることで徐々にすべきことが明確になってくるということを述べている．当初は裏づけのない不明瞭なアイデアであっても，他者に対して口にすることで情報が集まってくる．2021年度に実施したインタビューによれば，これによってマネジャーの目標に関心を持つ協力者のネットワークが生まれるという．

> なんかこう，不透明なとき，割と前からかな，割とこれやるぞこれやりたいって色んな人に言うの．そうするとね何かね，気にとめてくれていたり，あれどうなったんだよとか大体突っ込まれて，できてなかったりすると何か（手助けを）したくなるんじゃない？　あえて色んな人に言うと，情報くれる．みんなが助けてくれる．やりたいって言ってたよね，これ出てたよとか（Gに教えてくれるようになること）がすごいありがたいので，結構みんなに言うようにしている．（略）いや勇気いるよ．何の後ろ盾も何の可能性も0％のときにやりたいとかやるつもりだとかくらい言わないと，人って動いてくれないから．DだってM（いずれもA事業部で開発した製品）のときも全然わからないでいきなりこの事業やりますからって言ってみたんだけど，Mなんて言い始めたの7年前からだからね．何の可能性もなかったよ！

注目すべきは，Gはゴールが不確かなうちからこうした行動を始めていることである．その時点ではマネジャーはゴールが何かを知らないが，いずれゴールやそれが満たすべき条件が感知できるようになるということは知っている．それは調査期間の後半になって実感されたことのようである．

> うんでも最近やっぱりゴールに導けるって自信はあるんだろうね，ゴールが何かはわかんないんだけど．そんな明確なゴール持ってないんだ．あの島に行こうとか思ってるけど，行けるかどうかわかんないし，よく見たら島じゃなかったりとか．でもまあ言ってるとできる気がしてくるしねやっぱ，ちょっとこの辺が来るだろうみたいな何か自分の中の，信念というか

あれが芽生える．そのうち何か勘が働くんですね．これだとか違うとか，
だんだん照準が合ってくるというか．

創発的ゴール設定の最中に目指すべきゴールが明確に顕在化するとは限らな
いが，こうした「勘」はゴール制約として，すなわち試行の結果を評価する際
の内的な参照軸として機能しているものと思われる（「照準が合ってくる」）．目
指しているものが何かが明確にはわからない状態でも，ある試行の良し悪しを
評価できるようになるのは，一つには外的資源（他者）からのフィードバック
があるため，もう一つは，こうした内的なゴール制約が生まれるためであろう．

調査期間中に確認された様々な達成は経路依存性に満ちており，その大半は
事前に予想されたものではなかった．しかし，Ｇにとってそれらは意図された
偶然であり，単なる好運の賜物ではなかったと言える．この意味において，マ
ネジャーは結果の予測に基づかないコントロール，すなわち非予測的なコント
ロール（Wiltbank *et al.,* 2006）を行っている．Ｇはある意図を持って，やがて目
指すべきゴールが創発するように外的資源に働きかけているからである．その
ような行動は目指すゴールが事前にわからなかったとしても実行可能であり，
ゴールがわからないからこそ有効なものとなる．こうした行動の繰り返しによ
ってどんなゴールが生成するかをマネジャーは前もって知らないが，少なくと
も調査最終年度のＧは，それによっていずれゴールを生み出すことができる
という確信を持つに至っていた．

最後に，創発的ゴール設定を効果的に遂行するための条件としてＧが挙げ
たのは，予測力でも対人影響力でもなく，フィードバックのしやすさ（他者が
Ｇのようなマネジャーに対して遠慮せず言いたいことを言えること）であった．

私自分自身振り返って私がちょっと持ってるスキルだと思う，怒られ力が
高い．こいつ見ると何か言いたくなる．だからお前は駄目なんだよとかお
前こうしなきゃとか，昨日もＣさんに怒られたでしょ（インタビューの前日，
ある会議でＧは役員Ｃから注意を受けていた）．でも私はすごく言いやすいし，
言いたくなる何かしてんの．

問題解決者にとってフィードバック情報は貴重な資源である．ゴールが非明
示であればあるほど，試行の良し悪しに対するフィードバックがすぐに得られ
ることの重要性は増すであろう．Ｇの言う「怒られ力」は通念的なリーダーシ

ップや指導者像とは隔たりがあるが，フィードバック情報をバイアスのない形で即時に受け取る能力と考えるならば，それが不確実な状況に置かれたマネジャーにとって重要な役割を果たすことも十分に理解できる．

3.10　計画の分散

3.6節では，非連続的な環境変化の恒常化という悪定義問題に取り組むマネジャーが，分析—計画—実行という標準プロセスから逸脱した多様な管理行動をとるようになったことを述べた．さらに3.9節では，マネジャーが非公式で偶発的な外界とのインタラクションによって，わらしべ長者のように外的および内的ゴールを生成していくことを論じた．

このようなプロセスは，およそ「計画」とはなじみそうにない．しかし，組織運営のように複雑なタスクを含む問題解決を，何らかの計画なしに実行することはできない．標準プロセスからの逸脱が単なるでたらめではないとすれば，マネジャーは何に基づいて自身のとる管理行動を順序立て，次にとる管理行動を選択するのだろうか．また，創発的ゴール設定によって生み出された新規案件を含む年間200件近くのプロジェクトの計画を，逐一記憶しておくことは不可能である．だとすると，マネジャーは一体何との対比において，プロジェクトの現状や今後の推移を予想し評価しているのか．

管理者行動論における主要な争点の一つは，計画の地位をめぐるものであった．Carlson（1951）やStewart（1967）は，マネジャーの無秩序な日常は，まさに計画の欠如によってもたらされていると考えた．よって，マネジャーは慌ただしい日常からその身を切り離し，雑音に煩わされることなく静かに戦略や計画を立てる時間を確保すべきだとされた．一方，Mintzberg（1973）やKotter（1982）によれば，見かけ上の喧騒はむしろ統制された無秩序（controlled anarchy）と言うべきであって，マネジャーが不確実な環境に適応的に対処している証拠であった．

本書は後者の立場に立つが，MintzbergやKotterは無秩序な日常における「計画」とは何なのか，マネジャーはどのような意味において「コントロール」していると言えるのかを十分に明らかにしたとは言えない．この節では，多く

の要素がたえず変動する中で，マネジャーが「計画」を大まかな内的方針と外的資源（ツールや他者）との相互作用にますます分散させていくことによって，日常的には場当たり的で受動的にふるまいながらも，全体としては仕事の流れをうまくコントロールできるように変化していったということを論じる．

3.10.1　文書化された計画

A事業部には，事業計画やプロジェクトごとの計画など，様々な種類の計画が存在している．2015年度には12種類・計153点に及ぶ文書化された計画が存在しており，2021年度でも計198点の計画が作成されていた（表3-12）．これらのうちには，2017年度の新規事業と既存事業の統合にあたって文書化された組織の行動規範なども含まれる．また，2015年度から2021年度にかけ計画の所在地が社内の他部門や社外にも分散していったのは，すでに論じた創発的ゴール設定によるものである．

事業の多様化や案件の増加に伴って計画書の数も種類も増える傾向にあるが，事業部長Gがそれらを参照する機会は必ずしも多くはない．調査期間中に観察された全活動のうち，計画文書を参照する行為を含む活動の割合は2015年度には平均11.3％であったが，2021年度は4.9％にまで低下した．計画文書は主に月初に前月の財務実績を確認する際，あるいは週のはじめの部内の定例会で案件進捗を確認する際に参照されていた．これらはP社およびA事業部の定例行事の一つであった．しかし，案件数が多いことに加え，定型的な進捗確認以外に協議すべき例外事項が頻繁に発生するため，細かな確認をせずに会議が終了することもしばしばであった．

次に，具体的にどのような文書が作成・利用されているのかを見てみよう．表3-13の（1）〜（4）は経営報告にも使われる公式性の強い計画資料で，細かいスプレッドシートに詳細な数値が書き込まれている．月ごと，期ごとに実績報告と計画の見直しが求められるので，月が変わるごとに資料点数が増えていく．

Gは，これらの公式計画で経営に約束した数値達成に強い関心を持っている．それは事業部の収支が思い通りに推移しないと速やかに対処行動をとることなどから明らかである．一方，Gは必ずしも公式計画にだけ準拠して部門状況を

第 3 章　フィールドでのマネジャーのメタ学習

表 3-12　文書化された計画の点数，所在地，参照率

2015 年度　文書化された計画の点数		153	2021 年度　文書化された計画の点数		198
計画の所在地	社内	148	計画の所在地	社内	152
	自部門	92		自部門	74
	その他	56		その他	78
	社外	5		社外	46
計画の参照		11.3%	計画の参照		4.9%

表 3-13　文書化された計画

文書名	概　　要	資料数	
		2015 年度	2021 年度
（1）事業計画	事業部の年間計画．売上計画，原価計画，販売計画，要員計画などを含み，年数回見直しが行われる	23	17
（2）販売計画	月次の売上計画書．事業計画とあわせて予実管理対象となる	3	9
（3）実績管理表	事業計画に対する実績データ．経営管理部門から毎月提供され，予実対比ができるようになっている	64	41
（4）定期報告資料	月次，四半期別に経営報告するために作成される資料．事業計画や実績管理表をもとに分担して作成される	12	17
（5）プロジェクト一覧表	事業部内のプロジェクト（案件）の一覧表．契約済のものから現在提案中のもの，失注したものまで記載される	1	2
（6）プロジェクト進捗表	事業部内プロジェクトのスケジュールを週別のブロックで記載したもの．担当マネジャーが更新する	4	6
（7）工数管理表	誰に何時間の工数を割り当てるかをプロジェクト別・月別に計画した管理表．勤怠管理と連動している	2	1
（8）イベント日程表	いつ，どこでどのようなイベントが行われるか，どのイベントに誰がアテンドするかを日割りで示したもの	1	0
（9）支払管理表	毎月発生する支払事案を時系列で一覧表にしたもの．支払手続き忘れが多いため作成された	1	1
（10）プロジェクト文書	プロジェクトごとの詳細スケジュールや成果物，契約書などがフォルダごとに分類されている	39	101
（11）オンラインカレンダー	全社員が共有するオンラインのスケジュール表．このインターフェース上で会議出席依頼ができる	1	2
（12）手帳	マネジャー個人が持つ市販の手帳やメモの類．携帯端末の予定表等を含む	2	1
（計）		153	198

モニタリングしているわけではない．公式計画の作成，計画に基づく実績の管理，経営に対する定期報告などは，短時間で済ませられればそれに越したことはない事務作業として受け止められている．

> 事業計画はグロスで見るのは意味があると思うけれども，うちの場合は4月の段階では見えない案件が多いので，期初に「えいや」で立てたアバウトな計画と，月々の実績との乖離を報告したところであんまりね．もちろん結果にはコミットするし，途中過程でおかしなことがあれば知りたいけど．（事業部長Gのインタビューより．以下同）

費目別に数値の推移を並べた計画表は「コツさえわかれば簡単に作れるもの」であり，公式の資料であってもさほど重視されない．その一方，リアルタイムで状況を把握することや，必要なタイミングで数カ月先の見通しを得ることに対しては切実なニーズがある．

> 人数が増え案件も増えてきたし，どんどん変わってしまうので全体として今何がどんなふうに進んでいるかぱっと見てわかるような管理ツールがほしい．（略）危なそうな案件があるかは特に知りたい．アサインを考えるのにも，誰がいつ空いてるか，忙しい時期がいつかを知りたい．私だけではなく各課長もメンバーもお互いがどう動いているかわかっていたほうがよいし，知りたがっていると思います．別に1円1時間単位で細かく見る必要はなくて大体がわかればいい，でもその「大体」が難しい．

表3-13の(5)〜(10)は事業部が独自に制作している資料である．これらは期の最中に段々と追加されたもので，更新しているのは主に事業部長配下のマネジャーやメンバーである．事業部の誰もがこのような管理ツールの必要性を認識している．プロジェクトが次々と新たに組成し，複数のメンバーが複数のプロジェクトに同時に関わることになるからである．資料は時折思いついたように一斉に更新されたり，会議中に参照されたりするが，複雑でメンテナンスにも手間がかかるため，当初意図された通りに活用されているとは言い難い．A事業部は「全体がぱっと見てわかる」ようなマスタープランを作成するには管理すべき要素が多すぎ，変化も頻繁すぎるのである．

以上の分析から，2015年度から2021年度にかけて，A事業部では文書化された計画の点数が増加し，かつ計画の所在地が社内外に分散していく傾向にあ

ったことがわかる．その一方，Gが文書化された計画を参照する頻度は半減している．それらの計画を「覚え込んだ」とは考えられないため，Gは計画文書だけでなく，それ以外の何かによって自身の管理行動をガイドするようになったのではないかと推測できる．

3.10.2　大まかな方針

このような状況で組織のかじ取りをしていくために，マネジャーは部門運営に関わる大まかな方針を持っている（e.g., Kotter, 1982）．「方針」とは戦略的なアジェンダ（agenda）のことであり，戦術レベルで詳細化された「計画」よりも上位に位置づけられる．こうした方針は多くの場合，文書化されない．たとえば，Gの方針は表3-14の通りであった．

このように表に整理すると，Gの方針がきれいに構造化されているような印象を与えるかもしれないが，Gがこの通りに話したわけではない．Gの方針には，事業の将来像などの経営的な内容から，最近元気のない社員に対する働きかけまで，その時々の状況を反映した様々な，雑多とも言える課題が含まれていた．1年間の売上・原価計画，要員計画，主な施策と管理指標などからなるP社の公式の事業計画に比べ，その内容と範囲は幅広いものである．他方において，大まかな方針には必ずしも具体的な金額や時期は含まれておらず，含まれていたとしても「数年先」などの概算が中心であった．

Gは文書化された計画をあまり参照しない一方で，この大まかな方針を非常に重視していた．

　まあ，一時はそういうの（文書化された計画による管理のこと）やったんだけどね，めちゃくちゃMS ProjectとかでWBS（work breakdown structure）がとんでもないのが毎日進捗会議っていうやつで，これが私の仕事だと思ってたときもあったんだけども，今はねやっぱ，一番やっちゃいけないのは大方針がミスったときによく船転覆すると思って．どこに向かうかだけは，とにかくそれを決めるのが今私の仕事だと思っていて．そこへの行き方はみんなに任せるっていうかね，ただそのどこに行くか間違っちゃうと組織のパフォーマンスも出なければ会社の業績も出ないし，みんなの評価もできないし，負のスパイラルになっちゃう．

表 3-14　事業部長の方針（agenda）

2015 年度

	中長期（3〜5年）	短期（〜1年）
事業	・主要事業の成長イメージ ・他社との提携・買収	・提案中の案件への対応 ・トラブル案件への介入
財務	・数年先の売上規模 ・システム投資金額・時期	・今年度の売上進捗 ・原価のコントロール
組織	・将来の組織体制 ・自社・親会社の人事動向	・レポートラインの変更 ・会議体の運営方式の変更
人材	・若手社員の育成 ・他事業部との配置換え	・社員のアサインメント ・社員への個別フォロー

2021 年度

	中長期（3〜5年）	短期（〜1年）
事業	・事業ポートフォリオ ・自社・親会社の中期戦略	・戦略案件の運営 ・新規／既存事業バランス
財務	・研究開発投資の推移 ・収益率の変化	・自動化による原価低減 ・事業計画との乖離の制御
組織	・将来の組織文化 ・社内プロセスの再構築	・部門内の編成替え ・基盤担当チームの切り出し
人材	・ローテーション ・後継者の育成	・人材の外部調達 ・社員のアサインメント

　このプロトコルによれば，G はキャリア初期には文書化された計画による管理を行っていた（「MS Project」「とんでもない WBS」）が，次第に大まかな方針によるかじ取りを重視するようになった．その直接の理由は昇格によって責任範囲が広がったこと，そして事業環境が年々不確実化したことであろう．

　G が重視しているその方針の内容は，会議やメンバーとの会話の中でしばしば話題に上るが，公式に文書化されたり発表されたりすることはなく，ノートや携帯電話のメモ機能に覚えが書き込まれる程度であった．

　　構想は頭の中にあるのと，あとね，最近は携帯にメモってる．メモの威力
　　だかメモの魔力だかそんな本見て．あんまりきっちり取らない．あでも記
　　録はしてるかな．最近すぐ忘れちゃうから，書いたり書き殴る．ノートっ
　　ていうほどのノートじゃないけど．書き殴って．何かこうたまに降ってく

るときがあるから，そういうときはわーって．書いて．でも大したことは
書いてない．

　このように，文書化されず公式化もされない大まかな内的方針と，具体的な
数値を含む文書化された組織の公式計画とは，本来果たすべき目的や機能は同
一のものであるが，重要性の面でも参照頻度の面でも好対照をなしている．

　マネジャーの内的方針はしばしば更新され，完全な形で文書化されることは
まずないが，会議においてどんな情報に反応するかの注意配分や，ある話題か
らどんな話題を連想するかの重みづけなどを通じて，標準プロセスからの逸脱，
早期フェーズの修正判断，そして創発的ゴール設定などの過程に間接的に影響
を及ぼしていると考えられる．例証として，調査期間中に観察された一場面を
挙げる．表3-15はある会議の終わりに，部下DがGを呼びとめて行われた8
分ほどの会話の一部を抜粋したものである．部下は会議の議題のほかに相談事
項があり，退室しようとしたGを呼び止めた．Gと部下Dは会議室に並んで
座り，くつろいだ様子で話を始めた．

　会話の内容は暗示や飛躍が多く正確に理解するのは難しいが，わずか数分間
の間に，Gが自身の内的方針に関わる要素を敏感にピックアップしたり，部下
に働きかけたりしている様子が窺える．Gは部下Dの顔を見て案件aを想起
し（話題Ⅰ），その利益改善案を検討するうちに技術cの導入に思い至る（Ⅱ）．
案件aに関連して別の部下eの近況を確認し（Ⅲ），提携先fとの交渉状況を話
し合う（Ⅳ）．その中で部下が口にした顧客jに対して製品kや技術mを紹介
する手配をし（Ⅴ，Ⅵ），ようやく部下Dがもともと相談したかった話題に移
ると（Ⅶ），それに関連する顧客qに対する情報統制を指示している（Ⅷ）．

　ここで話題に上った技術c・mや製品kは，開発戦略上Gが重要と考えて
いたものであり，提携先f，顧客j・qはそれらの開発戦略に影響を及ぼしそう
なステークホルダーである．また，Gは重要な技術知識を持つ部下eが今の仕
事を物足りなく感じており，会社を辞めてしまうのではないかと心配していた．
部下Dの当初の相談事項のみ端的に話し合っただけであれば，Gの内的方針
に関わるこれらの要素が話し合われることはなかったであろうし，会話の後に
部下DがGを顧客jに引き合わせ，技術mを用いた新規企画が生まれるといっ
た状況の進展も見られなかっただろう．

表3-15　マネジャーと部下との会話

話題	発言者	プロトコル（G：事業部長，D：部下）
I	G	わかった a［案件］の話でしょ．
	D	いえ．でもそうか，いいですよ．
	G	a じゃないの？
		（案件 a の収益構造について話し合う）
II	D	倍くらいになっちゃうんですから．
	G	ちゃんと計算してる？
	D	しましたよ b 君と……．
	G	稼働だよね．
	D	きっついな．
	G	あーわかった，c［技術］入れたらいい，d さんがやってる．
	D	また何ですか．
		（G が開発中の技術 c を説明する）
III	G	これ e 君も入ってる？
	D	いや，これは入らないです．
	G	あれ，いま何やってるっけ．
	D	いや，がんばってますよ，はい．
	G	入ったらいいんじゃないの．
		（e 君の近況を話し合う）
IV	G	それで何だっけ．あ，ごめんあともう一個いい？
	D	いいですよ（笑）．
	G	あの f［提携先］の返事．金（曜日）までだっけ？
	D	g［案件］ですね．これも書いとこう．
		（提携先 f との協業の状況を確認する）
V	D	もうだめなんじゃないですか，あそこは．
	G	そんなことない．あれは h さんがだめ．
	D	そうなのかなあ．
	G	ほら i［案件］とか色々あるじゃない．
	D	それ言うなら j［顧客企業］だって出せるかもしれないです．
	G	そうそうそういうの．j もそうなの？
		（有望視されている顧客 j について情報交換する）
VI	G	それさ，今度 k［製品］の話したいから，私連れてってくれない？
	D	l［製品］の話ですか．
	G	それもあるんだけど，m［技術］とかいろいろ．
	D	いいですよ，毎週やってるんで打ち合わせ．
		（顧客 j との打ち合わせ日を調整）
VII	G	ごめんね，はい．（と向き直る）
	D	これこんな感じでいいですか．（PC を動かす）
	G	これってこれ？

話題	発言者	プロトコル（G：事業部長，D：部下）
	D	いや．（資料を見せる）
	G	前のページ見せて．いやもっと前，もっと前．
	D	（見せる）
	G	元のページに戻って．
	D	（戻る）
	G	いいんじゃない？
	D	いいですか．
	G	n［製品］が入ってればいいと思ったわけ．
	D	それは，入れました．
		（資料の内容をめぐって意見を交換する）
Ⅷ	G	あとさ，ちょっと待って，これはいつやるの．
	D	資料は明日出して，会うのは明後日です．
	G	明後日の何時．
	D	午後です．3時とか4時とか．
	G	その前に私oさん［顧客企業pの責任者］と話してるんで．
	D	4時だ．
	G	もし何かあったら連絡する．向こうも気にしてるかもしれない．
	D	向こうってq［顧客企業］がですか？
	G	pもqも．
	D	pさんはともかくqが気にしますかね．
	G	するさ．悪い意味じゃなくてね．

　表3-15 はマネジャーと部下が行う無数の会話の一つの例であるが，Gはたまたま始まった会話の機会をとらえて情報収集，相談，指示など多くのことをしている．会議や電子メールなどの手段を使って同じことを計画的に実施しようとすると，とても数分間ではすまない．このように，内的方針を持ったマネジャーは，不規則に生じる断片の連続の中から重要な意味や兆候を読み取り，有効に活用することに長けていると言える（Peters, 1979）．

　では，慌ただしい日常の連続の中で，マネジャーはいつどのようにして大まかな方針を考えているのだろうか．Gの場合はある時期に構想を練ることを自身の習慣にしているようである．2015年度のインタビューでは，例年12月から翌年の3月までがそのような期間であった．P社においてこの時期はちょうど翌年度の事業計画の作成が始まる時期と重なっている．

　（例年12月から翌年の3月までの間は）1年で一番考える時期．仕事をやりながら，頭のどこかでずっと考えています．（略）この時期はいつもと違う

ことをする．普段読まないような本を読んだり，役員と雑談しながら何を
考えているかを探ったり．部のみんなともさりげなく話すし，よその部の
人とも話します．なるべく外に出るようにしています．お客さんのとこに
も行きますが，違う業界の人とか，世代の違う人とよく会って話をしたり
している．忘年会と新年会のシーズンで，人にも会いやすいから．（略）
会社とは関係のないメンターみたいな人が5, 6人いるんだけど，そうい
う人のとこにも行きます．（略）なんだかんだ言っても，違う業界の人の
話は意外と参考になる．次にどんなことをするかとか，次に何が起こるか
とか．

2021年度にも同様の発言があり，年末からの取り組みがルーティンとして
維持されていることがわかる．

一応ね，事業構想だけじゃないんだけど，お正月に1年間の公私ともに
計画を立てる癖がこれは物心ついたときからうちの父の何か元旦の朝の儀
式で，今年1年どういう年にするんだっていうのが習慣だったんです．な
んとなくそれをいいなと思って引き継いでいて，自分自身1年間どうい
う1年にしようかなとか仕事はどうしようかなとか，プライベートでど
んな年にしようかなあとか，やってるかな．それを決める．
（……）
その頃って事業計画だったり，会社の事業方針考えたりするじゃない．な
ので，新年の一番いいのは，経済界の人たちが1年を予測するの．それ
はめちゃくちゃ見る．その予測の中で，世の中こういうふうに動くんだな
っていうのをなんとなく感じる．

2021年度の段階では，年末からの「考える時期」を中心とした，1年間の
およその流れが設定されていた．これらは社内で共有されたスケジュールにも，
G自身の手帳にも載っていないが，大まかな内的方針と同様に，Gにとって重
要なものだった．同年度のインタビューから抜粋する．

月と，一応，年計（年間計画），年があって，1月3月は気合をいれようっ
て思ってるし，4月くらいまでかな．5から7（月）ぐらいはま8（月）く
らいまで私にとってはゆったりで，夏休みとかになってくる．そのへんで
直接業務で関係ない情報をひたすら頭に入れるとか体感するとかし始めて，

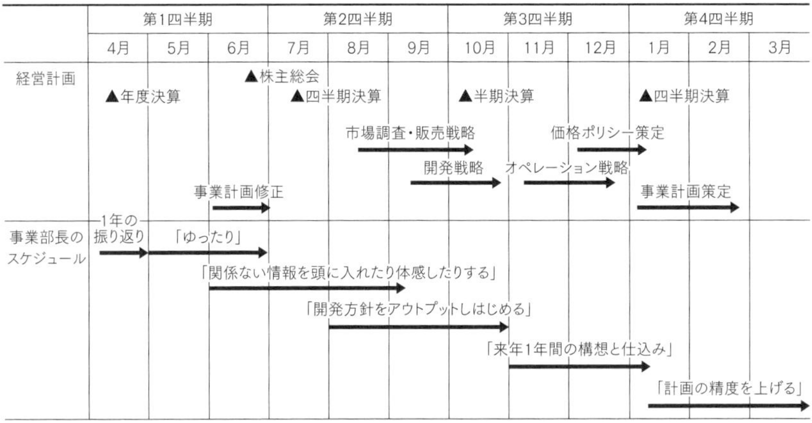

	第1四半期			第2四半期			第3四半期			第4四半期		
	4月	5月	6月	7月	8月	9月	10月	11月	12月	1月	2月	3月
経営計画	▲年度決算		▲株主総会		▲四半期決算 市場調査・販売戦略 →	開発戦略 →	▲半期決算	価格ポリシー策定 オペレーション戦略 →		▲四半期決算 事業計画策定		
			事業計画修正									
事業部長のスケジュール	1年の振り返り →	「ゆったり」	「関係ない情報を頭に入れたり体感したりする」 →	「開発方針をアウトプットしはじめる」 →				「来年1年間の構想と仕込み」 →		「計画の精度を上げる」 →		

図 3-14　事業部長の年間計画

9月あたりから大体開発方針でアウトプットし始めて，123（月）は若干考える時間って感じかな．ここ最近はこういうリズムを作ってるかも．
（……）
私は123（月）はマネジャーの季節労働だと思っていて．123働いて後は楽しようって構想だけあるんだけどなかなかできてないんだよ．逆に言うとマネジャーが本気でこの3カ月しっかりした開発計画とか立てられれば1年うまく会社はまわると思ってんのね，基本的には．そこでちゃんと決定できるように情報を集めて，下期ぐらい．1年中集めてはいるんだけど，なんだろ，そんなきれいには集めてない．

　このように，独自の習慣の原型は調査開始時（2015年度）から存在していたが，2021年度までの7年間をかけて徐々に洗練されてきたことがわかる．また，3.6節では管理行動において分析—計画—実行という標準プロセスからの逸脱が増加したことを論じたが，同じマネジャーが，1年間という大きな単位においては「計画」を非常に重視していることも明らかとなった．

　図3-14は，Gが思い描いている1年間のおよその流れと，P社の公式の年間サイクルとを併記したものである．Gの年間計画はゆるやかにP社の経営サイクルと連動しているが，公式の組織的活動とは独立のものである．

　以上，Gが文書化された計画や公式の年間スケジュールよりも，大まかな内

的方針と，独自の年間計画に基づいて組織運営にあたっていることを見てきた．マネジャーの日常は機会主義的で無計画に見える．文書化された計画の参照頻度も減少した．しかしマネジャーは大まかな方針と自分なりの年間スケジュールを持っており，これらの内的なガイドがあるおかげで，頻繁に変化する経営環境や，断片的で場当たり的な日常を大局的には規則化できているのである．プロジェクト早期フェーズにおける組織ルーティンからの局所的な逸脱（3.6）や，情報が不足する中での修正判断の早期化（3.7），相互作用を通じたゴールの漸次的創発（3.9）も，こうした内的方針や年間計画の影響下で行われていることが推測できる．

3.10.3　日常の活動計画

　大まかな方針や独自の年間スケジュールは粗いタイムスケールのガイドであり，今日や明日に何をするかを教えてくれるものではない．Ｇは大まかな中長期方針を持つ一方，多忙のため日々の活動計画の詳細は覚えておらず，自分のことを「まるで認知症患者のようだ」と評した．次に何をすべきかを忘れて何度か周囲に同じ質問をし，すでに顧客に電子メールを出してあることを内容ともども失念するなどの物忘れがよくあるからである．１日の仕事が始まる朝の段階でＧは，経営幹部や顧客との重要な会議や締め切りを除くと，その日のうちに処理すべき課題が一つか二つ，加えて「今日は会議が多くて作業時間がとれない」といったレベルで１日の流れを意識しているのみであった．

　ずっと以前には，Ｇは１週間および１日の単位で非常に正確なスケジュールを立てていた．課長になってすぐの時期は育児をしており，勤務時間に制約があったためである．

　　やってたやってたやってた，うん．（細かなスケジュール管理をしなくなった
　　のは）最近だね．昔はね週報をきっちり書いてたんだよね，Ｅさん（Ｇの
　　以前の上司）に教えていただいた週報書いていたのと，一応，あ，あとね，
　　これは私のための習慣なんだけども，残業できなかったじゃん子ども小さ
　　くて，１週間のスケジュールをものすごいしっかり頭の中でシミュレート
　　してた．

　　（……）

そん中でToDoを全部書き出してた確かそのときは書き出してた．うん1
週間．この1週間で自分がやらなきゃいけないのはこういうことで，ず
れるとしたらこのタスク，このタスクがFさん（主要顧客の経営幹部）レビュ
ューとかっていうとFさんレビューとかは絶対やばいなとか，大体Fさ
んのレビューは週の前半に入れよう絶対リカバリーが必要だからとか，そ
ういうのをシミュレーションぐちゃぐちゃやって，あと朝に1日のシミ
ュレーションして頭にスケジュールとToDoは全部頭に入れてやってた．
（事業部長Gのインタビューより．以下同）

　上記のエピソードはおそらく2010年度のことである．調査を開始した2015
年度には，すでに週報やToDoリストは使われておらず，その日のうちにする
べき作業に関わる資料を（忘れないように）デスクの上に並べ，空いた時間を使
って順に処理していく場面が見られた．2017年度には，その日に行うことを，
自分宛にメールで送ったり，携帯電話のメモ帳に書いたりしていることもあっ
た．ただし，それらのメモはキーワードの羅列であり，タスクの内容や順序を
正確に記述したものではなかった．2021年度になると，それまで携帯していた
た手帳（冊子）を使わなくなり，アプリ（LINE）やオンラインカレンダーに一
言二言書き込む程度で，タスク管理はさらに簡素化されていた．

　　うーん．実はあんまりToDo管理してない．Outlookに入れてる．なんと
　　か期限とかMBOとか．あ．あとね，LINEのリマインくん．そのちっち
　　ゃいToDoはLINEのリマインくんに頼ってる．リマインくんってしって
　　る？　LINEにリマインくんというのがあって，教えてくれんの．これ，
　　たとえば，MBOって入れるじゃない？　何月何日って何時って聞いてく
　　るから，12時とか入れると，MBO締め切りの日だよって朝イチとかに出
　　してくる．

　調査の最終年（2021年度）の時点で，Gは1日単位の細かなスケジュールや
タスク管理にはあまり関心を持たなくなっていた．その一方，1週間あるいは
1カ月の単位で，大まかに自分の活動状況が把握できるよう工夫をしていた．
以下のプロトコルでGは，社内ネットワーク上で共有されているスケジュー
ル表（Outlook）の予定に種類別の色をつけることで，その1週間あるいはその
1カ月がどのような期間なのかを視覚的に把握していると言っている．

私のさ，Outlook ってさ，色分けてんのよ．これって 1 週間ぱっと Outlook
見たときに，黄色って社内ミーティングで紫は外（の顧客などとのミーティ
ング）なんだけど，ぱっと見たときに絵みたいに見えんのね．黄色が多い
1 週間というのは私にとって全然楽ちんで紫が多いってことは社外の会議
があって，重要会議は赤にしてるんだけど，何かそれによって自分の力の
発揮の仕方を，それはマンスリーで見れば，今月は中（社内）の活動の月
だなとか，今月はめちゃくちゃ外回りしてこなきゃいけないから気を張っ
てしっかりやらなきゃとか，こう俯瞰してみて．

　日常の細かなタスク管理はあまりしておらず，1 日の予定もじっくり見てい
るわけではないとすると，多忙な毎日の活動はどのようにコントロールされて
いるのだろうか．G が冊子の手帳のかわりに重用しているオンラインの予定表
（Outlook）は，部下をはじめ P 社内に共有されており，ネットワークを介して
会議を予約したり，外訪のアポイントをとったりすることができた．携帯電話
や PC を使っていつでもこのオンラインカレンダーを参照できるため，自身が
1 日の活動計画を詳細に記憶していなくても，組織運営上支障をきたすことは
なかった．

　表 3-16 は G が部下 H と一緒にオンラインカレンダーを見ながらアポイント
の調整をする場面のプロトコルである．部下 H はオンライン会議の最後に
G に声をかけ，社外の関係者との打ち合わせに G にも同席してもらうよう依
頼する．

　共有された予定表を使った，その場で話しながらの予定調整は，2015 年度
には 1 日あたり平均 5.4 回の割合で観察されたが，2021 年度には 1 日あたり
平均 2.1 回だった．このほか，自身のスケジュールに関して，他者にモニタリ
ングや督促を依頼したり，実際に督促されたりする場面がしばしば見られた．
社内の同僚や部下，後輩など比較的近い関係の相手に限られていたが，顧客
や社外のパートナーとの間でも，双方の関係が親密な場合には，相互にスケジ
ュールを管理し合うような申し合わせがなされることもあった．他者に対する
モニタリング依頼は 2015 年度には 1 日あたり平均 3.4 回，2021 年度には平均
1.6 回観察された．その場でのスケジュール調整や他者へのモニタリング依頼
は 2015 年度から 2021 年度にかけて減少しているが，そのかわりに増加した

第3章　フィールドでのマネジャーのメタ学習

表 3-16　オンラインカレンダーによるスケジュール調整

発言者	プロトコル（G：事業部長，H：部下）
G	空いてるところに入れてくれればいいよ．
H	いや，えーっとですね……．（画面にオンラインカレンダーを投影）
G	ほーう．
H	金曜だめですか？
G	金曜はだめなんだよね．月曜午後わたし何してたっけ？
H	何か入ってますよ．
G	2 時のは大丈夫．ちょっと大きくしてみて．
H	（当該の予定を拡大して開いてみせる）
G	オッケーオッケー．S さんも呼んどいてくれる？
H	一応 S さんの予定も見てみますね．（S さんの予定を投影．以下略）

のがチャットツール（Slack）でのスケジュール調整であった．2020 年度以降，
G のところにはスケジュール確認のメッセージが頻繁に届くようになり，予定
外の打ち合わせがその日のうちに複数詰め込まれることもしばしばだった．ま
た，前の会議が長引いて G がなかなか現れなかったり，忙しさのせいで資料
のレビューが遅れていたりすると，チャットツールですぐに社員から確認連絡
が入り，それが合図となって G が何らかの対応をとっていた．計画とその調
整に関わるツールは 2015 年度には三つであったが，2021 年度には五つに増え，
これらのツールの参照頻度（全活動対比）は 2015 年度の 14.1％から 2021 年度
には 31.3％にほぼ倍増した．この傾向は，文書化された計画の参照頻度が同
じ期間に半減したことと好対照をなしている．

　このように，媒体や手段には変化があるものの，自身がどこでもすぐに確認
できるオンラインの予定表と，事業部長を必要としている他者からのリアルタ
イムの働きかけによって，会議から会議へと飛び回りながら，時折訪れる突発
事項にもその日のうちに対処するような慌ただしい毎日が，G 自身はその日の
予定を記憶していなくても，渋滞することなく流れるように実現していた．

3.10.4　分散された計画
　2015 年度から 2021 年度にかけて，事業の不確実性や複雑性が増していくの
と軌を一にして，マネジャーの行動をガイドする「計画」は，単一のマスター
プランではなく，複数の人・道具・場所に分散化していった．具体的には，マ

ネジャーが参照する計画は，共有可能で具体的な外的計画（事業計画やオンラインの予定表）と，文書化されない内的計画（大まかな方針や独自の年間サイクル，1カ月・1週間・1日の予定に対する全体的なイメージ）との間に分散した．マネジャー自身が詳細な計画を内的に保持していなくても日常活動が円滑に行われるのは，他者や人工物を含む外的環境がマネジャーをサポートしているためであった．また，予定外のイベントが多く，断片化した「その日暮らし」の日々を送りながらも，全体としては事業部の活動が統制されているのは，マネジャーが組織運営の大まかな方針や曖昧性のある独自の年間サイクルを内的に保持しているためであった．

外的計画と内的計画の対，すなわち事業計画と大まかな方針，年間経営計画とマネジャー自身が思い描くルーズな年間スケジュール，社内で共有された正確な予定表とマネジャーが抱く月・週・日の予定の全体的なイメージとは，両者が組み合わさることによって有効に機能している（図3-15）．私たちの脳は，詳細で逐次的な計画を長期間保持するには適していない．計画すべき案件が多量にあり，その各々が刻一刻と変化しているＡ事業部のような場合にはなおのことそうである．こうした計画の分散は，Zhang & Norman（1994）の分散表象を想起させる．次に何をするか，次の次に何をするかといった具体的な計画になればなるほど，考えるまでもなく明らかであったり，それに従うことが自然であったりするような形で外化されているからである．

マネジャーは詳細な計画を記憶にとどめておくかわりに，必要なつど外部にある計画を参照していた．細かな予定やタスクは他者が知らせてくれ，必要なときにはその場で一緒に画面を見ながら予定を調整していた．計画を保持することや，計画に従って次にするべきタスクを割り出したり順序立てたりすることは，内的操作としては行われず，外部にあるものを見る，他者からリマインドされる，他者と共同で予定を修正するなどの形で外的操作に変換されていた．このようにして詳細な計画が外的資源（他者や道具）に off-load されることで，認知的な負担が軽減されるだけでなく，計画のリアルタイム性も保たれる．計画を他者が直してくれたり，必要なタイミングで呼び出してくれたりするからである．

だからといって，マネジャーが外部にある計画や他者からの要請の「言いな

第3章　フィールドでのマネジャーのメタ学習

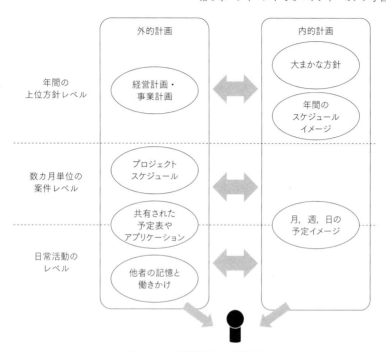

図 3-15　外的計画と内的計画

り」になっていると考えるのは早計である．確かにマネジャーの日常は受動的であり，計画外のイベントに満ちあふれている．しかし，日常業務のレベルにおける見かけ上の受動性は，よりグローバルなレベルにおける能動性，すなわち大まかな方針やマネジャー自身が抱いているスケジュールの全体的感覚によってゆるやかに統御されている．こうした大まかな方針やスケジュールの感覚は，マネジャーの注意の配分や反応の速度，折々の会話や判断などを通じて，マネジャーの周囲をめぐる仕事の流れに間接的に影響を及ぼしている．

調査期間中に G がスケジュール表を書いたり，タスクの順序を並べ替えたりと，明らかに「計画している」とわかる場面はめったに観察されなかった．しかし毎年 12 月から 3 月頃までの「1 年で一番考える時期」を中心に，G は確かに構想や計画を立てていた．この意味での「計画」の重要性は G 自身が何度か指摘していたところであるが，それらが文書の形で整理されて表現され

ることはなかった．Kotter（1982）が指摘した通り，リーダーが思い描く方針（agenda）は時間軸に幅があり，関連性の曖昧な目標や課題がごちゃまぜになっている．それらは「ビジネス・リーダーの頭の中」にあり，「どのような課題を選ぶかの判断も目に見えないプロセスであることが多い」．大まかな方針は，論理的な構造を備え具体的な財務目標などが示される組織の経営方針とは別のものなのである．

標準プロセスからの逸脱（3.6）は，単に管理行動がランダム化したわけではなく，マネジャーの大まかな内的方針や大局的なスケジュール感覚に基づいて生じたものである．早期フェーズの修正判断（3.7）も，同様に大まかな方針や年間スケジュールの感覚を参照してなされている．マネジャーが標準プロセスから逸脱しても組織が機能不全になることがなかったのは，その中から見込みのある試行が選択され，強化されたからである．情報が不完全にしか与えられない状況下においても試行の評価や早期の修正ができるのは，マネジャーが持っている大まかな方針や年間の活動イメージが制約として機能したためである．

間にリモートワークによる就業環境の変化を挟む 2015 年度から 2021 年度にかけての 7 年間は，このような分散された計画のシステムが構築されていく過程だった．仕事の複雑化や変化の加速に伴って，日々の詳細な計画は内的には保持されなくなり，他者や道具などの外的資源にますます分散されていった．その一方，内的な認知過程においては大まかな方針や年間計画のアウトラインが作成・保持され，それが変化の多い日常業務を大域的に意味づけるようになった．そして，分散された計画はマネジャーの標準プロセスからの逸脱を方向づけたり，早期フェーズでの修正判断の基準となったりするなどして，マネジャーの高次学習を下支えしていたものと考えられる．

3.11　マイクロ・コーディネーション

事業部長 G は，公式の文書化された計画を必ずしも重視しておらず，日常の予定も曖昧にしか記憶していない．そのかわりに G は大まかな内的方針やスケジュールのイメージを形成するようになり，それらと他者や道具などの外的資源との相互作用の組み合わせによって，受動的かつ断片的な日常を送りな

がらも，仕事と組織を大域的にコントロールすることができるようになったというのが前節の議論である．ここでは，200近くの案件が常に同時並行で動いており，各々の状況がたえず変動しているような条件下で，実際のところマネジャーがどのように現状を把握し，どのようにそれらをコントロールしているのかを，具体的な行動観察データをもとに分析したい．

管理者行動論は，マネジャーが口頭でのコミュニケーションを重視することを指摘している．本章の日常活動の分析においても，G は勤務時間の8割近くを他者とともに過ごしており，観察された活動の多くが他者とのコミュニケーションであった．一方，標準プロセスからの逸脱や早期フェーズでの修正判断の増加は，いずれも会議場面の観察から見出された傾向である．本節では会議以外の場面で行われているコミュニケーションも分析対象とすることで，何が引き金となって逸脱的行動の増加や判断の早期化が生じるのかを示す．

3.11.1　多様な接点

事業部長 G の活動のおよそ6割が計画外のものであることを見てきた (3.3)．これらの活動を分析すると，G は社内の多様なメンバーと接点が生まれるような位置どりをしていることがわかる．

図 3-16 は調査初期，2015 年 10 月のある 1 日における，会議などを含む G の全活動を P 社の平面図にプロットしたものである．図中の▲印は日常業務的な活動，●印は経営課題や人事，大口の顧客対応など A 事業部にとって戦略的に重要な活動がなされたことを示す．

多くの時間，G は図 3-16 右上の執務室で部員とともに過ごしていた．したがって執務室で行われる活動が最も多く，この日の活動中 53% を占めた．注目すべきは執務室外の各所で行われた残り 47% の活動においても重要なタスクが実施されていることである．この日の全活動中，戦略的重要性の高い活動は 33% あったが，うち半数は執務室以外の場所でなされた．これらの活動はそのために出向いて行われたものというより，別の用事のついでになされたものであった．G は他部署のスペースに封筒を取りにいった帰り道や，自販機にコーヒーを買いに行ったときなどに社内の関係者に出会い，偶然の機会をとらえてごく自然に話を始めていた．こうした「ぶらぶら歩き」によるマネジメン

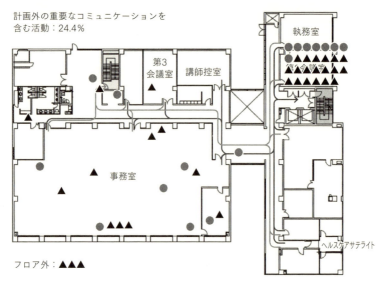

図 3-16　事業部長の活動範囲（2015 年度）

表 3-17　ぶらぶら歩きによるマネジメント（2015 年度）

		活動のなされた場所	
		執務室内	執務室外
活動の内容	戦略的活動	25％（計画内 7％, 計画外 18％）	23％（計画内 9％, 計画外 14％）
	日常的活動	30％（計画内 4％, 計画外 26％）	22％（計画内 13％, 計画外 9％）

ト（MBWA: management by walking around）（Peters & Waterman, 1982）はその他の日にも恒常的に観察されたものである．

　2015 年度の全活動に関して同様の分析を適用した結果を表 3-17 に示す．表の縦軸は活動の内容を表し，横軸は活動がなされた場所を表している．表内の数値は観察された全活動を分母として，当該区分の活動の構成比を示したものである．なお，括弧内は当該区分の活動のうち，計画内の活動と計画外の活動（「ついでに」または「たまたま声をかけられて」なされた活動）の内訳を表している．

　執務室内での日常的活動（30％）に続いて執務室内での戦略的活動（25％）が多く，執務室外での戦略的活動も 23％あった．執務室外での戦略的活動の

6割以上は偶然なされたものであった（23%のうち14%）．観察された日常的活動のうちでは，業務に直接関係のない世間話のような活動も多く，Gは他事業部の社員を含む広範囲の社員と接点を持っていた．また，用件を持つ相手が執務室にいるGを訪ねてやってくる場面も多く見られた．このような多様な接点は，しかし一定の意図を持って組織されている．2015年度にGは次のように語った．

> なるべく多くの人とちょこちょこ話すようにしている．話している内容はどうでもいいことばかりだけど，様子がわかるでしょう．B事業部の社員もいずれ関わることがあるかもしれないし，そういうときに協力してもらえるようにという思いもある．たまにご飯に誘ったりもしている．彼らの上司がどんなマネジメントをしているのかをこっそり聞いたり，こっちが何をしているかも情報提供する．ほかに意識しているのは役員，経営管理，それから総務．最近仲よくなったから，頼まないでも向こうから情報を持ってきてくれるようになった．（事業部長Gのインタビューより．以下同）

すでに明らかにした通り，Gの活動は10分刻みであり，たえず仕事が中断されたり切り替えられたりしている．その多くは計画外に，受動的に始まる．初期の管理者行動論は，このような断片化（fragmentation）こそがマネジャーから戦略性や計画性を奪っていると論じた．これとは逆に，Gは自分の仕事が中断されることを嫌がるそぶりを見せず，むしろいつでも声をかけてくれるよう周囲に促していた．こうした開放性も意図されたものであった．

> 誰かが話に来たときは手をとめて相手を見て話を聞くようにしている．100%そうしていると思う．内心はどんなに忙しくて勘弁してくれと思ってもそうする．「頼むから後にしてくれ」みたいな気分が透けて見えたらだめ．来なくなっちゃうから．そういうのすぐ伝わるでしょ？　いつでもウェルカムなわけはない．いつでも来たいときに話に来ていいんだよっていう演技．自分の仕事は朝とか夜とか……最近はモバイルPCになったから，会議中に内職したりしてうまくやっている．
>
> （……）
>
> 昔はそうじゃなかった．そうなったのは，C案件（P社で行われた大型案件．当時のGが担当した）のとき．あのときはみんなが疲弊していた．はっと

見たら，みんな殺気立って PC に向かって黙々と作業をしている．ああこれじゃうまくいかないなと思って，自分は手をとめていろいろ話を聞くようにした．今ではいられるときはなるべく部室にいるようにしている．そうするとみんなが来るから．夜なんかもたまに遅くまで残っている日とかは，メンバーの様子を見たり雑談したりしている．その場に一緒にいれば，しんどそうだなとかのってるなとか，なんとなくわかるから．

このように，G は個室で戦略を検討したり，文書を通じてプロジェクトの進捗状況を確認したりするよりも，現場に身を置いて広範囲の関係者との接点をコンスタントに生み出し，様々な触発を受けようとしている．そのために個人作業を犠牲にしても中断や割り込みを受け入れ，偶然のきっかけを最大限活用しようとする顕著な傾向を示していた．

さて，以上はリモートワークが浸透する以前のデータである．リモートワーク浸透以降にこうした傾向に変化が見られただろうか．図 3-17 は P 社でリモートワークが導入され，社員がまばらに出社するようになった時期（2021 年度）の G の活動（出社時）を図 3-16 と同様に表したものである．

A 事業部の執務スペースは 2015 年度から変更となり，自席（図 3-17 中央下部）付近での活動が多くなっている．P 社のオフィス内で仕事をする社員は 2015 年度の 20 ～ 30% 程度に減っているが，やはり G は社内を歩き回り，廊下や打ち合わせスペースなど，社内の各所で重要な話を持ちかけている．2021 年度全体の集計（表 3-18）では，自席（執務スペース）外での戦略的活動は 20%，そのうち 18% は計画外になされたものであった．G 自身は，リモートワークになって対面で顔を合わせる機会が少なくなったため，その日出社している社員には，なるべく声をかけるようにしていると語った．

相変わらず G のところには頻繁に部下や同僚がやってきたが，2015 年度と変わらず，G はこうした中断や割り込みを受け入れていた．ただし，無理をして中断につき合っているというよりも，それらが情報源として貴重であるという認識に変化していた．同年度のインタビューから抜粋する．

基本的にはさ，マネジャーってなんかこう聞きたい雰囲気を作りましょうとかいい組織はフラットにとかいうじゃない，そのくせさ聞きに行くとさ，ごめん忙しいからとかって矛盾してるんだよねマネジャーって．私は何か

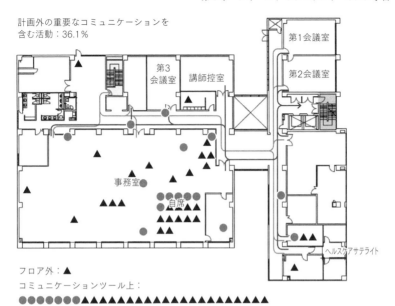

図 3-17　事業部長の活動範囲（2021 年度）

表 3-18　ぶらぶら歩きによるマネジメント（2021 年度）

活動の内容		活動のなされた場所		
		執務スペース内	執務スペース外	オンラインツール
活動の内容	戦略的活動	11%（計画内 4%, 計画外 7%）	20%（計画内 2%, 計画外 18%）	16%（計画内 0%, 計画外 16%）
	日常的活動	21%（計画内 12%, 計画外 9%）	15%（計画内 6%, 計画外 9%）	17%（計画内 1%, 計画外 16%）

ね，断らないと思ってやってるわけじゃないんだけど，せっかく来たんだから話そうかなって．自分が本当に邪魔されたくなくて，集中して何かしたいんだったら，そこに居なきゃいいじゃんと思うのよ．
（……）
んで，多少自分が何か処理してても，それは中断されながら，中断されても，正直勤務時間帯の 9 時（から）5 時（まで）っていつ割り込みされてもしょうがないと思う．そういう状態でいる．だいたいみんなが話しかけに

来る夕方っていうのは，分断されてもいい仕事をやってるようにしてる．
（……）

で結構このくだらない割り込みが，意外といい．いいっていうと変だけど．メールで言ってくることっていうのは，ちゃんとね，大体仕事上でちゃんとしたことなんですね．でもなんとなくその人の雰囲気みて，今いいですかみたいなとき（相手がわざわざ席までやってきて相談を持ちかけるとき）っていうのは，一応表面上は持ってくんだよなんか．それっぽい話題を．でも言いたいことは実際1個目じゃなくて，だいたい2個目の．しゃべりたいんだよ雑談．それはすごく有益だったり，有益っていうのは私にとってじゃないよ会社にとって有益な情報が多いから．事実，聞きたいしね私も，なになになになにって．
（……）

そうね，なんとなく会うとね，昔は掃除のおばちゃんとかとも仲よかったしね．なんとなく声かけてるかな．いろんな人に声かけて回ってる．

リモートワーク導入後，P社ではチャットツール（Slack）が使われるようになった．前掲の図3-17にはこうしたコミュニケーションツール上での接点も併記している．この日はG自身がオフィスに出社した日であるが，他者との接点は，オフィス内の物理空間だけでなく，コミュニケーションツールの仮想空間にも広がっていることがわかる[9]．この日の全活動中，コミュニケーションツール上でなされた活動は37%あるが，そのほとんどすべてが，前もって予定されたものではなく，その日になって発生したものである．

多様な接点を持つという点では，2015年度から2021年度にかけて基本的な傾向は変わらなかった．ただし，2019年度から2020年度を境にして，接点の生まれる場所は，オフィスの物理空間にチャットツールを中心としたコミュニケーションツールを加えたハイブリッド環境に移行した．

このハイブリッド化は，オフィスにいない社員とはコミュニケーションツールを使い，オフィスに出社している社員とは対面でコミュニケーションをとる

---

9) A事業部では，2019年度から2021年度にかけて電子メールでのやりとり（送信数）の総量はほぼ変わらなかったが，チャットツール（Slack）でのやりとりが2.9倍に増加した．また，オンラインでの会議回数は約2倍に増加した．

という単純な使い分けには結びつかなかった．P社では，自席でオンライン会議に参加すると周囲にうるさいため，出社はしているもののオフィス外のスペースで会議参加する社員が多い．そのため本当のところ誰が出社しているのかはオフィス内を見回しただけではわからないことも多く，オフィスにはいないと思ってチャットツールでやりとりをしていたら廊下でばったり出くわすなど，コミュニケーションのチャネルは複雑化していた．

3.11.2　インスタント・コミュニケーション

周囲と頻繁に接点を持つということは，周囲から情報を手に入れるだけでなく，周囲に対して影響力を及ぼす機会が数多く生み出されるということも意味する．各接点でマネジャーが行うコミュニケーションには「調査」「分析」「判断」「指示」など様々な要素が含まれ，単純に分類することはできない．

15分以内の短時間で行われた計画外のコミュニケーションをインスタント・コミュニケーションと言うこととする．こうした会話は非公式的になされ，省略や飛躍が多い．3.10.2でもそうした会話の一つを分析したが，ここでは別の会話を紹介しよう．表3-19はエレベータホールの前で偶然すれ違った事業部長Gと配下のマネジャーJが廊下で行った，数分程度の立ち話の一部である．

この会話でも，数分の間に，P社にとって戦略的に重要な大型案件aの購買方針，損益判断，経営会議での承認，契約上のリスク管理をめぐる対応が決定されるとともに，遅れが目立つ案件cのリカバリー策，新規案件dの体制構築，数カ月後に産休に入る社員Iの引き継ぎ（人事b），社外の人物Rをプロジェクトに参画させるための人事制度変更（人事e）などが議論され，次になすべきことが決定されている．これらはA事業部の業績に大きな影響を及ぼす可能性のある重要事項であり，公式の会議で議論し判断しようとした場合，資料を用意し，議題ごとに召集する関係者を替えて何回か会議を実施する必要があったと考えられる．つまり，脈絡のないインスタント・コミュニケーションは，非能率的に見えて実は能率的なものである．

2015年度に観察されたGのインスタント・コミュニケーションの1日あたりの内訳を表3-20に示す．会話の相手別に，主題となった個別プロジェクト，および人事，財務など共通業務の数を話題数としてカウントしている．会話の

表3-19　インスタント・コミュニケーション

発言者	プロトコル（G：事業部長，J：部下）	話　題	
G	Wの件聞いてる？		
J	聞いてます．		
G	変更するなら分析の部分と裏番組しかないと思う．		
J	Yさんの分もこの際とっちゃいましょう．	案件a	購買交渉
G	そうだね．いいよとっちゃって．もう．		
J	前触れしときましょう，五分五分ですって．Hさんにお願いするかな……．		
G	これで30行くかな．	案件a	損益判断
J	どうにか．		
G	あ，そうだIさんなんだけど．		
J	あ，メール見ました．		
G	まだ内密にね．でも少し先だよ．		
J	どうしますか．とりあえず出張なしにすればいいのかな．	人事b	労務管理
G	あとは誰かつけるかだね．いい人いる？		
J	Tさん．		
G	大丈夫かな．		
J	いや，さっきNさんに会ったけど，まだひと山ふた山ありそうです．		
G	夏に終わるんじゃなかったっけ？	案件c	進捗管理
J	ぎりぎり間に合うんじゃないかと……．		
G	Aさんに援護射撃を頼んどこう．		
J	午前中はどうでしたか．		
G	あ，うまくいった．多分動く．でもこっちも一人じゃ無理．そろそろ……．		
J	この前話してたRさんに声かけては？　相性もいいしちょうどいいでしょう．	案件d	人材配置
G	そうか．声かけてみるか……．		
J	時期はいつですか．		
G	来月くらいが提案かな．制度間に合うかな．もしAさんと会うことがあったら言っといて．	人事e	人事制度
J	わかりました．		
G	Wの件に戻るけど，来週承認とんないといけないんだよ．		
J	さっき言っときましたよ？		
G	誰に？		
J	Aさん．付議は事後でいいでしょう？	案件a	経営承認
G	いやAさんが結構こだわってる．		
J	何に？　手続きに？		
G	そう．だからUさんにその辺は任せたんだけど．		
J	来週は調整で終わっちゃいそうですね．		
G	注文もしてないのにキャンセルはないでしょう？	案件a	リスク管理
J	時間を稼ぎますかね．		

第 3 章　フィールドでのマネジャーのメタ学習

表 3-20　オフィス内でのインスタント・コミュニケーション（2015 年度）

相　手	会話回数	話題数	1 回あたり話題数
対上司	2.0	4.7	2.3
対他部署・同僚	4.7	18.3	3.9
対部下	3.7	14.0	3.8
対社外関係者	0.7	1.7	2.5
計	11.0	38.7	3.5（平均）

表 3-21　オフィス内でのインスタント・コミュニケーション（2021 年度）

相　手	会話回数	話題数	1 回あたり話題数
対上司	0.7	1.7	2.5
対他部署・同僚	4.0	22.3	5.6
対部下	4.3	34.3	7.9
対社外関係者	0.3	1.0	3.0
計	9.3	59.3	6.4（平均）

回数や 1 回の会話あたりの話題数が最も多いのは対他部署・同僚とのコミュニケーションであった．部下との会話回数は他部署・同僚とのコミュニケーションよりもやや少ないが，1 回の会話あたりの話題数はほぼ同等である．また，全体を通じて，1 回の会話で一つの用件しか話題に上らなかった会話は 7 回だけであった．

　リモートワーク導入後の 2021 年度についても同様の分析を行ってみよう．オフィス内での 1 日あたりのインスタント・コミュニケーションは表 3-21 の通りであった．これは G がオフィスに出社したときのデータを集計したものであり，オンライン会議形式での 15 分以内のショートミーティングも含む．

　2015 年度と比較すると，1 日あたりの会話回数は微減している．そのかわり，総話題数は約 1.5 倍，1 回あたりの話題数も約 1.8 倍となり，内容的な密度が高まっている．最も会話回数が多いのは対部下で，次いで対他部署・同僚とのコミュニケーションが多い．

　さらに，2020 年度以降 P 社で本格的に導入されたチャットツールを用いた非同期コミュニケーションの発生量（発信のみ）を，出社時・リモートワーク

表 3-22　チャットツールを用いた非同期コミュニケーション

相　手	会話回数
対上司	0.2
対他部署・同僚	8.1
対部下	15.8
対社外関係者	3.4
計	27.5

時の双方を含む1日あたりの回数として計算すると，表 3-22 の通りとなった．

　以上を総合すると，2015 年度から 2021 年度にかけてインスタント・コミュニケーションは増加したと言える．その背景には，A 事業部の要員やプロジェクト数の増加，またリモートワークの普及による新しいコミュニケーションツールの導入などの外的要因も存在しているため，インスタント・コミュニケーションの増加をマネジャー自身の変化のみに帰することはできない．しかしながら，G は社内のあちこちで小刻みなコミュニケーションを繰り返す中で，そうとは特定できないような形式で現状把握や意思決定を行っており，こうした漸進的な現状把握と調整が，2015 年度から 2021 年度にかけてより広範かつ頻繁に行われるようになったことは確かである．

　管理者行動論はマネジャーの行動に一貫性や単一性がないこと，「今まさに意思決定を下した」と識別できるような場面が見られないことを指摘したが，それはマネジャーの意思決定が，日常業務に埋め込まれた形で，少しずつ，また同時並行的に行われているからであろう．

3.11.3　マイクロ・コーディネーション

　ここまでの分析で，マネジャーが社内外に多様な接点を持ち，それらの接点で頻繁なコミュニケーションをとっていることがわかった．この傾向は 2015 年度から 2021 年度にかけて徐々に強まっていった．その間にリモートワークの普及による働き方の変化があったものの，全体としてマネジャーはより広範囲に接点を広げ，さらに高頻度で部下や関係者とインタラクションをするようになった．こうしたコミュニケーションは，リアルタイムでの現状把握とコントロールを兼ねている．以下，多様な接点で偶発的に行われるインスタント・コミュニケーションの束を，マイクロ・コーディネーションと総称することにしよう．

　標準プロセスでは，現状把握もコントロールも計画に基づいて行われる．以

下のような事項は前もって設計されるのが通常である.

・いつ現状を把握するか
・どのような項目によって現状を把握するか
・それらの項目をどのように評価するか
・把握された現状に応じて，どのような手立てを打つか

　たとえば，現状把握のための定例的な会議（進捗会議）やツール（課題管理表），問題が発生したときに対策を決定するためのプロセス（アクション会議）などが設定されることが多い．P社においても，大型のプロジェクトや新規性の高いプロジェクトではしばしばこのような道具立てが前もって整備される.

　本節で観察してきたマネジャーのマイクロ・コーディネーションは，これらを代替あるいは補完するものである．なぜ，その多くが受動的であり，偶発的でもあるマイクロ・コーディネーションが，それらの対極に位置する標準プロセスの代替物や補完物でありうるのだろうか.

　ここでは，マネジャーの取り組んでいる問題が，はっきり区切られた細かな個別の問題ではなく，互いに関連し合い，たえまなく流れ込む多種多様な問題であるということに注意する必要がある．このようなときには，課題を小分けにして取り組むのではなく，流れに任せながら，その場その場で連続的に対処したほうが時として能率的である．次々と接点が生み出されるということは，最新の情報が入りやすく，かつ介入や調整の機会が多く与えられるということだからだ.

　また，関連する情報を集めて原因を正確に突き止める時間があるならば，むしろ限られた不完全な情報に基づいて，速やかに，かつ少しずつ介入し，状況を動かしながら追加の情報を収集したほうがよい場合がある．A事業部のように多量のプロジェクトが同時に進行しており，容易に全体像がつかめない環境では，特にそうである．数十人からなる関係者を一堂に集めて協議したり，プロジェクトを一斉に停止してすべてのデータを集めたりすることは不可能だからである.

　多様な接点で頻繁にコミュニケーションをとっているということは，マネジャーがバッチ処理ではなく，リアルタイムの on-line 処理を好むということを意味している．Mintzberg（2009）が述べたように，「マネジャーは，電話や会

議や電子メールを"終えて"仕事に戻るのではない．こうしたコミュニケーションこそがマネジャーの仕事なのである」．マネジャーは多量の案件の現状をリアルタイムで把握し，タイミングを逃さず介入するという，認知的に高コストで，標準プロセスでも実施困難な課題を，よく調整された外的資源とのインタラクションに転換することで首尾よくなしとげている．なぜ，この置換がうまくいくのかを考えてみよう．

そのようなリストが作られることはなかったが，仮に事業部長 G がなすべきタスクをすべて書き出したとしよう．「部下 A に案件 B の指示をする」「C 社に提出する報告書を確認する」「D 社の幹部に面会を申し込む」など，思いつく順に挙げただけでも，ただちに数百に上る ToDo リストができあがるだろう．加えて，個々のタスクを取り巻く状況は常に変動している．それによって新しいタスクが生まれたり，以前のタスクが不要になったりするので，このリストの鮮度を保つためには，少なくとも 1 日に何度か更新する必要があるだろう．そしてタスクを更新するために必要な情報を，継続的に入手して吟味する必要もあるだろう．

こうして ToDo リストが整備されたとして，マネジャーはどんな順番でタスクを実施していくだろうか．それらのタスクをグルーピングしたり，評価したりする切り口はいくつも存在している．スケジュール（締め切り）の近い順に実施することもできるし，戦略的な重要度の高い順に実施することもできる．作業内容の関連性や類似性，作業に要する時間やコスト，その作業に関係する相手など，タスクを並べ替える基準は無数にある一方，どの基準でタスクを秩序立てるかのルールは存在していない．厳密に標準プロセスに従って組織運営しようとすれば，現状を把握し，タスクを割り出し，その実施順序を決めるまでのステップのどこかで情報過多によりスタックしてしまうだろうことは想像に難くない．

事業部長 G の場合，タスクの処理ルールは非常に単純で，それがやって来た順である．正確に言えば，G はなすべきタスクをそのタスクに関わる人（多くの場合，社内の関係者）でソートしている．そのことはインスタント・コミュニケーションにおいて，偶然出会った 1 人の相手と数多くの話題をめぐって会話することから明らかである．それらの話題の中には，たわいもない雑談か

ら，重要な意思決定に関連する事項まで様々な要素が盛り込まれている．また，一つのインスタント・コミュニケーションの中で，現状把握や指示，提案，交渉など様々なタスクが実行されているのは，すでに論じた通りだ．

　マネジャーは優先順位を決めて計画的にタスクを実施するよりは，他者からの要求に応じて行動している．タスク実行の引き金が受動的かつ非計画的に引かれたとしても，重要なタスクが気づかれずに埋もれてしまうことがなく，よいタイミングで処置されているように見受けられるのはなぜだろうか．理由の一つは，重要度の高いタスクがあれば他者がそのタスクを持ってマネジャーのもとにやってくるためである．もう一つの理由は，多様な接点で頻繁に複数の事案が話題に上るためである．

　A事業部では100から200に及ぶ案件が実施されている．これらは別々のチームが担当しているわけではない．担当しているのは40名に満たないメンバーであり，マネジャーは個々のメンバーと複数の案件を通じた複数の関係を持ち，メンバーどうしの分業関係もオーバーラップしている[10]．このような組織構造の中では，1人のメンバーと一つの案件についてだけ話し合うことのほうがむしろ難しい．一つの事案について判断を下すと，たいがいそれはほかの案件にも何らかの影響を及ぼすからである．

　このように密度の高いネットワークにおいてメンバーやマネジャーに関心の高い話題を取り上げて会話をすれば，その中の一つとして重要度の高いタスクがピックアップされる確率も高くなる．仮にそうしたタスクが明示的に話題にならなかったとしても，部下との間で小刻みに行われる情報の流れの中で，マネジャーは敏感に今話すべき話題を見つけるだろう．マネジャーは大まかな内的方針を持っており，それが重要な情報に対するマネジャーの注意配分に影響

---

10)　A事業部のメンバーを対象に行ったネットワーク分析によると，2021年度のA事業部のメンバーのクラスター係数は0.67と高く，平均距離も1.51名と短かった．これはスモールワールドネットワーク型に分類され，媒介中心性の高い特定のメンバーが存在していないことを意味している．各メンバーの次数は平均26.2で，リモートワーク導入以降1.5倍程度に増加していた．A事業部のメンバーは，特定の階層やハブを経由せずに，ほぼダイレクトに話したい人と接点を持つことができ，26名程度と関わりながら仕事をしていることになる．

しているからである.

　少なくとも A 事業部のような組織においては，様々な情報を集約する括り
あるいはフィルタとして，人（メンバー）という切り口は，タスクの重要度や
締め切り，必要なコストなどの切り口よりも性能がよい．つまり，人（メンバ
ー）に頻繁にアクセスすることで，締め切りの近いもの，重要なもの，コスト
のかかるもの，ほかのメンバーに影響するものなど様々な属性を持つマネジャ
ーのタスクが，結果としてタイミングを逸しない形で効率的に取り上げられる
ことになるのである.

　マネジャーは自身のタスクを書き出したり覚えていたりする必要はない．毎
日リストを更新したり，タスクの実施順序を考えたりする必要もない．マネジ
ャーはそうした認知的課題をマイクロ・コーディネーションによって処理して
いる．職場を歩き回ってメンバーの顔を見たり，チャットツール上のメンバー
の一覧表や共有された予定表を見たりしていれば，それらが手がかりとなって
重要なタスクが想起されるし，メンバーとのやりとりにおいて，ひとたびある
タスクを話題にすれば，芋づる式に関連するタスクが話題として引き出されて
くる．マネジャーが運悪く重要なタスクを想起できなかったとしても，部下の
誰かがすれ違ったマネジャーの顔を見て用件を思い出したり，相談を持ち込ん
だりする.

　3.11.1 では，マネジャーが自分の受け持ちの組織にとどまらない広範囲のネ
ットワークを築き，ぶらぶら歩きやチャットツールを通じて多くの接点を継続
的に生み出していることを見た．また，マネジャーが部下の割り込みを拒否し
ないどころか，むしろ歓迎していることにも触れた．このようにして広い範囲
でコンスタントに頻繁に接点を持ち，様々な話題を連想的に取り上げることで，
マネジャーが注目すべき事象やタスクのほとんどはリアルタイムでカバーされ
る．このような意味において，マネジャーにとっては，職場やそこにいるメン
バーなどの環境全体が，言わば「ToDo リスト」や「進捗管理表」のかわりの
役割を果たしているのである．そして，2015 年度から 2021 年度にかけて進ん
だ接点の多様化やコミュニケーションの頻繁化は，仕事の複雑化や変化の加速
化とあわせて，事業部長 G が，管理過程論が推奨するような計画の精緻化や
バッチ処理による効率化とは異なる仕方で，徐々にモニタリングとコントロー

ルの仕組みを洗練させていったことを示している．

標準プロセスからの逸脱（3.6）や早期フェーズでの修正（3.7）の増加の背後には，こうした無数のインタラクションがあった．週単位あるいは月単位で開催される会議の水面下で行われる膨大なインタラクションを通じて，マネジャーは自身が様々な情報を受け取ると同時に，インタラクションの相手（部下や関係者）を通じて情報を媒介し，拡散させている．このようにしてマネジャーは，文書化された計画と現実を対比することによってではなく，多様な接点で生まれる頻繁なインタラクションによって現状を把握している．マネジャーのネットワークがより広範囲に張り巡らされ，より高頻度に活性化していくことによって，情報に制約のある早期フェーズの案件についても多くの修正すべきポイントを見出し，実際に修正することができるようになる（評価の適切性の向上）．また，様々な接点において触発されることで新規なアイデアが生まれやすくなるとともに，多くの情報や機会が顕在化し，各フェーズでの多様な管理行動が引き出されるのである（試行の多様性の増加）．

3.12 予測困難な変化に適応するメタ学習

3.12.1 フィールド調査の振り返りとマネジャーのメタ学習

第3章では，2015年度から2021年度にかけて，非連続的な環境変化に何度か直面しながら事業成長を実現してきたマネジャーに対するフィールド調査を行った（3.1）．P社のA事業部は調査開始の前年度に実験的に設置された事業開発組織で，外部市場の開拓，既存事業の統合，新型コロナウイルスに伴う製品の提供形態や就業形態の変革，データやデジタル技術を使ったビジネスモデルへの変更など，事業や組織を大きく作り変えながら成長してきた．A事業部は40名程度の小規模な組織であり，予測や公式計画に基づいて運営される同社の他事業部に比べ，業務の多様性や変動性が高く，非定型的な業務に従事していた（3.2）．

この組織を率いる事業部長Gは，かつて管理者行動論が明らかにしたのと同じように，断片化された日常を送っていた．その活動の8割近くは他者との協働作業であり，計画外の活動や，受動的に始まる活動がそれぞれ6割前

後を占めていた．マネジャーは思考よりも実行に時間を割いているように思われ，その慌ただしく場当たり的な日常は，能動的な司令塔にも，周到な戦略家にも見えなかった（3.3）．

フィールド調査に向けた初期仮説として，パフォーマンス，試行の多様性，評価の適切性，そして外的資源との認知的協調からなるメタ学習の概念モデルがある．第2章で扱った洞察問題解決の熟達は，第3章のフィールドの事象のミニチュアとして選ばれたものである．一つの非連続的な環境変化に適応することは，一つの洞察問題の解決（高次学習）に対応し，複数の非連続的な環境変化に適応する過程を通じて生じる学習は，複数の洞察問題解決を通じた熟達（メタ学習）に対応する．この対応関係を念頭に，認知科学および経営学の既往研究も参考にしながら，第2章で検討された概念モデルの各々の項目を，フィールドで観察可能な事象に注意深くマッピングした（3.4）．

調査対象者Gの毎日は断片化しており，緻密な分析，高度な戦略立案，大胆な意思決定など，一般に高業績マネジャーが行っているとされる管理行動がわかりやすい形で観察されることはほとんどなかった．このような状況下で効果的なマネジメントが行われていると言えるのかを確認するため，A事業部の業績を7年間にわたって複数の観点から検証したところ，業界平均を上回る成長を遂げていることが確認できた．また，A事業部が直面した様々な非連続的な環境変化に対して，そのつどGが中心となり，以前とは異なる新しい手法を生み出しながら適応してきたことがわかった．組織業績や組織学習はその組織を所管するマネジャーのパフォーマンスと相関が高いことから，A事業部を初期から率いてきたGは，非連続的な環境変化に適応することそれ自体の学習，すなわちメタ学習を行ってきたものと評価された（3.5）．

メタ学習が発生するための条件の一つは，試行の多様性が高まることである．そこで組織内の制約としての標準プロセスと対比してマネジャーが実際にとっている行動を調査したところ，標準プロセスから逸脱した行動が増加していることが確認された．特に大きく増えたのは制約緩和（先行逸脱）型の行動である．それはプロジェクトの初期フェーズにおいて十分な分析や計画なしに実行するような非公式の活動であった．プロジェクト早期において標準プロセスからの逸脱が増え，管理行動の多様性が高まったということは，洞察問題解決の

熟達過程における初期多様性の増加に近しい事象である（3.6）.

　続いてメタ学習のもう一つの発生条件である，評価の適切性を調査した．会議データにおいて標準プロセスのどのタイミングでどのような意思決定がなされるかを分析すると，意思決定の内容や種類に大きな変化はなく，7割近くの会議において議案に対する何らかの修正が施されていることがわかった．調査期間中に変化したのは，決定内容ではなく決定タイミングである．とりわけ増加したのはプロジェクトの早期フェーズにおける修正を伴う意思決定であった．これにより，プロジェクトが最終形に近づくよりもずっと手前の段階で，マネジャーが何らかの判断材料に基づき，軌道修正を図るようになったことが明らかとなった．早期フェーズでの修正判断の増加は，第2章の実験において図形パズルの熟達者の悪手率（手戻り）が減少し，手数の分岐が増大する手前の段階で何度もやり直すようになったことと類比的である（3.7）.

　試行の多様性と評価の適切性の変化は，事業や組織の状況が大きく変動するたびにマネジャーが行う高次学習，すなわちもはや有効でなくなった既存のマネジメント手法をアンラーンし，新たなマネジメント手法を創出する過程と密接に結びついていた．Gは調査期間中に少なくとも三度の高次学習を行っているが，その間に高次学習の仕方が変化し，学習効率が高まっている．それがA事業部の組織成長に寄与していることが改めて裏づけられた（3.8）.

　では，試行の多様性や評価の適切性はどのようにして増加するのか．メタ学習のモデルは，試行の多様性や評価の適切性の増加が，内的な認知能力の変化によってよりも，認知の外的資源の積極的な活用によってもたらされることを予想する．

　そこで，A事業部のように変化が激しく情報が不完全にしか与えられない状況，また多量のプロジェクトが同時並行で進められている状況において，マネジャーがどのように達成すべきゴールを生成・保持し，どのように計画を立案・参照し，どのように現状を把握しながら仕事をコントロールしているのか，という三つの側面からマネジャーと外的認知資源との相互作用を分析した．その結果まず，手持ちのラフな材料を携えて非公式かつ偶発的に様々な関係者と接点を持ち，徐々にゴールやスコープを具体化していく創発的ゴール設定が増加していくことが確認できた．情報が不完全な状態であっても，こうした行動

をとることによって次の行動を制約する条件が創造され，目指すべきゴールやその達成に向けたリソースが経路依存的に生み出される（3.9）．

次にマネジャーの計画を分析すると，それらは単一のマスタープランとして統合されているのではなく，マネジャーの内部と外部に分散していること，具体的な細部になればなるほど，他者や人工物とのその場での相互作用に置換されていくことがわかった．仕事の複雑化や変化の加速化が進む中で，マネジャーが日常的には場当たり的で受動的にふるまいながらも，全体としては仕事の流れをうまくコントロールできるのは，「計画」を大まかな内的方針と外的資源（ツールや他者）との相互作用にますます分散させていったためであった（3.10）．

最後に，多量の案件が同時並行で進められる中，マネジャーがどのようにそれらをモニタリングし，コントロールしているのかを，行動観察データから分析した．その結果，社内外で偶発的に生み出される多様な接点において，マネジャーが非公式かつ短時間のインスタント・コミュニケーションを頻繁に発生させることで，同時並行的かつ漸進的に仕事をコントロールしていることがわかった．この傾向は，調査期間中のマネジャーの仕事の断片化やリモートワークによるコミュニケーションのハイブリッド化とともに一層押し進められた．出会った人と，話題になった順に，タスクをその場その場で処理していくマイクロ・コーディネーションは，関係者が密接に重なり合いながら複数の仕事に従事しているＡ事業部のような環境においては，標準プロセスが想定するバッチ処理に比べ，認知負担の面でも処理のリアルタイム性の面でも優れているものであった（3.11）．

会議場面における標準プロセスからの逸脱（3.6）と早期フェーズの修正判断（3.7）は，会議以外の場面でのコミュニケーションを含む，より非公式な三つの要因，すなわち創発的ゴール設定（3.9），計画の分散（3.10），マイクロ・コーディネーション（3.11）によって下支えされている．認知の外的資源との相互作用が増加していくことによって，標準プロセスからの逸脱が促される．かつ，それらは単なるでたらめではなく，筋のよいオペレータをいずれ発見ないしは創出できるようなものへと，次第に方向づけされていく．情報が少なく先行きが予測できない中で，早期に修正すべき点が見出されるようになるのも同

第 3 章　フィールドでのマネジャーのメタ学習

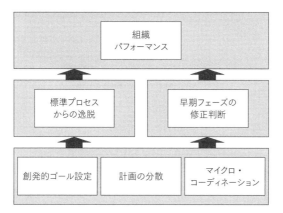

図 3-18　フィールドにおけるメタ学習の事象モデル

じ理由からである．

　外的資源との認知的協調は，マネジャーの認知負担を軽減するとともに，組織運営に必要な様々な情報を顕在化させ，マネジャーの管理行動や意思決定を制約するような多くの手がかりを与える．第 2 章の図形パズルの熟達者がそうしたように，非連続的な環境変化の常態化に直面したマネジャーも，内部操作と外部操作の組み合わせによって，自身が解きやすいように課題を変形している．マネジャーのメタ学習は，自身の身体や周辺環境を含む外的環境を自身の認知過程に巻き込んでいくことによって，同時にそこから自身の認知過程が影響を受けることによって，もたらされていると言えよう．

　以上のフィールド調査を通じて，本書では最終的に図 3-18 のようなフィールドにおけるメタ学習の事象モデルを得た．この事象モデルは，次の通り，メタ学習の概念モデルに対応している（図 3-19）．

　それまでの環境では有効であった解決策がかえって阻害要因となるような非連続的な環境変化が常態化した状況において，組織はたえず学習しなければならない．そのカギを握るのがマネジャーであり，マネジャーが学習できるかどうかが組織のパフォーマンスに直結すると言われる．

　では，マネジャーにはどのような学習が求められるだろうか．まず，マネジャーは高次学習によって非連続的な環境変化に適応する必要がある．高次学習を行うことで，従来の既存手法がアンラーンされるとともに，新たな環境に即

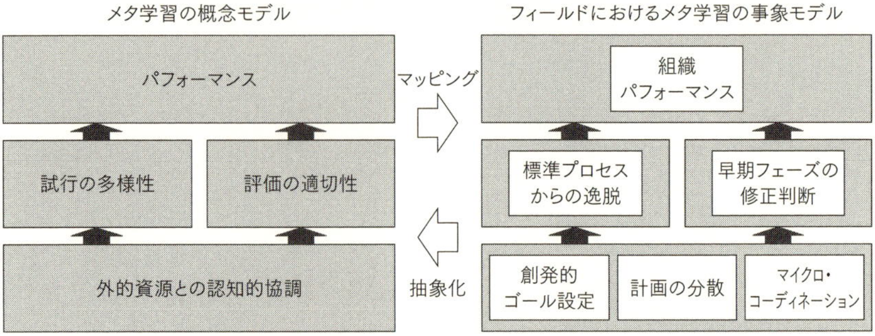

メタ学習の概念モデル　　　　　　　　　フィールドにおけるメタ学習の事象モデル

パフォーマンス　　　　マッピング　　組織パフォーマンス

試行の多様性　　評価の適切性　　　標準プロセスからの逸脱　　早期フェーズの修正判断

外的資源との認知的協調　　抽象化　　創発的ゴール設定　　計画の分散　　マイクロ・コーディネーション

図 3-19　メタ学習の概念モデルとフィールドにおけるメタ学習の事象モデル

した新規手法が創出される.

　一方,非連続的な環境変化が常態化した状況では,マネジャーは何度も高次学習をしなければならない.このような状況に置かれたマネジャーは,高次学習それ自体に熟達する必要がある.高次学習は既存手法を捨て去る学習であるから,高次学習の熟達は特定の手法の繰り返しによる熟達ではない.それは状況に応じてそのつど高次学習が起こりやすくなるようなシステムを形成する,メタレベルの学習である.マネジャーがこうしたメタ学習を行うことによって,度重なる環境変化にさらされても,組織のパフォーマンスは向上していく.

　本書で得られたモデルに従えば,マネジャーのメタ学習は標準プロセスからの逸脱(試行の多様性),早期フェーズの修正判断(評価の適切性),そして創発的ゴール設定,計画の分散,マイクロ・コーディネーション(外的資源との認知的協調)が活発化することによって促進される.

3.12.2　漸進的な変化としてのメタ学習

　ここからは,メタ学習のプロセスについていくつかの観点から議論する.まず,メタ学習は非連続的な環境変化に適応することへの熟達過程であるが,にもかかわらず,メタ学習の過程自体は連続的な性質を持っている.これまで分析した通り,標準プロセスからの逸脱(試行の多様性)も早期フェーズの修正判断(評価の適切性)も,期間中にゼロから突然に生じたわけではない.調査開始年度から調査最終年度に至るまで,事業部長 G は常にある程度は標準プ

ロセスを遵守し，ある程度は標準プロセスから逸脱していた．同時にまた，ある程度は実行フェーズで修正の意思決定をし，ある程度は分析フェーズや計画フェーズで修正の意思決定をしていた．変化したのはあくまでもそれらの出現頻度であって，一方から他方へと突然に切り替わったわけではないのである．

　本章では組織ルーティンからの逸脱という要因に注目したため，組織ルーティンに従った管理行動については焦点的に論じなかった．しかしながら，A 事業部の事業部長 G は，標準プロセスからの逸脱率が最も高くなった調査の最終年度においても，約 40％は標準プロセスに準拠した行動をとっている．そうでなければ安定した組織運営は難しいだろう．

　起業家の行動原則を研究した Sarasvathy（2022）は，即興的なエフェクチュエーションと計画的なコーゼーションという二つの行動様式は両立可能なものであり，両立すべきものであると主張している．また Rosing *et al.*（2011）は，もともと組織レベルのために開発された「両利き」の概念を個人レベルに適用し，イノベーションのプロセスに応じて探索と活用の間で柔軟に行動を切り換える両利きのリーダーシップ（ambidextrous leadership）を提唱した．これらは組織運営にあたって即興性と計画性，変化を志向する行動と安定を志向する行動の双方がともに必要であることを示している．本書における事業部長 G も，インタビューでは計画を立てることや計画に従って行動を組織化することの重要性を強調した．標準プロセスからの逸脱は確かにメタ学習の重要な条件であるが，だからと言ってそれが分析―計画―実行という規範的なプロセスに従った管理行動を完全に代替するということにはならない．

　このように，メタ学習を複数の資源の強度や頻度の変化としてとらえることにより，見かけ上は飛躍的な変化が，微細な変化の蓄積として連続的に解釈できるようになる．学習の多くは散文的で目にとまりにくい日常行動レベルの変化の積み重なりによってもたらされる．一見すると極端な変化のように思われる高次学習とその熟達過程も例外ではない．このように考えると，従来は説明することが困難であった諸事象――たとえばアンラーニングにおける棄却と獲得（安藤，2019）や，質的に異なった発達段階間の移行（楠見，2014）――を，一方から他方への，突然かつ完全な切り替えといった不自然な仮定を置くことなく，連続的な変化として理解する可能性が開かれる．

標準プロセスを遵守する行動と標準プロセスから逸脱する行動は，一人の個人の中で常に割合を変えながら共存している．このことは，一部の人材のみに観察される例外的な事象ではないはずだ．創造的問題解決における個人差を分析した鈴木ら（2003）は，洞察（ここでは高次学習と読み替えていただきたい）ができる人とそうでない人の差は，問題解決の初期段階における試行の多様性の高さと，試行の失敗を受けてどれだけ次の試行を変化させるかの学習率[11] の違いにあると言っている．洞察ができない人であっても制約の緩和した試行は初期から行っており，問題解決の過程でそうした試行の出現率は徐々に上がっていく場合が多い．それでも問題解決に至らないのは，開始時点において制約の緩和した試行の出現頻度がたまたま低かったこと，そして失敗によるフィードバックの強度が弱く，制約緩和が比較的ゆっくりだったことによる．つまり，洞察できる人もそうでない人も，問題解決過程においてたどる変化はおおむね同一であり，違うのは与えられた時間内にその変化がある閾値を超えるかどうかだけなのである．

認知過程のベースにゆらぎを認めることによって，創造的な人とそうでない人との違いが，同じメカニズムにおける初期値や変化率の違いとして理解できるようになる．本書で調査したのは1名の事業部長であり，ほかのマネジャーと比較して管理行動における多様性がどのように異なるかを論じることはできない．しかし，創造的認知に関する前述の見方を参照するならば，事業部長Gの固有性は標準プロセスから逸脱したことそのものにではなく，あくまでも逸脱の頻度や変化率にあったと考えられる．

3.12.3 認知過程としてのメタ学習

メタ学習のモデルにおいては，外的資源との認知的協調がカギを握る．ここでは，マネジャーが職場に埋め込まれた様々な認知資源を取り込み，認知的に

---

11) 学習率（更新率）とは，経験による変化の度合いを表すパラメータである．制約の動的緩和理論では，この値が大きい参加者は一度の失敗により大きく制約強度を変化させる一方，この値の小さな参加者は失敗を検知しても制約強度をあまり変化させないため，試行パターンも変化しにくいと考えられている（鈴木ほか，2003）．

第3章 フィールドでのマネジャーのメタ学習

拡張されたシステムを形成することによって，不確実性の高い環境に適応できるようになるということを，分散認知や拡張された心の観点から詳論する．

分散認知や拡張された心の立場は，人の認知を個人の情報処理（内的資源）と周囲の環境（外的資源）とがなす一つのシステムから生み出されるものととらえる．Hutchins（1995）は，軍艦の航行についてのエスノグラフィ的調査から，安全な航行がベテランの知識と命令だけで遂行されているのではなく，人の組織，海図，計器類とその配置など，様々な外的資源との相互作用によって実行されていることを明らかにした．また Lave（1988）は，売り場を通り抜けるというスーパーの買い物客の行動について，買い物客の意図や期待と，売り場や製品配列などの外部環境が提供する場との相互作用が繰り返されることによって，買い物行動とスーパーという場面がスムースに適合し，買い物活動が労せず展開されると論じた．Conein & Jacopin（1996）や椎木（1998）は，このとき買い物客と，買い物リスト，製品陳列棚，そしてピックアップした製品が入っている買い物カートという外的資源が協調して，一連の買い物行動が創発すると考える．分散認知の重要な示唆は，人が真空状態で思考するわけではないということ，様々な外的資源に取り囲まれ，またその一部を取り込み，知覚し，判断し，行動しているということである．

本書でのマネジャーの行動の選択とコントロールに関わるプロセスも，かなりの程度にわたって周囲の環境に依存していた．マネジャーは周囲の環境が提供してくれる様々な認知的な支えを頼りに組織運営にあたっている．マネジャーのメタ学習の過程は，こうした認知的な支援環境を構築し，それらと協調するように自身の認知や行動様式を調整していく過程であったとも言える．このことを，以下ではマネジャーにとっての記憶負荷の低減，および計算負荷の低減の2側面を例にとって考察する．

バーテンダーの記憶方略を研究した Beach（1993）は，初心者が注文を覚えるためにリハーサル方略を用いるのに対し，熟練したバーテンダーはグラスを手がかりとした方略を用いることを明らかにした．熟達者は注文に応じて異なる形や色のグラスを順にカウンターに並べ，これを外部記憶として活用する．内部資源に依存したリハーサル方略をとる初心者は，注文を覚えるまでの間，客と会話することができないか，あるいは会話によってリハーサルを妨害され

てしまう.

　同じことが本書で取り上げた事例においても認められる.マネジャーがぶらぶら歩きをするとき,周囲の環境は cue として機能している.関係者の顔を見れば検討すべき事案が想起され,インタラクションが始まる.話しているうちにその内容が別の事案を連想させ,以下,芋づる式に複数のタスクが処理される.マネジャー自身も周囲に対して cue として働き,周囲から必要に応じて声がかかる.このような環境があるおかげで,マネジャーは自分がなすべきことのリストや手順を常に正確に記憶しないで済む.現場を歩き回ることで,次に何をすべきかを環境が教えてくれるからである.

　外的資源との協調によってもたらされるもう一つのメリットは,計算負荷の軽減である.Larkin & Simon(1987)は,幾何学や静力学の問題を取り上げ,図やグラフなどの外的資源を用いることによって,計算や推論の負荷が軽減ないしは代替されることを論じている.また,ビデオゲーム Tetris の熟達者を研究した Kirsh & Maglio(1994)は,外的資源との相互作用によって課題を認知的に変容させる認識的行為(epistemic action)を通じ,内的計算よりも速く正確な「計算」ができることを示した.プロの料理人も,注文された料理と注文された順序,そして料理の進捗(焼き加減)が作業環境上に表現されるように調整することで,記憶を外化するとともに,自身のタスクが自然にガイドされるようにしている(Kirlik, 1998; 椹木ほか,2018).この例では,料理人が調整した環境が,料理人のタスクの記憶と進捗管理を認知的に助けている.

　本書で取り上げたマネジャーの日常は「実務を部下に任せ,自らは戦略計画に専心する」教科書的なマネジャーとは異なるものだった.事業部長 G は自ら部下とともに実務に携わり,別室で戦略計画に専心するよりも人々との頻繁なコミュニケーションに時間を費やしていた.このことは,マネジャーが現場から切り離された off-line の詳細計画や整然とした分業体制よりも,外部環境との接触を保ちながら,on-line の相互作用を通じた動的コントロールを多用するようになったことを示す.そして A 事業部のようにきわめて変化が多い小規模組織においては,外的資源との on-line の相互作用を用いた計算のほうが,推論の負荷や正確性,適時性の面でメリットがある.なすべき課題が膨大にあり,そのそれぞれが刻々と変化しているような場合,すべての情報を内的

に保持したり，前もって詳細な計画を立てたりすることは事実上不可能だからである．

マネジャーを取り巻く環境も，マネジャーの思考や計画をガイドするように調整されている．Ａ事業部において日々のスケジュールや業務文書は社内ネットワーク上で共有されていた．メンバーは物理的にあるいはバーチャルに近くに集まっており，それぞれが複雑なチーム編成の中で密度の高い関係を取り結んでいた．このような条件に加え，マネジャー自身が保持している中断や割り込みに対する寛容さとフィードバックのしやすさ，広範囲にわたる良好な人間関係，および頻繁なインスタント・コミュニケーションによって，マネジャーが何らかの行動をしたり，周囲で何かが発生したりした場合には，それが何に対するフィードバックであるのかが特定可能な形式で，すぐに反響が返ってくるようになっていた．

情報の顕在性が高く，推論を容易にするという上記の環境特性は，与えられたものというより，マネジャーによって構築され，維持されているものである．実際，マネジャーは部下からの割り込みによる作業の中断を歓迎していたし，通常業務が要請する以上の幅広さで，組織内の多様なメンバーと接点を持つようにしていたのである．組織に埋め込まれているこうしたダイナミクスを活用することで，マネジャーは周囲の動きに対して敏感さを保てるとともに，少ない入力で組織の動きを間接的に調整できる．マネジャーが命令口調で部下に指示をしたり，厳しい決断を下したりする場面がほとんど見られなかったのも，マネジャーを取り巻く周辺環境の反応性が高く，そのような直接的な権限行使を必要としないレベルに保たれていたからである．

不確実な状況下に置かれたマネジャーは，豊かな内部モデルを構築するよりも，他者や人工物（オフィス環境やPC）など外的資源との相互作用によって物事に対処している．マネジャーが長けているのは，自分のふるまいをうまく制約してくれるよう周囲の環境を構造化したり，周囲と相互作用したりすることである．また，マネジャーが発揮しているのはなりゆきに任せながら流れが望ましい方向に向かうことを促すスキルであり，古典的なリーダーシップ研究が主張するような直接的・公式的な影響力とは異なるものである．

そのようなマネジャーとなっていくメタ学習の過程を別の表現で言い表すな

らば，リソースフル（resourceful）になっていく過程である．それは第一に，外的資源がマネジャーの認知過程をサポートしてくれることで，マネジャー単独では到底できそうにない，高度で複雑な計算や推論を可能にするという意味においてである．そして第二には，その場にあるものやその場で起こることを材料にして，より機転の利いた（resourceful）対応ができるようになるという意味を含む．

　ロシアの生理学者 Bernstein（1991/1996）は，身体運動における臨機応変の巧みさ（dexterity）の本質として資源の利用性（resourcefulness）という概念を提示した．資源の利用性とは，予期せぬ新規な状況に直面しても，その場で利用可能な諸資源を組み合わせて適応的な解決策を作り出す能力を指す．フィールド調査では，マネジャーがきわめて経路依存的にゴールを生み出すこと，偶然の出会いや出来事を最大限に活用して，多量のタスクを同時に処理したり，鮮度の高い情報をリアルタイムで集めたりするようになることを示した．このとき熟達したマネジャーにとって，状況の不確実性や偶然性，情報の不完全性は脅威であることをやめ，新しいものを生み出すリソースとなる．マネジャーは偶然性や不確実性を梃子にして，新しい制約や機会を「紡ぎ出す（fabricate）」（Sarasvathy, 2022）．

　図形パズルの熟達者（第2章）は，経験を蓄積するにつれてより多様な試行を生成するようになり，それらをより適切に評価できるようになった．この変化は，様々な試行のパターンやそれぞれの試行の良し悪しを知識として蓄積したことによってもたらされたものではなかった．それは多様な行動が自然と産出されるような形で，また試行の良し悪しのフィードバックが得られやすいような形で問題に取り組むようになったことによって生じた変化であった．

　同じことがここでのマネジャーにもあてはまる．マネジャーの行動はプロジェクトの初期フェーズになればなるほどより即興的になり，修正もより頻繁になった．マネジャーのとった一つ一つの行動はそのつどの状況との対話によって生まれたものであり，その場限りのものである．マネジャーがこうした多様な行動を内的に計画したり，評価基準を汎化してストックしたりしていたとは思われない．それでは状況や問題の数だけ知識が必要となってしまう．マネジャーが取り組む問題の複雑性や環境変化の非連続性を考慮すれば，そのような

第3章　フィールドでのマネジャーのメタ学習

アプローチには限界がある.

　マネジャーが学習したのは, 未知の状況に対して学習が起こりやすいように, すなわち試行の多様性と評価の適切性が高まりやすいように外的環境をカスタマイズしたり, それらと相互作用したりすることだった. 内部操作と外部操作を組み合わせることによって, マネジャーの取り組む問題はマネジャーにとって解決しやすい形式に変換される. 製品開発の構想は, よい着想や資源を与えてくれそうな誰と会うかという問題に変換され, 多量のプロジェクト計画は, マネジャー自身が保持する大まかな内的方針と, 詳細な外的文書や他者からのリマインドに分散される. 変動する膨大なタスクの優先順位づけは, オフィス内のぶらぶら歩きに変換され, タスクの処理は短時間の会話と連想的な話題のピックアップによって効率的に実行される.

　よく調整された外的資源とのこのような多量のインタラクションを通じて, マネジャーはより多く触発され, 機会や脅威に関するより多くの情報に触れることになる. このことが管理行動の多様性を生み出す. さらに, 目指すべきゴールが不確実な状況であっても, マネジャーの行動に対するフィードバック情報がすぐに返ってくることによって, 現状や今後の見通しに対する評価が容易となり, 状況に対して敏感な調整が可能となる. これらは, ゴールの生成と参照, 計画の保持, 現状把握と統制といった問題解決の基本的な要素を, 内的計算のみではなく, 外的資源との認知的なインタラクションに転換することによって得られる便益である. このような置き換えと資源の組み直しが進むことによって学習効率が上がり, メタ学習が促されるのである.

3.12.4　社会的過程としてのメタ学習

　思考や記憶を外部に分散し, 周囲の人工物や環境と認知的に拡張された系を形成することによって, 様々な認知的利得がもたらされることを確認した. これらはメタ学習が持つ認知的意味である. ここでは, それだけにとどまらず, メタ学習がマネジャーとその周囲にある他者や組織を巻き込む社会的過程ともなっていることを論じる. 社会的過程としてのメタ学習が持つ意味は, 特に外的資源との認知的協調に着目することで明確となる.

　マネジャーは即興的に外部ネットワークを拡張しながら, 漸次的にゴールを

創発する．この過程は推論を社会的に分散し，同時に目指すべきゴールを共有していく過程でもあった．組織運営において目標設定（goal setting）はマネジャーの最も重要な仕事の一つであり，不確実性の高まる現代においては最も困難な仕事でもある．メタ学習を行うマネジャーは，一人で分析的にゴールを設定するのではなく，周囲との相互作用を通じてゴールを徐々に生成することによって，分析作業の計算負荷を下げるとともに，関係者との間で様々な背景情報や目指すべき方向性を共有し，目標達成に向けたよりよい協働を準備している．さらに，マネジャーは周囲の関係者を巻き込んで創り出したゴールを電子的な文書として拡散させることによって，設定したゴールの正当性や公式性を担保する．すなわち，一連の活動は資源を獲得したり，資源の動員を正当化したりする過程を兼ねているのである．もしこのマネジャーが一人で目標を設定し，目標ができてから予算や協力者を見つけに行ったのだとしたら，以上のような諸資源の組織化は難しかったに違いない．加えて，これらの活動の多くは非公認の「密造」活動として，限られた要員数で行われている．マネジャーは自身の役割や専門と異なる活動にも取り組まざるを得ず，組織外の資源や知識に依存する傾向が強まる．このことが結果として，「意図せざる新結合」を誘発すると思われる（高田，2022）．

　次に，マネジャーの行動は，マネジャーの内部および外部に分散された計画によってガイドされている．組織運営においては，マネジャーがプロジェクトや部下の計画を把握することのみならず，部下がマネジャーの計画を把握することもあわせて重要である．計画が外部に分散されることによって，マネジャーはもとより部下にとっても，相互の計画へのアクセシビリティが高い状態に保たれる．このために，マネジャーにとっても部下にとっても，あるプロジェクトの計画変更がほかのプロジェクトにどんな影響を及ぼすかを考慮することは容易であり，同時並行する多数のタスクが，複雑な計算を要さず，その場その場で流れるように変更されていく．

　また，マネジャーの計画がオンラインの予定表や現実の行動として外化されているということは，そのマネジャーが今何に取り組んでおり，特にどんなことを重視しているのか（あるいは重視しないのか）が常にディスプレイされているということでもある．文書にして伝達するまでもなく，これらは職場の関係

第3章　フィールドでのマネジャーのメタ学習

者に対してマネジャーと組織の優先順位を雄弁に物語る．マネジャーとその周囲の間で生起する一見ばらばらに見える相互作用は，マネジャーの行動や公開された計画を通じて演じられるこうした優先順位の影響を受けて，一定の方向へとアラインしていくのである．

さらに，マネジャーは職場において偶発的かつ頻繁に生じる相互作用を通じて調整を行っている．10分内外の時間単位で重ねられていくこうした無数の調整の束は，マネジャーに小刻みな情報収集と相互調整の機会を与えるだけでなく，チームが物理空間（オフィス空間）と仮想空間（コミュニケーションツール）に分散していく中で，状況への気づき（situation awareness）を共同化する効果がある．本章で取り上げたA事業部の場合は，とりわけ少人数の要員が様々な組み合わせで同時に複数のプロジェクトに配置されているため，各々のチーム内のみならず，チーム間においても情報流通の速度が早い．マネジャーは組織内に，冗長に重なり合った流動的な構造をいくつも形成することで，組織内のどこで何が起こっているのかが相互に把握しやすいようにしている．このような構造を介して頻繁に調整が行われると，マネジャーを含む関係者間で自然と文脈情報が共有される．部外者にはすぐには解読できないような，短時間の文脈依存的なコミュニケーションが，実際のところ膨大な背景情報を踏まえた効率的な意思決定や調整たりうるのは，以上のような共同化の効果にほかならない．

このように，外的資源との認知的協調に下支えされたマネジャーのメタ学習は，不確実な環境において隠された情報を顕在化し，マネジャーの記憶や推論を容易にするという認知的な意味に加えて，マネジャーとその周囲で行われる他者との相互作用に一定の方向性と秩序を与え，集団でのプロジェクトや事業の遂行を効果的なものにするという社会的な意味を持つ．そうであればこそ，マネジャーの学習が，単にマネジャー個人の変化にとどまらず，組織の学習やパフォーマンス向上をもたらすのである．

3.12.5　機会主義的な行動様式の適応性

本章では，フィールドのマネジャーがきわめて慌ただしく断片化された日常を送っていること，職場においてもコミュニケーションツール上においても多

くの関係者と接点を持ち，多量の話題を同時並行的に扱っていることを述べた．
だが，これらの外面的特徴は必ずしも優れたマネジャーにだけ観察される特徴
ではない．たとえば，担当するプロジェクトが問題プロジェクトばかりで，た
えず発生するトラブルに翻弄されているマネジャーも，同様に断片化された日
常を送り，多くの関係者と頻繁にコミュニケーションをとっていることだろう．

　メタ学習を行うマネジャーの創発的ゴール設定やマイクロ・コーディネーシ
ョンと，例外対応に追われながら何とか日々をしのいでいるマネジャーのそれ
とは，一体何が違うのだろうか．メタ学習を行うマネジャーの無数の日常実践
が，機会主義的でありながらも，最終的にパフォーマンス向上につながるよう
な形で組織されていくのはなぜか．この点について，メタ学習のモデルに則し
て説明する．

　第一に，メタ学習を行ったマネジャーの管理行動の多くが，標準プロセスに
対する先行逸脱の文脈で行われていることが挙げられる．先行逸脱とは，プロ
ジェクトの初期フェーズにおいて前倒しで行われる管理行動である．先行逸脱
が増えるということは，マネジャーのマイクロ・コーディネーションも先行逸
脱に関するものが多くなっているということだ．これに対し，例外対応に追わ
れるマネジャーの場合には，プロジェクト実行の終盤フェーズにおける手戻り
やトラブル対処を含む後行逸脱が多くなると考えられる．マネジャーが見たと
ころ同じように慌ただしい日常を送っていたとしても，そこでなされるコミュ
ニケーションや意思決定が，主として将来の機会創出に向けた早期介入や問題
が悪化する前のフロント・ローディング[12]としてなされているのか，あるい
は問題が悪化した後の「火消し」や「やり直し」として行われているのかによ
って，組織のパフォーマンスは異なってくる．メタ学習が進めば進むほどマネ
ジャーのマイクロ・コーディネーションは前者の文脈で行われることが多くな
り，組織の好業績に結びつきやすくなるのである．

　第二に，様々な案件の会議体で，マネジャーが修正を伴う意思決定を行い，
問題の悪化を防いでいるということが挙げられる．ほとんどの場合，重要な決

---

12)　主に製造業において，設計の初期段階から後工程（製造技術，調達，生産管理など）が
　　前倒しで参画することで，設計品質を高め，製品を円滑に立ち上げる活動のこと．

定事項はプロジェクトの節目において会議体の議題として公式的に検討される．すなわち，会議体以外の場所で行われるマイクロ・コーディネーションが仮に不適当な方向に進められていたとしても，プロジェクトのどこかの段階の会議体で公式な検討対象となり，是正されることが多い．このように，プロジェクトの要所にチェック・ポイントが設けられ，その機会を活用してマネジャーが実際に修正判断を施すことによって，プロジェクトがより見込みのある方向に軌道修正されたり，問題の悪化や拡大が防がれたりする．会議体における修正判断は，マネジャーによるマイクロ・コーディネーションが誤作動した場合のフェイル・セーフ（安全策）として機能している．

　第三に，マネジャーが抱く大まかな内的方針と，マネジャーが外部に築いている反応性のよいネットワークによって，マネジャーの注意配分がコントロールされているということが挙げられる．Simon は，意思決定において決定的に重要な稀少要因は，情報ではなく注意であると言っている（Simon, 1997）．マイクロ・コーディネーションの効果性も，膨大な情報の流れの中で，マネジャーが何に注意を振り向け，何に対してどの程度の強度で反応するかによって左右される．

　大まかな方針に含まれるのは中長期的なアジェンダであり，具体的なタスクではない．また，短時間の間に複数の話題が次々と連想的に取り上げられるインスタント・コミュニケーションにおいて，マネジャーには熟考している時間がない．このような場面において，マネジャーの大まかな方針は，マネジャーの出力（行動）を直接制御するものというより，入力に対するフィルタリングや重みづけとして間接的に作用していると思われる．つまり，マネジャーの内的な方針は，流れる話題の中で何に対して敏感に反応するかを重みづけすることで，その後の出力に，方針にかなった特徴ベクトルを与えているのである[13]．

　マネジャーは多様な相手と頻繁なインスタント・コミュニケーションを行っている．やりとりが繰り返されるにつれ，共同注意[14]と類似したメカニズム

---

13)　ここでの議論は，Tetris の熟達者が持っている「格言（motto）」の役割（Kirsh & Maglio, 1992）とそれに対する Clark の解釈（Clark, 1998）を参考にしている．

14)　共同注意とは，他者の注意の対象や注意対象に対する態度を共有したり，行動を調整したりすることをさし，乳幼児の発達において重要な役割を果たすことが知られる．

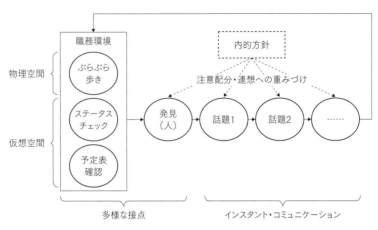

図 3-20　内的方針とミクロな調整の束

によって，マネジャーが何に対して敏感に反応するかが，次第にマネジャーの関わる相手の側にも伝播していく．中断や割り込みに対して寛容なマネジャー自身の開放性により，マネジャーの築く人的ネットワークは反応性のよい状態に保たれている．すると，マネジャーが注意を向けるであろう情報を，やがては相手の側が選択してマネジャーのもとに届けてくるようになる．

　これらのサイクルが繰り返されることで，マネジャーが持つ大まかな内的方針は，常に高活性な状態に保たれる．その結果，一種のプライミング効果[15]により，内的アジェンダに関わる情報が知覚されやすくなる．このようにして大まかな内的方針を持つマネジャーと反応性のよい人的ネットワークとが循環的に相互作用することで，何をめぐってマイクロ・コーディネーションがなされるかが大局的に方向づけされる．一見すると無秩序で片的な行為の束がメタ学習のモデル全体を正の方向に促進し，結果として組織パフォーマンスに好影響を及ぼすように作用するのは，以上のような経緯によるものと考えられる．

　図 3-20 は，マネジャーの内的方針とマイクロ・コーディネーションの関係を図示したものである．マネジャーはオフィス内のぶらぶら歩きやコミュニケ

---

15)　プライミング効果とはあらかじめ受けた刺激によってその後の判断や行動が影響を受けることをさす．

第3章　フィールドでのマネジャーのメタ学習

ーションツールのステータス確認などを通じて，物理空間（オフィス）や仮想空間（SNS などのツール）に知覚的にアクセスする．ここで接点の生まれた相手とインスタント・コミュニケーションを行い，話題から話題へと連想的にタスク処理を行う．これらの過程全体にわたって，マネジャーの内的方針が間接的な作用を及ぼしている．

　上記のサイクルが密なネットワーク上で頻繁に繰り返されることで，結果的に重要なタスクが漏れなくカバーされるとともに，マネジャーと関わる部下など関係者の側にも，マネジャーの抱く内的方針が共有されていく．3.11 節では社内関係者とのコミュニケーションのみ取り上げたが，顧客や業務パートナーなど社外関係者との間でも，原理的には同様のことが起こっている．断片的な日常においても支障なく組織運営がなされ，事業開発において偶然性や不確実性が効果的に活用されることになるのは，このようにマネジャーが内的資源と外的資源の精妙な組み合わせを作り上げ，維持しているためである．さらにまた，会議においてマネジャーの行う意思決定の多くが大胆な方向転換というより漸進的な調整で済んでしまうのも，共有された方針に基づく無数のマイクロ・コーディネーションが会議以前に行われており，会議の議題となったときの状況は，大なり小なりそれ以前のマネジャーの意思決定を反映しているからと考えられる．

　マネジャーのマイクロ・コーディネーションの多くは，部下 1 名から数名との間で行われる．これらは一時的に生まれたコミュニティである．マネジャーはこうした一時的なコミュニティをオフィス内あるいはコミュニケーションツール上の仮想空間に次々と作り出す．生まれては消えていくこれらの一時的コミュニティの発生は偶発的であり，あらかじめ計画されたものではない．ただし，マネジャーを含むコミュニティの構成員は頻繁な相互作用によって各々の文脈や歴史を共有している．それゆえ，一時的なコミュニティの構成員がそのつど入れ替わったとしても，省略的かつ連想的なコミュニケーションが可能となる．マネジャーが行う立ち話やチャットの効率性はここから来ている．

　これらの一時的なコミュニティは，文脈を共有する動的な関係性としての「場」（Nonaka & Konno, 1998）に近いものである．Nonaka らによれば，場は空間的な「場所」とは異なり，数分から数時間しか持続しない．こうした場が繰

り返し発生することで文脈が場の参加者に共有され，それがひいては知識創造に結びつく．マネジャーが生み出す一時的なコミュニティも，物理空間から仮想空間にまたがっており，特定の「場所」には拘束されない．そして，場としてのコミュニティは，マネジャーの多年にわたる関係構築の努力によって維持されている．一時的なコミュニティの発生とそこでの相互作用がいかに偶然に満ちたものであったとしても，マネジャーにとってそれらは環境と自己の関係性のたえざるメンテナンスによって生み出されたものである．マネジャーが外面上は次々と降りかかる断片的なイベントに翻弄されているように見えるにせよ，その多くはマネジャーによる大域的な統制のもとにある．少なくとも，自身のふるまいをうまくガイドしてくれるように環境や環境との関わり方を調整しているメタ学習者としてのマネジャーの場合は，そのように理解することが適切であろう．

3.12.6　知見の制約

　最後に，本書の観察結果が，これまでの管理者研究と比較してどのように位置づけられるかを，マネジャーの行動様式や個人特性，組織のタイプ，および組織の規模や業界特性の観点から議論する．

　マネジャーの行動様式には「多様な他者と関わる」「短時間で脈絡なく様々な話題を話す」「時間配分は相手に合わせる」「一度に複数のことを同時に達成するような取り組み方をする」など，管理者行動論の知見と一致する点が多い．つまり，IT化が進んだ現代においても，管理者行動の基本的なあり方は変わっていない可能性が高い．たとえば通信業界のマネジャー 62 名を調査したHolmberg & Tyrstrup（2010）は，日常的なリーダーシップが解釈，絶え間のない調整，一時的な解決策の三つからなるセンスメイキング・プロセスであるとし，それらはマネジャーの意図（intention）よりも次々と生じる出来事（event）に駆動されているという．こうした特徴は本書の事業部長 G にもほとんどそのままあてはまる．

　その一方，個人の経歴，職務の特性，組織の歴史などによって，個別の管理者行動に多様なパターンが生まれることも事実である（Korica *et al.*, 2017）．Mintzberg（2009）はマネジャーの行動様式に強い影響を及ぼす要因として組織

のタイプを挙げ，専門家型組織，機械型（官僚制）組織，起業家型組織，プロジェクト型組織，ミッション型組織，政治型組織の 6 類型を示している．案件ごとに専門のメンバーを編成し，非定型的で新規性の高い業務にあたる A 事業部は，Mintzberg の分類ではプロジェクト型組織に該当する．プロジェクト型組織のマネジャーは命令・統制より支援・調整を重視するとされ，本書の調査結果とも符合する．

　そのほか，マネジャーの学習や行動様式に影響を及ぼす要因として，組織規模が挙げられる．組織の規模が小さくなればなるほど，マネジャーの時間は断片化するとともに，自ら直接業務を遂行し，部下と直接関わる比率が高くなる．こうした傾向は，本書が取り上げたマネジャーの時間配分にも表れている．

　また，規模が小さく拠点が分散していない場合には，マネジャーは公式の手続きや会議体，精密な管理システムなどに依存せずに仕事をする傾向がある．P 社の事業部長 G のコミュニケーションも，組織階層が少なく，社員が 1 フロア内に集まる小規模組織であるがゆえに有効に機能していると考えられる．逆に，より大規模で安定的な業務を行う組織，あるいはメンバー個々の専門性が高く，相互依存性が低いような組織においては，マネジメントのスタイルが異なる可能性が高いと言えよう．

　業界や業務の固有性も考慮しなければならない．マネジャーの行動様式は，その組織の制度や業界・業務特性が現実に許容する範囲に制約される．今回の調査で取り上げたのは無形製品を扱うサービス業であり，製品開発の期間や初期投資額は小さく，業務プロセスも変更しやすい．高信頼性が要請される大規模プラントや航空機の運航など，厳格な分業と徹底した安全管理が行われる職場において，マネジャーがぶらぶら歩いたり，組織ルーティンを度外視して自由に施策を企画したりすることはできないだろう．もっともそのような組織は全体として変化の速度もゆっくりであり，短期間のうちに非連続的な環境変化に何度も見舞われるような事態に立ち至る可能性はそもそも低いと考えられる．

　さらに，組織や職務特性のような外的要素だけでなく，マネジャーの個人特性もメタ学習に影響を及ぼしているだろう．たとえば，事業部長 G の親しみやすく権威的でない性質や，開放的でフィードバックをしやすい態度は，即興的なネットワーク拡張や活発なマイクロ・コーディネーションに対してプラス

233

に作用している．また，世代によって頻用するコミュニケーション手段に違いがある（Tengblad, 2002）とすれば，異なる世代のマネジャーは口頭コミュニケーションよりもチャットツールなどの電子的手段を用いた非同期コミュニケーションを重視するかもしれない．

まとめると，本書の知見があてはまりやすいと考えられるのは，次のような組織のマネジャーである．第一に，外部環境の変化が頻繁に発生し，非定型な職務が中心であること．第二に，製品開発など有期かつ複数の案件に従事するプロジェクト型の組織であること．第三に，組織が小規模で，マネジャーとメンバーの公式・非公式の接点が多いこと．最後に，ライフサイクルが短く，比較的変更のしやすい製品やサービスを扱っていることである．

いずれにせよ，本書は単一事例の研究であるから，異なる業界のマネジャーとの比較や集団調査によって，事例間の共通性と相違性を明らかにすることが欠かせない．現時点で主張できることは，本書のマネジャーが示した行動は，特に不確実な状況下で悪定義問題に取り組む人や組織と共通する部分が多いということである．いくつか例を挙げると，Peters & Waterman（1982）は，医療，化学，資源，航空，自動車など様々な業界のリーダー企業において，早期の実験や非公式のトライアル，頻繁な軌道修正が奨励される事例を多数紹介している．日本の代表的な企業でも，プロジェクトチームがありとあらゆる手段を使ってイノベーションと資源動員を正当化していくプロセスが観察された（武石ほか，2012）．このほかにも，金融業界において高業績マネジャーがしばしば組織ルーティンから逸脱した行動をとること（Wiltbank *et al.*, 2006），医薬品企業においてイレギュラーな変更が頻繁に発生したチームほどイノベーションが促進されること（Zellmer-Bruhn, 2003），熟達した起業家が目的—手段関係を逆転させ，事前の分析や目的設定なしに経路依存的に新しい事業を作り出すこと（e.g., Chandler *et al.*, 2011; Sarasvathy, 2022），成功した製品開発組織において，デザインとサーチがより近接していくこと（e.g., Miner *et al.*, 2001; Moorman & Miner, 1998）など，本書の観察結果と親和性の高い報告が数多く存在している．事象レベルでそれが実際にどんな行動として現れるかは組織とマネジャーの特性によって違いがあるとしても，それより抽象度の高い概念レベルのモデルに関しては，本書の知見には，なお一定の一般性が保たれていると考える．

第4章　創発過程としてのメタ学習

　非連続的な環境変化の常態化に適応するマネジャーのメタ学習の探究を目的に掲げて始まった本書は，はじめにミニチュアとして洞察問題解決の熟達を分析し，次いで変化の激しい環境で事業成長を実現したマネジャーのフィールド調査を行った（4.1）．一連の分析の結果として，本書はメタ学習が試行の多様性，評価の適切性，そして外的資源との認知的協調の増加によってもたらされることを明らかにした．この結果は認知科学における創造的認知，分散認知，身体性認知などの諸理論，また経営学におけるエフェクチュエーション，組織的即興などの研究成果と親和性が高い．メタ学習の基盤は認知的資源（試行の多様性と評価の適切性）と状況─知覚的資源（外的資源との認知的協調）の動的な相互作用にあり，それによって知識の生成性や場面応答性が獲得される（4.2）．

　本書の理論的な貢献としては，メタ学習が単にスキルの洗練や知識の構造化だけでなく，外部のリソースとの協調的な関係の構築を含むことを示した点，無秩序な見かけをしているマネジャーの日常行動が，非連続的な環境変化に対処する適応的なふるまいであることをモデルに準じて示した点，および創造的熟達が過たぬエキスパートという一つの完成形に向かう過程としてだけでなく，外的資源との関係性の変化によってゆらぎが増していく過程という側面を持つことを示した点の三つが挙げられる．

　実践的には，人材を環境から単離された能力の束と見なす人材マネジメントの議論や，環境をもっぱら分析や外的操作の対象としてのみ扱う戦略論が批判されるとともに，現在急速に進行しているデジタル化やワークスタイルの多様化などの動向が，マネジャーを認知的に支える外的環境にどのような影響を及ぼすか注視しなければならないことが指摘された（4.3）．最後に，今後の課題として，参加者数や調査対象フィールドのバリエーションを増やし，比較研究によりモデルのさらなる一般化を図る必要性などが挙げられた（4.4）．

4.1 本書の歩みを振り返る

本書は，学習を通じて非連続的な環境変化に適応することそれ自体の学習，すなわちメタ学習が，試行の多様性，評価の適切性，外的資源との認知的協調の三つの要因が高まることによってもたらされることを，創造的問題解決の熟達に関する心理学実験と，事業開発にあたるマネジャーの熟達に関するフィールド調査を通じて明らかにするものである．以下，まとめとして本書のここまでの議論を簡単に振り返る．

第1章では，現代の企業やマネジャーに求められる学習が高次学習とメタ学習として区別され，後者の学習が今後ますます必要となること，にもかかわらず経営学や認知科学においてメタ学習にあたる事象は十分に解明されていないことが問題提起された．

これらを踏まえ，高次学習の熟達としてのメタ学習のメカニズムを探究するという本書の目的が設定されるとともに，フィールドの事象と同型性のあるミニチュア課題の分析により初期仮説を生成し，それに基づいてフィールド調査を行うという段階的なアプローチをとることが予告された．また，本書において検討されるメタ学習のモデルは，ミニチュアおよびフィールドの事象に即した二つの事象モデルと，それらを抽象化した概念レベルのモデルからなることが確認された（図1-1）．

第2章では，マネジャーのメタ学習の解明に向けたミニチュア課題として創造的問題解決の一つである洞察の熟達が選定された．まず，創造的問題解決や身体性認知のこれまでの研究知見から，試行の多様性，評価の適切性，外的資源との認知的協調という三つの要因からなるメタ学習の概念モデルが暫定的な仮説として設定された（図2-2）．

次に，暫定的な概念モデルの妥当性を検証するため，洞察問題を題材とする心理学実験がデザインされた．概念モデルを実験課題で観察可能な行動指標にマッピングした上で，二つの心理学実験が行われた．共分散構造分析によって

第4章　創発過程としてのメタ学習

実験データをモデリングしたところ，ミニチュアにおける事象モデルが得られた（図2-28左）．このモデルによれば，解決時間に直接影響するのは新規パターン出現率と悪手率である．ゴール参照，ピース回転，パターンマッチングの三つの要因は，全体として，解決時間ではなく新規パターン出現率と悪手率に対して影響を及ぼす位置にある．これらの因果関係を抽象化し，外的資源との認知的協調の活発化を起点とする新たな概念モデルが設定された（図2-28右）．修正された概念モデルは，熟達者が複雑な内的処理過程を外部環境とのインタラクションに転換することで，認知負荷の軽減，制約緩和など，様々な認知的利得を得ていることを表している．

　第3章では，非連続的な環境変化にたびたび直面する組織を率いるマネジャーに対するフィールド調査が行われた．第2章で構築されたメタ学習の概念モデルをフィールドの事象にマッピングして分析したところ，標準プロセスからの逸脱による管理行動の多様化と，早期フェーズの修正判断の増加という二つの要因によって組織の業績が向上することが示された．さらに，管理行動の多様化や早期の軌道修正を下支えする要因として，マネジャーと反応性のよい周辺ネットワークとの相互作用が存在し，これらがマネジャーを認知的にサポートしていることが明らかとなった．具体的には，創発的なゴール設定，大まかな内的方針と他者や詳細な外部ドキュメントへの計画の分散，そして多様な接点で行われる頻繁な調整（マイクロ・コーディネーション）の三つの要因が抽出され，これらを含むフィールドの事象モデルが提示された（図3-18）．
　この事象モデルが全体としてメタ学習につながる機序は次のように解釈された．外的資源との認知的協調が活性化することで，標準プロセスからの逸脱や早期フェーズでの修正判断が促進される．たとえば，ネットワーク上を移動しながらゴールを漸次的に創発すること，あるいは多様な接点で無数のコミュニケーションを行うことによってマネジャーはより多く触発され，多様な管理行動が引き出されやすくなる．また，頻繁なコミュニケーションや分散された計画システムを通じてマネジャーはリアルタイムでフィードバックを受け取るため，タイミングを過たず早期に修正判断を下せるようになる．これらがあいまって組織パフォーマンスの向上に結びつくのである．

フィールドの事象モデルにおいて，組織パフォーマンスは年単位の組織業績を表し，標準プロセスからの逸脱と早期フェーズの修正判断は週単位ないしは月単位の活動を表している[1]．かたや外的資源との認知的協調，特にマイクロ・コーディネーションは，平均 10 分内外のミクロな管理行動の世界を表している．外面的には場当たり的になされているかに見えるこうした無数の調整の束が，結果的にメタ学習につながるような形で組織されるのは，第一に，その多くが先行逸脱の文脈で行われるため，第二に，調整がうまくいかない場合に週次ないしは月次の会議体の場で是正されるため，最後に，マネジャーの持つ内的な戦略アジェンダが，マネジャー本人や周囲の関係者の注意配分に間接的に影響を与えるためであった．

同時にまた，メタ学習は推論の分散による目標の共有，ネットワーク拡張による資源獲得とその正当化，頻繁なコミュニケーションによる状況への気づきの共同化などをもたらす社会的な過程でもある．マネジャーの学習が，単にマネジャー個人の変化にとどまらず，組織の学習やパフォーマンス向上につながっていくのはまさにこうした理由によるものであり，この点は実験室において一人で行う洞察問題解決と大きく異なる点であった．

以上の分析結果を踏まえ，経営環境が非連続的に変化する状況においては，一見すると機会主義的ででたらめに見える日常行動にも認知的および社会的なメリットがあること，また，情報が十分に与えられていない状況において，ゴールや問題が定義される前から問題に取り組むことによって，マネジャーにとって偶然性や不確実性が脅威からリソースに変わることなどが論じられた．

4.2　メタ学習のメカニズム

4.2.1　概念モデルと事象モデル

本書では，変化の激しい現代において求められる学習のメカニズムとして，メタ学習の概念モデルと，ミニチュアにおけるメタ学習の事象モデル，フィー

---

1)　これらは会議体のデータをもとに分析した指標であり，会議体はおおむね週次ないしは月次のサイクルで開催されるからである．

第 4 章 創発過程としてのメタ学習

表 4-1　メタ学習の概念モデルと二つの事象モデル

メタ学習の概念モデル	ミニチュアにおける メタ学習の事象モデル	フィールドにおける メタ学習の事象モデル
パフォーマンス	解決時間	組織パフォーマンス
試行の多様性	新規パターン出現率	標準プロセスからの逸脱
評価の適切性	悪手率	早期フェーズの修正判断
外的資源との認知的協調	ゴール参照 ピース回転 パターンマッチング	創発的ゴール設定 計画の分散 マイクロ・コーディネーション

ルドにおけるメタ学習の事象モデルを検討した．事象モデルには概念モデルの構成要素，すなわちパフォーマンス，試行の多様性，評価の適切性，外的資源との認知的協調が含まれており，構成要素間の因果関係も共通している（表4-1, 図4-1）．

4.2.2　認知的資源と状況—知覚的資源の相互作用

本書の出発点となったのは，有効な既存手法をアンラーンすること，そしてそれまでにない新規手法を生み出すことが，一体どのようにして熟達するのかという問いだった．これは創造的な熟達者が，どのようにして変動性や柔軟性を保っているのかという問題と通底している．また，熟達者が示す場面応答性はどのような知識によって可能となっているのかという，認知科学の伝統的な問題とも関わっている．

熟達者の示す優れた変動性や場面応答性を，if-then 文のような形式であらかじめ場面ごとに記述することはできない．人が遭遇するあらゆる状況や場面を有限の条件節に押し込めることはできないからだ．では，状況に応じた多種多様なふるまいを可能とするのは，どのような知識であろうか．鈴木（2016b）によれば，このアポリアは知識を実体としてとらえることによって生み出される偽の問題であり，知識をプロセスベースでとらえることによって解消するという．

人の認知は必ずある状況や環境の中で行われる．人は行為を通じて環境を変化させ，それを知覚して情報を獲得し，また認知を行う．このように認知と環

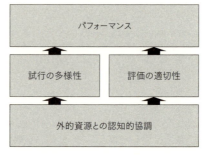

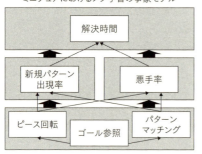 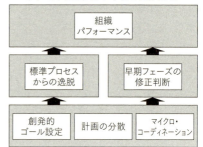

「→」：共分散構造分析によって確認されたパス

図 4-1　メタ学習の概念モデルと二つの事象モデル

境は特定の身体が生み出す行為を介した循環的な関係にある．ゆえに，人が構築し利用する知識は，内的に自己完結したものではなく，状況や環境が提供する情報を前提としている．

　知識は，記憶などの認知的な資源と，環境がもたらす知覚などの状況的な資源が相互に影響し合うことで，その場その場で生み出される．知識は内部にストックされた安定した実体（モノ）ではなく，それ自体が常にゆらぎを含んだ動的なプロセス（コト）なのである．このように考えると，熟達者が示す場面応答性も，認知的資源だけからもたらされる特性ではなく，状況—知覚的資源と組になって初めて生み出される創発特性であることが理解できる（鈴木，

240

第 4 章 創発過程としてのメタ学習

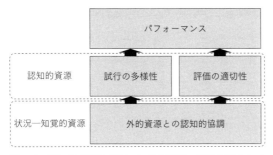

図 4-2 認知的資源と状況―知覚的資源の相互作用としてのメタ学習

2022).

　状況内の資源がある記憶（認知的資源）を呼び出すこともあるし，ある記憶が状況内の特定の要素を知覚されやすくハイライトすることもある．実際，本書で調査したマネジャーも，職場の部下の顔を見てその部下に確認すべきタスクを思い出したり（状況―知覚的資源から認知的資源への作用），内的なアジェンダを保持していることによって雑談の中から特定の情報に注意を向けたり（認知的資源から状況―知覚的資源への作用）していたわけである．このように，熟達者が示す柔軟性や適応性の背後には，場面応答に必要な知識が環境によって惹起される一方，熟達者の知識が環境内の資源の知覚を促すといった双方向的な特性が存在しているものと思われる．

　このような知識観をもとにあらためてメタ学習のモデルを見直すと，このモデルがまさに認知的資源と状況―知覚的資源の相互作用から成り立っていることがわかる（図 4-2）．認知的資源に相当するのは「試行の多様性」と「評価の適切性」の 2 要因である．これらは探索範囲を定める制約やノイズ，現状とゴールのマッチをとる評価関数，次の行動選択に対するフィードバックなどの内的機構に関わっているからである．状況―知覚的資源に対応するのは，言うまでもなく，身体を用いて状況や環境側の資源を活用する「外的資源との認知的協調」である．

　人は様々な外的資源に囲まれ，それらの一部を取り込みながら知覚し，判断している．メタ学習とは，この認知的資源と状況―知覚的資源の相互作用が活

241

性化していく過程であり，それによって，場面に応じてより適応的なふるまい
が生成できるように変化していく過程である．メタ学習によって，人はより多
く触発されるようになり，より変化が起きやすい状態となる．メタ学習者のこ
うした姿は，より正確に速くできるとか，どんな状況にも過たず対処できると
いった，通常の意味での熟達者の姿とはいくぶん異なっている．メタ学習とは
変動性が増していく過程であり，ある型がうまくいくようになればその型を捨
て，次なる別の型に挑戦するといったタイプの学習過程である．メタ学習者は
失敗しなくなるのではなく，上手に失敗するようになるのだ．

したがってメタ学習は，一つの完成形に向かっていく過程というよりは，リ
ソースフル（resourceful）になっていく過程といったほうが適切であろう．その
意味は，その場その場でより多くの状況—知覚的資源を活用できるようになる
ということ，また，その場にあるもので臨機応変な対処ができるようになると
いうことである．

以上のような変化の創発的特性が，熟達者だけに見られる何か特別な傾向で
あるとは思われない．それは算数や理科などの教科理解，練習によるスキル学
習など，日常の様々な領域の認知的変化の基盤に存在している（鈴木，2022）．
本書で取り上げたメタ学習もまた，図形パズルの得意な実験参加者や，新規事
業開発に長けた事業部長など，限られた一部の人だけのものととらえるべきで
はないだろう．メタ学習を可能にするメカニズムは，私たちの認知を支える共
通の基盤の中にある．

4.2.3　学習の順序と教育可能性

第1章においてメタ学習は，低次学習とも高次学習とも異なる第三の学習
として提示された．ここではメタ学習のモデルをもとに，あらためて三つの学
習の関係性と，介入による教育の可能性について論じる．

学習のタイプと順序性

高次学習は，低次学習によって習得された既存手法をアンラーンし，新規手
法を生み出す学習である．したがって，低次学習は高次学習に時間的に先行す
る．ただし低次学習は，何かをアンラーンするためにはそれより先にアンラー
ンすべき何かを学習している必要がある，といった消極的意味において先行し

第 4 章　創発過程としてのメタ学習

ているのであり，低次学習が直接の原因となって高次学習を引き起こすわけではない．実際には両者の関係性は逆であって，低次学習をすればするほど制約の強度が増し，高次学習は起きにくくなる．

　一方，高次学習とメタ学習の関係は，低次学習と高次学習のそれとは異なる．メタ学習とは高次学習のプロセス自体の変化であり，変化の仕方の変化である．こうしたメタレベルの変化（メタ学習）は，オブジェクトレベル（高次学習）の存在を前提している．よって，高次学習から切り離されてメタ学習だけが単独で発生することはない．低次学習と高次学習は別々に生じうる変化であるのに対し，メタ学習は高次学習が起こっているときに，そのメタレベルで同時に起こる変化である[2]．

　また，メタ学習は複数の高次学習を行う過程で生じる現象である．低次学習や高次学習は比較的短時間のうちに発生することがあるが，メタ学習はそれよりも長い時間的スケールで発生する熟達的な変化であると言える．

　メタ学習のモデルは，高次学習（ある時点の学習）とメタ学習（熟達的変化）の両方を説明する．試行の多様性，評価の適切性，外的資源との認知的協調の三つのスコアが高ければ，よいパフォーマンスが出る（単一課題における高次学習）．一方，異なる複数課題に取り組む過程で試行の多様性，評価の適切性，外的資源との認知的協調の各要因が高くなっていくならば，パフォーマンスも高くなっていく（複数課題におけるメタ学習）．このようになるのは，高次学習が起きること（高次学習そのもの）と，高次学習が起きやすくなること（メタ学習）の，引き金となる要因が共通しているためである．

　ただし，高次学習が行われたからといって，必ずメタ学習も発生するとは限らない．第 2 章の第二実験を見てもわかる通り，メタ学習の生じなかった参加者も，ときには高次学習をしていた（＝いくつかの洞察問題には正解した）のである．この違いをもたらすのが外的資源との認知的協調であり，状況—知覚的資源との相互作用の増加にほかならない．

　前述の通り，低次学習，高次学習，メタ学習の関係はリニアな順序関係では

---

2)　これらの違いについては 1.2 節で組織学習における第三レベルの学習と関連づけて議論した．

243

ない．低次学習は高次学習の原因ではなく，高次学習もメタ学習の原因ではない．つまり，三つの学習がこの順で段階的かつ連続的に起こらなければならないという強い拘束条件は存在しない．

他方，経験的には，「守破離」と言われるように，ある発達過程の初期段階に低次学習が，中期段階に高次学習が，最終段階にメタ学習が対応するようにも思われる．組織学習論でも，低次学習と高次学習を組織内の階層に対応させる議論がしばしば行われている．だが，三つの学習が現実に発達段階や組織階層に対応づけられるように見えるとしても，それは主として課題の社会的な配列や分業体制によるものであり，モデルの理論的な条件によるものではない．マネジャーになるまで高次学習やメタ学習をせずに待つ必要はないし，今日の事業環境からすれば，高次学習やメタ学習は階層や役割にかかわらず今後ますます求められるはずである．

メタ学習の教育可能性

それでは，メタ学習を教育によって意図的に発生させることはできるのだろうか．メタ学習は認知的資源と状況―知覚的資源の相互作用が活性化されることによってもたらされる．熟達者としてのメタ学習者が生み出す知識や行動は，あらかじめ計画されたものではなく，これらの諸資源の相互作用から創発してくるものである．メタ学習のこのような創発的性質を考え合わせるならば，メタ学習が起きやすくなるように仕向けること，あるいはメタ学習を阻害するであろう外的要因を排除することはできるかもしれないが，メタ学習そのものを教育によって「発生させる」ことは困難であろう．

メタ学習を行った熟達者が示す適応性や場面応答性を，結果的に生み出された行動のレベルで教え込むことはできない．熟達者は様々な状況に応じて多様な行動を産出する．どのような状況で何をすべきかを体系立てて記述しようとすれば，状況や行動のバリエーションの多さに立ちすくむほかない．仮にそれらを表現し，ある種のルールや原則として教育したとしても，それによって生み出されるパフォーマンスは「結果まね」（佐伯，1982）の域を出ないだろう．

肝心なことは，状況に応じて多様で適応的な行動を生み出すような原因系を構築すること（佐伯（1982）の言う「原因まね」）である．そこには一般に言語化困難とされる状況―知覚的資源との相互作用が必ず含まれる．この相互作用は

特定の状況で特定の身体（知覚）を用いて行われる．言語は分析性の高い認知的資源であり，こうした全体性を持つような場面や直観的な理解，状況や身体に固有の個別的な経験を伝達するには適さない（鈴木・横山，2016）．したがって，メタ学習を発生させようとするならば，当の本人が自身の身体を使って状況に飛び込み，豊かな経験を蓄積することが欠かせない．

こうした制約条件を踏まえて，メタ学習を促進するためにできることを三つ挙げたい．一つは，メタ学習をしているとおぼしき熟達者と一緒に仕事をさせることである．場と経験を共有することで，熟達者が状況に対してどのように関わり，どのように反応するかが全体的に理解できる可能性は高まる．

もう一つは，高次学習を経験させることである．フィールド調査では，メタ学習の過程で標準プロセスからの逸脱が増加することを述べた．事業部長Gは，標準プロセスや制度といった人工物が「作られたもの」であり，変更したり踏み越えたりすることが可能な対象であることを経験によって知っていた．組織ルーティンや制度を変更不可能な所与の前提条件として受容するのと，あるとき誰かによって生み出された歴史を持つ，有限の，原理的には修正可能な対象として向き合うのとでは，試行の初期多様性はまったく異なってくるだろう．たとえば新規事業開発や新規組織立ち上げなど，新たな組織ルーティンや制度が生み出される場面に立ち会っておくことで，それらが変更可能なものであることが認識され，それ以降組織ルーティンや標準プロセスからの逸脱という選択肢を想起しやすくなるのではないかと考えられる．

最後に，長期にわたる低次学習をさせないことである．低次学習をすればするほど制約が固定化し，高次学習は起きにくくなる．そのため，キャリアの早期段階において経験を多様化させることが有効である．一部の企業においては，過剰適応が起こらないように，特に有望な若手人材に対して初期キャリアを人事主導で多様化させる傾向が見られる．通常なら「一人前になるまで数年かかる」と言われるような職務を，半年から1年程度の短期間に凝縮して経験させ，低次学習が長引きすぎないうちに別の環境に異動させるなどである[3]．ただし日本の企業風土においては，一カ所で「下積み経験」を重ね，人脈形成しながら社会化することがメンバーシップの条件となることも多く，キャリア早期の頻繁な異動が思わぬ副作用を生む可能性があることも指摘しておきたい．たと

えば，営業職として現場での経験を積み，営業支店のマネジャーとなることが，一人前になるための正統な軌道であると暗黙裡に見なされているような組織において，入社間もない有望な若手社員を早期に営業現場から引き抜き，本社勤務や海外勤務をさせながらリーダーとして育成していこうとしたとしよう．グローバル企業ではしばしばこうした戦略的な異動政策が行われているが，日本の企業の場合，こうして育てた社員を幹部として再配属すると，「あの人は現場を知らない」と言われて現場が従わなかったり，当人も現場の業務や風土を知らないために何らかの負い目を感じたり，不適当な意思決定を繰り返すということがありうるのである．

4.3 本書の貢献

締めくくりとして，本書で行われた研究がどのような示唆をもたらしたかを総括しよう．以下ではまず本書の理論的な貢献を論じ，次いで実践的な示唆を議論する．

4.3.1 理論的貢献

本書の理論的貢献は，きわめて重要なプロセスであるにもかかわらず，これまで詳細な検討がなされてこなかったメタ学習のメカニズムを特定したことである．メタ学習は，試行の多様性，評価の適切性，外的資源との認知的協調の増大という，三つの要因の相互関係の変化によってもたらされる．中でも，認知的資源（試行の多様性・評価の適切性）に加え，状況―知覚的資源（外的資源との認知的協調）の重要性を指摘したことは本書独自の貢献である．

近年，様々な領域で創造性の必要性が強調されている．中でも洞察は創造的認知の礎石と見なされ，どのようにすれば洞察の熟達が生じるかにも関心が高い．こうした動向を受け，2000 年代以降ヒューリスティクスの教示や介入によって洞察のパフォーマンスが向上するという報告が相次いでなされた．しか

---

3) モネの創造的な生涯を分析した Stokes（2001）は，画家としての見習いの時期に，風景画に加えて風刺画など異質な手法を学んだことによって，モネの「習慣的な変動レベル」が高い状態にセットされたと述べている．

第4章　創発過程としてのメタ学習

しながら，これらの研究では，実験参加者に着眼点や解き方を教示しており，成績向上が見られたとしても，状況や問題に応じて新たな知識を生み出すという本来の意味での創造性が高まっているとは言い難い．本書は，状況や問題に応じて新たな知識を生み出す生成性や柔軟性が高まる学習モデル（メタ学習）を提案することで，従来の研究成果の再検討を促すことができる．

　さらに，先行研究では，成績向上を説明する学習モデルが実験課題に固有の条件や制約に依存しているため，実験課題ごとに異なるモデルが必要となってしまう．これに対し本書は，わが国の洞察研究において蓄積・洗練された制約の動的緩和理論（開・鈴木，1998; 鈴木・開，2003）に基づいて，実験課題に依存しないモデルを提示し，課題横断的な比較を可能とするものである．

　一方，段階的・突発的な変化ではなく，連続的な行動レベルの変化としてマネジャーの熟達過程を記述したことによって，経営学の先行研究における未解明部分が補完される．Kolb の経験学習に基づくマネジャーの熟達モデル（松尾，2013, 2021）では，熟達の前後でどんな行動変化が生じるかは必ずしも明確でない．他方，熟達した起業家の行動様式のモデル（Sarasvathy, 2022）には，彼らがどのようにしてそうした思考や行動をとるようになったのかという熟達過程が含まれていない．長期の熟達過程としては，創造的熟達に至るマネジャーの発達段階モデル（楠見，2014）などが存在するが，異なる段階間の移行がどのように生起するかは不明瞭である．本書はマネジャーに対する縦断的観察を通じて以上の不明点を補完するとともに，国際的にも報告の希少な日本のマネジャーの事例研究として，現実の管理者の実践を観察することの必要性が強調される近年の経営学分野において，貴重なデータを提供するものである．

　加えて，マネジャーの熟達を認知的資源と状況─知覚的資源の相互作用としてとらえることにより，その是非をめぐって長らく議論がなされてきた，無秩序に見えるマネジャーの日常の行動様式が，複雑な環境変化に対処する適応的なふるまいとして理解できるようになる．管理者行動の従来研究は，マネジャーが現実に示す多種多様な行動を，そのあまりの雑多さゆえ概念化困難と片づけるか，もしくは伝統的な役割カテゴリ（e.g., Mintzberg, 1973）に回収してしまうかのいずれかだった．本書では管理者の行動を，周囲にある他者や人工物との相互作用からなる実践としてとらえ，結果として多様な行動を生み出す原因

247

系を分析した．これにより，断片的かつ受動的な管理者行動が，特に不確実で変化の多い状況においては有効なものとなること，およびそれらが有効なものとなるための条件を導き出した．

　これらは環境と協調しながらゆらぎを生み出し，失敗からのフィードバックを敏感にとらえて次の行動を調整するという，熟達者の即興的側面を強調する解釈である．認知科学においても経営学においても，熟達は複数の発達段階からなる過程として説明されることが多い．そこでは，多様な状況に直感的に過たず対処できるエキスパート（Dreyfus & Dreyfus, 1992）という完成形が，最終的な目的地点として暗に想定されている（池田, 2013）．

　メタ学習のモデルによれば，熟達者の姿はこれとは異なっている．メタ学習が生起したとき，熟達者はエラーを起こさなくなるのではなく，むしろ多様な失敗を生み出すようになる．それだけでは発散してしまうが，メタ学習者は同時に，筋のよい失敗と見込みのない失敗が早期に判別できるようになる．この両者によって高次学習の学習効率が高まるのである．そしてこれらは，個々の学習が主題とする領域知識や手続き知識の獲得・自動化によってだけでなく，外的資源との認知的協調の活性化，すなわち内的計算を外的資源との相互作用に転換することによって促進される．

　最後に，本書は心理学実験，フィールド調査など，多様な手法を有機的に統合し，認知科学と経営学を結びつける視点を提示している．実験課題とフィールドの事象の対応づけが適切になされれば，心理学実験はフィールド調査にあたって有用な基本的着眼点を与えてくれる．本書はマネジャーの熟達という要因統制の困難な長期的事象を解明するために，心理学実験による初期仮説の生成を取り入れた試みとして，方法的にも価値を持つ．

4.3.2　実践的示唆

　本書では，環境変化の恒常化に適応するためには，周囲の環境と言わば一体となってマネジメントを行う必要があることを主張した．メタ学習の過程を通じて，マネジャーと周囲の環境は認知的に拡張された系を形作るようになる．マネジャーにとって職場環境は，単なる作業空間あるいは道具である以上に，認知資源として重要な役割を担っている．

このようなマネジャーと職場環境の組み合わせは，ある日突然できるものではない．Kotter（1982）も指摘した通り，マネジャーは就任後，長い時間をかけて自身を取り巻く環境を探査し，そこに含まれるダイナミクスを調整しながら，徐々に自身が機能する環境を構築していく．つまり，マネジメントは状況に依存しない「ポータブルなスキル」ではない．人材を環境から分離された能力の束として扱うことが多い人材マネジメントの議論や，環境を単に分析や外的操作の対象としてのみ扱う経営戦略の議論は，重要な要因を見落としていると言わざるを得ない．

　政府が「リスキリング（学び直し）」を推進する日本では，個人の継続的学習や労働移動が重要課題となっている．人事政策の分野でも，仕事と人の能力をスキルという共通要素に分解し，仕事に必要なスキルと人が持つスキルをマッチングすることで，仕事に必要な労働力を柔軟に調達するという，スキルベースの人事が注目されるようになった（Jesuthasan & Boudreau, 2022）．こうした場合に注意しなければならないのは，能力やスキルは，環境と組みになって引き出されるものであり，ある個人に内在的に備わるものではないということ，および，時間や場所を問わず安定的に発揮されるものでもないということである．

　本書で見てきた通り，図形パズルの問題解決のような比較的単純な課題においてすら，身体や問題解決の環境が大きな役割を果たす．メタ学習の生起した実験参加者が獲得したのは，難しい洞察問題を解くスキルというよりは，身体を用いた環境への働きかけによって解くべき問題を簡単にすることだった．マネジメントのように複雑な職務についても，同じことがさらに強くあてはまる．本書で報告したマネジャーの場合，メタ学習によって学習されたのは，戦略的思考やマーケティングのスキルというよりは，たえず変化する状況において，多様なトライアルと迅速な見きわめが可能となるように自身を取り巻く環境を調整し，そうした環境と開放的な相互作用をすることであったと言える．そして，メタ学習者としてのマネジャーが行う多様な管理行動は，マネジャーが自ら調整し維持している周辺環境と当のマネジャーとが組み合わさった特定の状況において初めて有効なものとなるのであって，外面的に現れた行動に含まれる「スキル」を抽出したところで，そのスキルがそれ以外の状況でうまく機能する保証はない．

状況から切り離された，内在的かつ安定的な個人のスキル（能力）という考えは，誤った推論による抽象物である（鈴木，2022）．したがって，スキルの有無によって人と仕事を組み合わせたり，スキルの高低によって学習の効果を測ったりすることに，私たちは慎重でなければならない．人材は多種多様な資源を持っており，それは認知過程の内部から外部へと分散している．さらに，それらの諸資源は常にゆらぎを含んでおり，ある状況ではうまく機能したり，ある状況ではまったく表に出なかったりする．そのような可能性を持ったものとして人材を見る視点を忘れてはならないだろう．

同時にまた，現在急速に進んでいるデジタル化やワークスタイルの多様化，人工知能の普及，内部統制の強化などの動向が，ともすると認知的な冗長性を損ない，マネジャーのパフォーマンスや熟達を阻害する可能性があることにも注意する必要がある．現代のビジネス社会では雇用の流動化や働き方の多様化が盛んに議論されているが，人材を取り巻く職務環境の重要性はほとんど考慮されていない．本書のフィールド調査は，デジタル化，コロナ禍によるリモートワーク化など，急激な環境変化の生じた時期に実施された．本書はチームが物理空間と仮想空間に分散する中でマネジャーが状況への気づきをどう確保したか，新たな環境において認知の身体性や創造性がどのように変容したかをリアルタイムで追いかけたことになる．一連の調査から言えることは，認知の外的資源として人工物や環境をとらえる視点が不可欠だということ，人材と環境の双方を考慮した学習や働き方のデザインが求められるということである．かつて Norman（1993）は，NASA の開発した制御装置を小型化した先進的なコックピットのプロトタイプと，時代遅れの大きな操縦室や大型制御装置を比較して，後者にも多くの認知的利点があることを指摘した．操縦という仕事は分散された性質を持つため，物事がどのような状態にあるのかを全員が把握していること，いざ問題が生じたときに負荷を分散したり，正しい判断を下したりするために周辺に他者がいることが重要である．この点で，大型装置に囲まれた大きな操縦室は，人々の行動や発言を全員にリアルタイムで共有し，トラブル発生時に協力して問題解決にあたるには好都合だったのである．

同じように，一目で見渡せるフロアで関係者の多くが仕事をしていること，廊下や会議室の出口で雑談に興じること，コミュニケーションツール上で冗長

なつながりが生まれ，頻繁に相互作用がなされることが，マネジャーとその周囲の共同作業に大きな影響を与えていることは想像に難くない．こうした認知の外的資源との関係性を度外視して，オフィスをなくしてしまったり，内部統制の厳格化のため仕事上の雑談を禁止してしまったりすると，そのことはマネジャーとそのチームのパフォーマンスに深刻な影響を及ぼすだろう．

その一方，人の認知は貪欲な修繕屋（Clark, 2003）であり，外部から与えられた資源やツールを，その設計者や提供者が思いもよらないような形で自身の認知過程に組み込んでいくものである．本書で調査したマネジャーも，調査期間中にテレワークが始まったり，コミュニケーションツールが急速に多様化したりする中，それらを取り込みながら，自らのマネジメント手法を進化させていった．環境の変化によってマネジャーの行動の事象レベルのありようも様々に変化したが，それらの行動のオリエンテーションは，概念レベルにおいては一貫したパターン――認知の外的資源と協調的な関係を築き，多様な試行を適切に評価・選択すること――を示していた．今後，生成 AI や VR/AR などの技術革新によって，マネジャーの行動は事象レベルで大きな変化を被ることが予想されるが，メタ学習者としてのマネジャーはおそらく，試行錯誤によってそうした新技術との認知的な協調関係を創り出し，それらを自身と環境との拡張された系の内部に取り込むことによって，事業開発や組織運営を行うようになるであろう．

4.4 本書の課題と展望

本書の分析は，第 2 章の心理学実験では参加者 5 名，第 3 章のフィールド調査では 1 企業の 1 名に対する限定的な観察に基づいているため，いずれも参加者数や課題のバリエーションを増やし，比較研究することが欠かせない．

とはいえ，本書で観察された事象は，経営学においては管理者行動論（Kotter, 1982; Mintzberg, 1973），組織的即興（Miner *et al.*, 2001），エフェクチュエーション（Sarasvathy, 2022），認知科学においては分散認知（Hutchins, 1995; Norman, 1993），拡張された心の理論（Clark & Chalmers, 1998），認識的行為（Kirsh & Maglio, 1994），創発認知論（鈴木, 2003）などと親和性が高い．課題の性質や置

かれた状況，個人特性などによって事象レベルでは様々な差異が生じるであろうが，それより抽象度の高い概念モデルのレベルにおいては，ここで得られた知見のエッセンスには一般性が期待できる．

サンプルを増やして検証するということ以外に，本書はどんな課題を積み残しただろうか．将来に向けて，さらなる探究の意義があると思われる論点をいくつか示しておきたい．

第一に，本書ではメタ学習が生起するメカニズムを分析したが，どうすればメタ学習を起こせるかは分析していない．本章での議論はメタ学習の教育可能性について消極的であった．この結論を変更するつもりはないが，非連続的な環境変化が頻繁に発生する世界にあって，個人は一体どんな学習をすればよいのかという課題はやはり切実なものである．個々の人材のレベルと組織のレベルの双方において，可能な対応策を検討することは欠かせないと言えよう．

第二に，本書は個人の学習を主題としており，組織やチームのメタ学習を論じたわけではない．組織やチームを分析単位としたときに学習や創造がどのような姿となって現れるかは，今後検討すべきテーマとして残されている．

第三に，本書が調査対象とした組織では常に複数のプロジェクトが運営されており，マネジャーは多数のプロジェクトに同時的に関わりながら組織運営にあたっていた．こうしたワークスタイルがマネジャーの学習にどのような影響を及ぼしたかは検討されていない．マネジャーは，あるプロジェクトで効果のあった手法を，同時に進行している別のプロジェクトにも適用することで，組織全体としての学習速度を速めたり，学習効果の及ぶ範囲を広げたりすることができる．複数プロジェクトでの学習は，一つのプロジェクトが終了してから次のプロジェクトに教訓を適用するよりも，明らかにスピードの点で優位である．これらは製品開発におけるマルチプロジェクト戦略（延岡, 1996）やプロジェクト知識の移転（青島・延岡, 1997）と関わりの深い論点である．単一プロジェクトと複数プロジェクトでの学習戦略の差異，プロジェクト間で転移する知識とそうでない知識の差異などは，今後探究すべき価値のある課題であろう．

第四に，本書では高次学習やメタ学習を要請する契機が，解けない洞察問題や非連続な環境変化という形で外的に与えられている．これらは言わば失敗状況を cue とした学習であり，成功状況における探索や発見（e.g., 二宮ほか，

第4章　創発過程としてのメタ学習

2023）は考慮していない．現実の学習は両者の混合であろうし，失敗なしに学習できればそれに越したことはない．失敗状況での学習と成功状況での学習の関係性を明らかにするためには，また別の枠組みによる研究が必要だろう．

　第五に，本書では制約や組織ルーティンがもっぱら学習の障害物として取り扱われ，それらが持つポジティブな側面には論及しなかった．集団のパフォーマンスを観察すると，反復的で自動的な基本動作が参加者間に共有されていることが，即興的で創造的な応用動作を生み出す条件になっている場合がよくある．制約やルーティンを土台として生まれる学習や創造については，機会を改めて検討する必要があるだろう．

　これと類似の，本書では検討されなかった論点として，制約や組織ルーティンそれ自体の生成性がある．本書では制約の強度や標準プロセスからの逸脱頻度が変化することを述べたが，制約や標準そのものが変化することは検討しなかった．組織ルーティンをめぐっては，ルーティンを動的で生成的なものとして扱うルーティン・ダイナミクスというコンセプトが注目されている（Feldman et al., 2021）．これまで組織ルーティンは定型的かつ安定的なものであり，イノベーションの対立物と見なされてきた（e.g., Nelson & Winter, 1982）．この区別は活用と探索（March, 1991），安定と変化（Farjoun, 2010），効率性と柔軟性（Adler et al., 1999）など，組織学習の主要な理論にも引き継がれている．しかし，組織ルーティン自体がゆらぎを含んでいるとすれば，こうした二項対立を別の仕方でとらえることができる．本書の枠組みに沿って言い直すと，低次学習が高次学習を生み出す可能性が検討できる．学習のタイプや関係性に関するこうした方向性での見直しも，今後の検討課題として明記しておきたい．

あとがき

本書は博士論文「非連続的な環境変化の常態化に適応するマネジメントにおけるメタ学習」（青山学院大学大学院社会情報学研究科社会情報学専攻，主査：鈴木宏昭，副査：高木光太郎，寺尾敦，妹尾大［東京工業大学］，三輪和久［名古屋大学］）を大幅に改稿したものである．

実験やフィールド調査に協力いただいた皆様，青山学院大学大学院社会情報学研究科ヒューマンイノベーションコースの皆様，そして本論文の主査・副査として指導いただいた先生方すべてに御礼申し上げる．中でもとりわけ，次の3人に特別な感謝を捧げる．

1人目は第一実験に参加してくれた，長男の横山遼である．当時小学4年生の彼が示した創造的なパフォーマンスを丹念に分析するところから，メタ学習のモデルは生まれた．

2人目はP社の事業部長Gである．彼女がいなければこの研究は成立しなかった．研究者として，また慌ただしい毎日を送る実務家の一人として，私はGのフィールド調査から多くのことを学んだ．

そして3人目は，指導教員としてたえず私を触発し，鼓舞してくださった鈴木宏昭先生である．鈴木先生は，私の学位取得が学内で承認された直後の2023（令和5）年3月8日に急逝された．

研究会にご一緒した帰り，3月6日の夜更けに品川駅で握手をして別れたとき，このようなあとがきを書くことになるとどうして想像できただろう．あれが先生の講義を聴き，先生と研究の話をし，先生とお酒を酌み交わす最後の日だったのだということが，私には今もって信じられない．

東京大学出版会を紹介してくださったのも鈴木先生である．ただ，担当編集者の小室まどかさんと初めてお会いできたのは先生が亡くなった後だった．

もし，この本の中に何かよいものが含まれているとすれば，それらはすべて

鈴木先生とのインタープレイから創発したものだ．突然研究室に飛び込んだ私を受け入れ，新しくエキサイティングな世界に導いてくださった鈴木先生に，心からの敬意と感謝を捧げたい．

令和6年9月

横山　拓

初出一覧

　本書の一部は，以下に示す論文に，大幅に加筆修正を行ったものである．

第 2 章

横山拓・鈴木宏昭（2018）．洞察問題解決におけるメタ学習　認知科学, *25(2)*, 156-171.

第 2 章および第 4 章

横山拓・鈴木宏昭・寺尾敦（2023）．認知的資源と状況―知覚的資源の相互作用過程としてのメタ学習　認知科学, *30(3)*, 255-268.

第 3 章

横山拓・鈴木宏昭（2018）．変化する環境における動的なマネジメント　電子情報通信学会論文誌 D, *101(2)*, 294-305.

参考文献

阿部慶賀（2010）．創造的アイデア生成過程における身体と環境の相互作用　認知科学, *17(3)*, 599-610.

阿部慶賀（2019）．創造性はどこからくるか──潜在処理，外的資源，身体性から考える（日本認知科学会（編）越境する認知科学 2）　共立出版

阿部慶賀・中川正宣（2006）．洞察的問題解決過程における過去試行からの回避傾向が解決過程に及ぼす影響　認知科学, *13(2)*, 187-204.

Abernathy, W., & Wayne, K. (1974). The limits of experience curves. *Harvard Business Review, 52(9)*, 109-119.

Adler, P. S., & Clark, K. B. (1991). Behind the learning curve: A sketch of the learning process. *Management Science, 37(3)*, 267-281.

Adler, P. S., Goldoftas, B., & Levine, D. I. (1999). Flexibility versus efficiency? A case study of model changeovers in the Toyota production system. *Organization Science, 10(1)*, 43-68.

安藤史江（2019）．コア・テキスト組織学習　新世社

Ansburg, P. I., & Dominowski, R. L. (2000). Promoting insightful problem solving. *The Journal of Creative Behavior, 34(1)*, 30-60.

安西祐一郎（1992）．問題解決における行動，理解，学習　安西祐一郎・石崎俊・大津由紀雄・波多野誼余夫・溝口文雄（編）認知科学ハンドブック（pp. 702-723）　共立出版

Anzai, Y., & Simon, H. A. (1979). The theory of learning by doing. *Psychological Review, 86(2)*, 124-140.

青島矢一・延岡健太郎（1997）．プロジェクト知識のマネジメント　組織科学, *31(1)*, 20-36.

Argyris, C. (1977). Double loop learning in organizations. *Harvard Business Review, 55(5)*, 115-125.

Argyris, C. (1999). *On organizational learning* (2nd ed.). Wiley-Blackwell.

Argyris, C. (2003). A life full of learning. *Organization Studies, 24(7)*, 1178-1192.

Argyris, C. (2004). Reflection and beyond in research on organizational learning. *Management Learning, 35(4)*, 507-509.

Argyris, C., & Schön, D. A. (1978). *Organizational learning: A theory of action perspective.* Addison-Wesley.

Argyris, C., & Schön, D. A. (1996). *Organizational learning II: Theory, method and practice.* Addison-Wesley.

Ballard, D. H., Hayhoe, M. M., Pook, P. K., & Rao, R. P. (1997). Deictic codes for the embodiment of cognition. *Behavioral and Brain Sciences, 20(4)*, 723-742.

Barley, S. R., & Kunda, G. (2001). Bringing work back in. *Organization Science, 12(1)*, 76-95.

Bass, B. M., & Stogdill, R. M. (1990). *Handbook of leadership*. Free Press.

Bateson, G. (2000). *Steps to an ecology of mind: Collected essays in anthropology, psychiatry, evolution, and epistemology*. University of Chicago Press. (原書 1972, Chander Publishing Company.)（佐藤良明（訳）(2023). 精神の生態学へ（中）岩波書店）

Beach, K. (1993). Becoming a bartender: The role of external memory cues in a work-directed educational activity. *Applied Cognitive Psychology, 7(3)*, 191-204.

Becker, M. C. (2004). Organizational routines: A review of the literature. *Industrial and Corporate Change, 13(4)*, 643-678.

Benner, P. (1982). From novice to expert. *American Journal of Nursing, 82(3)*, 402-407.

Bentler, P. M., & Chou, C. P. (1987). Practical issues in structural modeling. *Sociological Methods & Research, 16(1)*, 78-117.

Bernstein, N. A. (1996). *Dexterity and its development* (M. L. Latash & M. T. Turvey, Eds., M. L. Latash Trans.). Lawrence Erlbaum Associates. (原書 1991)（工藤和俊・佐々木正人（訳）(2003). デクステリティ——巧みさとその発達　金子書房）

Biggs, J. B. (1985). The role of metalearning in study processes. *British Journal of Educational Psychology, 55(3)*, 185-212.

Boden, M. A. (2004). *The creative mind: Myths and mechanisms* (2nd ed.). Routledge.

Boist, M., & Liang, X. G. (1992). The nature of managerial work in the Chinese enterprise reforms: A study of six directors. *Organization Studies, 13(2)*, 161-184.

Bransford, J., Barron, B., Pea, R. D., Meltzoff, A., Kuhl, P., Bell, P., Reed, S., Schwartz, D., Vye, N., Reeves, B., Roschelle, J., & Sabelli, N. (2005). Foundations and opportunities for an interdisciplinary science of learning. In R. K. Sawyer (Ed.), *The Cambridge handbook of the learning sciences* (pp. 39-77). Cambridge University Press.

Bryman, A. (2016). *Social research methods* (5th ed.). Oxford University Press.

Burns, T. (1957). Management in action. *Journal of the Operational Research Society, 8(2)*, 45-60.

Campbell, D. T. (1960). Blind variation and selective retentions in creative thought as in other knowledge processes. *Psychological Review, 67(6)*, 380-400.

Cappelli, P. (2008). *Talent on demand: Managing talent in an uncertain age*. Harvard Business School Press. (若山由美（訳）(2010). ジャスト・イン・タイムの人材戦略——不確実な時代にどう採用し，育てるか　日本経済新聞社）

Carlson, S. (1951). *Executive behavior: A study of the work load and the working methods of managing directors*. Strömberg.

Carter, J. A., Clark, A., Kallestrup, J., Palermos, S. O., & Pritchard, D. (Eds.) (2018). *Extended epistemology*. Oxford University Press.

Chandler, G. N., DeTienne, D. R., McKelvie, A., & Mumford, T. V. (2011). Causation and effectuation processes: A validation study. *Journal of Business Venturing, 26(3)*, 375-390.

Chi, M. T. (2006). Two approaches to the study of experts' characteristics. In K. A. Ericsson, N. Charness, P. J. Feltovich, & R. R. Hoffman (Eds.), *The Cambridge handbook of expertise and expert performance* (pp. 21-30). Cambridge University Press.

Chi, M. T., Glaser, R., & Farr, M. J. (1988). *The nature of expertise*. Psychology Press.

Chrysikou, E. G. (2006). When shoes become hammers: Goal-derived categorization training enhances problem-solving performance. *Journal of Experimental Psychology: Learning, Memory, and Cognition, 32(4)*, 935-942.

Clark, A. (1998). *Being there: Putting brain, body, and world together again.* MIT press. (池上高志・森本元太郎（訳）（2022）．現れる存在——脳と身体と世界の再統合　早川書房）

Clark, A. (2003). *Natural-born cyborgs: Minds, technologies and the future of human intelligence.* Oxford University Press. (呉羽真・久木田水生・西尾香苗（訳）（2015）．生まれながらのサイボーグ——心・テクノロジー・知能の未来　春秋社）

Clark, A., & Chalmers, D. (1998). The extended mind. *Analysis, 58(1)*, 7-19.

Cohen, M. D., & Bacdayan, P. (1994). Organizational routines are stored as procedural memory: Evidence from a laboratory study. *Organization Science, 5(4)*, 554-568.

Cohen, M. D., March, J. G., & Olsen, J. P. (1972). A garbage can model of organizational choice. *Administrative Science Quarterly, 17(1)*, 1-25.

Conein, B., & Jacopin, É. (1996). Projected plans and situated activity: Inventory of objects and workspace. In Embodied Cognition and Action, 1996 AAAI Fall Symposium, I Technical Report FS-96-02, pp. 24-26.

Creswell, J. W. (2015). *A concise introduction to mixed methods research.* Sage publications. (抱井尚子（訳）（2017）．早わかり混合研究法　ナカニシヤ出版）

D'Adderio, L. (2021). Materiality and routine dynamics. In Feldman, M. S., D'Adderio, L., Pentland, B. T., Dittrich, K., Rerup, C., & Seidl, D. (Eds.), *Cambridge handbook of routine dynamics* (pp. 85-99). Cambridge University Press.

Deleuze, G., & Guattari, F. (1972). *Capitalisme et schizophrénie: L'anti-oedipe.* Les éditions de Minuit. (宇野邦一（訳）（2005）．アンチ・オイディプス——資本主義と分裂症（上・下）河出書房新社）

Detterman, D. K., & Sternberg, R. J. (Eds.) (1993). *Transfer on trial: Intelligence, cognition, and instruction.* Ablex Publishing.

Doktor, R. H. (1990). Asian and American CEOs: A comparative study. *Organizational Dynamics, 18(3)*, 46-56.

銅谷賢治・石井信（2006）．学習ダイナミクスの制御と脳の物質機構　システム／制御／情報, *50(8)*, 303-308.

Dreyfus, H. L., & Dreyfus, S. E. (1992). What artificial experts can and cannot do. *AI & Society, 6(1)*, 18-26.

Dreyfus, S. E., & Dreyfus, H. L. (1980). *A five-stage model of the mental activities involved in directed skill acquisition.* California University Berkeley Operations Research Center.

Drucker, P. (1954). *Practice of management.* Harper & Row. (上田惇生（訳）（2006）．現代の経営（上・下）　ダイヤモンド社）

Dunbar, K. (1995). How scientists really reason: Scientific reasoning in real-world laboratories. In R. J. Sternberg & J. E. Davidson (Eds.), *The nature of insight* (pp. 365-395). The MIT Press.

Duncan, C. P. (1961). Attempts to influence performance on an insight problem. *Psychological Reports, 9(1)*, 35-42.

Duncan, R. B. (1976). The ambidextrous organization: Designing dual structures for innovation. *The Management of Organization, 1(1)*, 167-188.

Emshoff, J. R. (1978). Planning the process of improving the planning process: A case study in meta-planning. *Management Science, 24(11)*, 1095-1108.

Engeström, Y. (2015). *Learning by expanding* (2nd ed.). Cambridge University Press. (山住勝広（訳）(2020). 拡張による学習——発達研究への活動理論からのアプローチ　完訳増補版　新曜社)

Ericsson, K. A. (1996). The acquisition of expert performance: An introduction to some of the issues. In K. A. Ericsson (Ed.), *The road to excellence: The acquisition of expert performance in the arts and sciences, sports and games* (pp. 1-50). Lawrence Erlbaum Associates.

Farjoun, M. (2010). Beyond dualism: Stability and change as a duality. *Academy of Management Review, 35(2)*, 202-225.

Fayor, H. (1949). *General and industrial management.* Pitman. (山本安次郎（訳）(1985). 産業ならびに一般の管理　ダイヤモンド社)

Feldman, M. S. (2000). Organizational rourtines as a source of continuous change. *Organization Science, 11(6)*, 611-629.

Feldman, M. S., D'Adderio, L., Pentland, B. T., Dittrich, K., Rerup, C., & Seidl, D. (Eds.) (2021). *Cambridge handbook of routine dynamics.* Cambridge University Press.

Felin, T., & Foss, N. J. (2009). Organizational routines and capabilities: Historical drift and a course-correction toward microfoundations. *Scandinavian Journal of Management, 25(2)*, 157-167.

Finke, R. A., Ward, T. B., & Smith, S. M. (1992). *Creative cognition: Theory, research, and applications.* MIT Press. (小橋康章（訳）(1999). 創造的認知　森北出版)

Finn, C., Abbeel, P., & Levine, S. (2017). Model-agnostic meta-learning for fast adaptation of deep networks. In Proceedings of the 34th International Conference on Machine Learning, ICML, *70*, pp. 1126-1135.

Fiol, C. M., & Lyles, M. A. (1985). Organizational learning. *Academy of Management Review, 10(4)*, 803-813.

Fioratou, E., & Cowley, S. J. (2009). Insightful thinking: Cognitive dynamics and material artifacts. *Pragmatics & Cognition, 17(3)*, 549-572.

Fisher, G. (2012). Effectuation, causation, and bricolage: A behavioral comparison of emerging theories in entrepreneurship research. *Entrepreneurship Theory and Practice, 36(5)*, 1019-1051.

二村敏子 (1999). マネジメント・プロセス・スクールの変遷と意義　経営学史学会（編）経営理論の変遷——経営学史研究の意義と課題 (pp. 41-56)　文眞堂

Garnelo, M., Schwarz, J., Rosenbaum, D., Viola, F., Rezende, D. J., Eslami, S. M., & Teh, Y. W. (2018). Neural processes. *arXiv preprint arXiv: 1807.01622.*

Gero, J. S., & McNeill, T. (1998). An approach to the analysis of design protocols. *Design Studies, 19(1)*, 21-61.

Gilbert, C. G. (2005). Unbundling the structure of inertia: Resource versus routine rigidity.

参考文献

Academy of Management Journal, 48(5), 741-763.

Gonzalez, V. M., & Mark, G. (2004). Constant, constant, multi-tasking craziness: managing multiple working spheres. In Proceedings of the SIGCHI conference on Human factors in computing systems, pp. 113-120.

Gratton, L., & Scott, A. J. (2016). *The 100-year life: Living and working in an age of longevity.* Bloomsbury Publishing.（池村千秋（訳）(2016). ライフ・シフト—— 100 年時代の人生戦略　東洋経済新報社）

Gupta, J. (2016). Climate change governance: History, future, and triple-loop learning? *Wiley Interdisciplinary Reviews: Climate Change, 7(2)*, 192-210.

Hales, C. (1999). Why do managers do what they do? Reconciling evidence and theory in accounts of managerial work. *British Journal of Management, 10(4)*, 335-350.

Hales, C. (2001). Does it matter what managers do? *Business Strategy Review, 12(2)*, 50-58.

Hannan, M. T., & Freeman, J. (1984). Structural inertia and organizational change. *American Sociological Review, 49(2)*, 149-164.

波多野誼余夫（2001）．適応的熟達化の理論をめざして　教育心理学年報, *40*, 45-47.

Hatano, G., & Inagaki, K. (1984). Two courses of expertise. *Research and Clinical Center for Child Development Annual Report, 6(1)*, 27-36.

Hatano, G., & Inagaki, K. (2000). Domain-specific constraints of conceptual development. *International Journal of Behavioral Development, 24(3)*, 267-275.

Hebb, D. O. (2002). *The organization of behavior: A neuropsychological theory.* Psychology Press.（原書 1949, Wiley）

Hedberg, B. (1981). How organizations learn and unlearn. In P. C. Nystrom, & W. H. Starbuck (Eds.), *Handbook of organizational design* (pp. 3-27). Oxford University Press.

Heifetz, R., & Linsky, M. (2017). *Leadership on the line, with a new preface: Staying alive through the dangers of change.* Harvard Business Press.（野津智子（訳）(2018). 新訳　最前線のリーダーシップ——何が生死を分けるのか　英治出版）

開一夫・鈴木宏昭（1998）．表象変化の動的緩和理論——洞察メカニズムの解明に向けて　認知科学, *5(2)*, 69-79.

Hislop, D., Bosley, S., Coombs, C. R., & Holland, J. (2014). The process of individual unlearning: A neglected topic in an under-researched field. *Management Learning, 45(5)*, 540-560.

Holland, J. H., Holyoak, K. J., Nisbett, R. E., & Thagard, P. R. (1986). *Induction: Processes of inference, learning, and discovery.* MIT press.

Holmberg, I., & Tyrstrup, M. (2010). Well then-What now? An everyday approach to manegerial leadership. *Leadership, 6(4)*, 353-372.

Huber, G. P. (1991). Organizational learning: The contributing processes and the literatures. *Organization Science, 2(1)*, 88-115.

Hutchins, E. (1995). *Cognition in the wild.* MIT press.

池田喬（2013）．死に至る存在としての人間——ハイデガーとケア　明治大学教養論集, *493 (1)*, 145-167.

Isaacs, W. N. (1993). Taking flight: Dialogue, collective thinking, and organizational learning.

Organizational Dynamics, 22(2), 24-39.

Isenberg, D. J. (1991). *How senior managers think*. Open University Press.

Jackson, N. (2004). Developing the concept of metalearning. *Innovations in Education and Teaching International, 41(4)*, 391-403.

Jesuthasan, R., & Boudreau, J. W. (2022). *Work without jobs: How to reboot your organization's work operating system*. MIT Press.（マーサージャパン（訳）（2023）．仕事の未来×組織の未来──新しいワーク OS が個人の能力を 100%引き出す　ダイヤモンド社）

金井壽宏（1991）．変革型ミドルの探求──戦略・革新志向の管理者行動　白桃書房

Kanter, R. M. (1984). *Change masters*. Simon and Schuster.（長谷川慶太郎（訳）（1984）．ザ・チェンジ・マスターズ──21 世紀への企業変革者たち　二見書房）

Kaplan, C. A., & Simon, H. A. (1990). In search for insight. *Cognitive Psychology, 22(3)*, 374-419.

軽部大（2017）．関与と越境──日本企業再生の論理　有斐閣

Katila, R., & Ahuja, G. (2002). Something old, something new: A longitudinal study of search behavior and new product introduction. *Academy of Management Journal, 45(6)*, 1183-1194.

Kayes, D. C. (2002). Experiential learning and its critics: Preserving the role of experience in management learning and education. *Academy of Management Learning and Education, 1 (2)*, 137-149.

経済産業省（2018）．DX レポート──IT システム「2025 年の崖」克服と DX の本格的な展開　Retrieved from https://www.meti.go.jp/shingikai/mono_info_service/digital_transformation/20180907_report.html（2023 年 9 月 24 日閲覧）

Keller, S., & Meaney, M. (2017). *Leading organizations: Ten timeless truths*. Bloomsbury Publishing.（マッキンゼー・アンド・カンパニー・ジャパン人材・組織・パフォーマンスグループ（訳）（2022）．マッキンゼー──勝ち続ける組織の 10 の法則　日経 BP 社）

Kelly, T., & Littman, J. (2001). *The art of innovation: Lessons in creativity from IDEO, America's leading design firm*. Currency.（鈴木主税（訳）（2002）．発想する会社！──世界最高のデザイン・ファーム IDEO に学ぶイノベーションの技法　早川書房）

Kershaw, T. C., & Ohlsson, S. (2001). Training for insight: The case of nine-dot problem. In Proceedings of the Twenty-third Annual Conference of the Cognitive Science Society, pp. 489-493.

Kirlik, A. (1998). The ecological expert: Acting to create information to guide action. In Proceedings Fourth Annual Symposium on Human Interaction with Complex Systems, pp. 15-27.

Kirsh, D., & Maglio, P. (1992). Reaction and reflection in Tetris. In Proceedings of the first international conference on Artificial Intelligence Planning Systems, pp. 283-284.

Kirsh, D., & Maglio, P. (1994). On distinguishing epistemic from pragmatic action. *Cognitive Science, 18(4)*, 513-549.

清河幸子・伊澤太郎・植田一博（2007）．洞察問題解決に試行と他者観察の交替が及ぼす影響の検討　教育心理学研究, *55(2)*, 255-265.

Knight, F. H. (1921). *Risk, uncertainty and profit*. The Riversie Press.

Knoblich, G., Ohlsson, S., Haider, H., & Rhenius, D. (1999). Constraint relaxation and chunk decomposition in insight problem solving. *Journal of Experimental Psychology: Learning, Memory, and Cognition, 25(6)*, 1534-1555.

Kolb, D. A. (2014). *Experiential learning: Experience as the source of learning and development.* FT press.

Koontz, H., & O'Donnell, C. (1968). *Principles of management: An analysis of managerial functions* (4th ed.). McGraw-Hill.

Korica, M., Nicolini, D., & Johnson, B. (2017). In search of 'managerial work': Past, present and future of an analytical category. *International Journal of Management Reviews, 19(2)*, 151-174.

Kotler, P. (2000). *Marketing management: The millennium edition.* Prentice Hall.

Kotter, J. P. (1982). *The general managers.* Free Press.（金井壽宏・加護野忠男・谷光太郎・宇田川富秋（訳）(2009). J・P・コッター　ビジネス・リーダー論　ダイヤモンド社）

Kotter, J. P. (2008). *Force for change: How leadership differs from management.* Simon and Schuster.

栗木契 (2015). 無限後退問題とエフェクチュエーション　国民経済雑誌, *211(4)*, 33-46.

楠見孝 (1999). 中間管理職のスキル，知識とその学習　日本労働研究雑誌, *41(12)*, 39-49.

楠見孝 (2014). ホワイトカラーの熟達化を支える実践知の獲得　組織科学, *48(2)*, 6-15.

Lapré, M. A., Mukherjee, A. S., & Van Wassenhove, L. N. (2000). Behind the learning curve: Linking learning activities to waste reduction. *Management Science, 46(5)*, 597-611.

Larkin, J. H., & Simon, H. A. (1987). Why a diagram is (sometimes) worth ten thousand words. *Cognitive Science, 11(1)*, 65-100.

Latour, B. (2007). *Reassembling the social: An introduction to actor-network-theory.* Oxford University Press.（伊藤嘉高（訳）(2019). 社会的なものを組み直す——アクターネットワーク理論入門　法政大学出版局）

Lave, J. (1988). *Cognition in practice: Mind, mathematics and culture in everyday life.* Cambridge University Press.（無藤隆・中野茂・山下清美・中村美代子（訳）(1995). 日常生活の認知行動——ひとは日常生活でどう計算し，実践するか　新曜社）

Lawler, R. W. (1981). The progressive construction of mind. *Cognitive Science, 5(1)*, 1-30.

Levitt, B., & March, J. G. (1988). Organizational learning. *Annual Review of Sociology, 14(1)*, 319-338.

Lewis, R., & Stewart, R. (1961). *The boss: The life and times of the British business man.* Phoenix House.

Lindblom, C. E. (1959). The science of "muddling through". *Public Administration Review, 19(2)*, 79-88.

Lombardo, M. M., & Eichinger, R. W. (2000). High potentials as high learners. *Human Resource Management, 39(4)*, 321-329.

Luthans, F., Hodgetts, R. M., Rosenkrantz, S. A., & Ashton, J. (2019). *Real managers revisited.* Hogan Press.

Luthans, F., Rosenkrantz, S. A., & Hennessey, H. W. (1985). What do successful managers really do? An observation study of managerial activities. *The Journal of Applied Behavioral*

Science, 21(3), 255-270.

MacGregor, J. N., Ormerod, T. C., & Chronicle, E. P. (2001). Information processing and insight: A process model of performance on the nine-dot and related problems. *Journal of Experimental Psychology: Learning, Memory, and Cognition, 27(1)*, 176-201.

Mainemelis, C. (2010). Stealing fire: Creative deviance in the evolution of new ideas. *Academy of Management Review, 35(4)*, 558-578.

March, J. G. (1991). Exploration and exploitation in organizational learning. *Organization Science, 2(1)*, 71-87.

March, J. G., & Olsen, J. P. (1976). *Ambiguity and choice in organizations*. Universitetsforlaget. (遠田雄志・ユング, A.（訳）(1986). 組織におけるあいまいさと決定 有斐閣)

March, J. G., & Simon, H. A. (1993). *Organizations*. John wiley & sons. (高橋伸夫（訳）(2014). オーガニゼーションズ 第2版 ダイヤモンド社)

Marshall, J., & Stewart, R. (1981). Managers' job perceptions. Part I: Their overall frameworks and working strategies. *Journal of Management Studies, 18(2)*, 177-190.

Martinko, M. J., & Gardner, W. L. (1990). Structured observation of managerial work: A replication and synthesis. *Journal of Management Studies, 27(3)*, 329-357.

松尾睦 (2013). 成長する管理職——優れたマネジャーはいかに経験から学んでいるか 東洋経済新報社

Matsuo, M. (2015). A framework for facilitating experiential learning. *Human Resource Development Review, 14(4)*, 442-461.

松尾睦 (2021). 仕事のアンラーニング——働き方を学びほぐす 同文舘出版

Mayer, R. E. (1992). Gestalt: Thinking as restructuring problems. In *Thinking, problem solving, cognition* (pp. 39-78). W. H. Freeman.

McCall, M. W. (1988). *High fliers: Developing the next generation of leaders*. Harvard Business Press. (金井壽宏（監訳）(2002). ハイ・フライヤー——次世代リーダーの育成法 プレジデント社)

McCauley, C. D., DeRue, D. S., Yost, P. R., & Taylor, S. (2014). *Experience-driven leader development: Models, tools, best practices, and advice for on-the-job development*. John Wiley & Sons.

Metcalfe, J. (1986). Premonitions of insight predict impending error. *Journal of Experimental Psychology: Learning, Memory, and Cognition, 12(4)*, 623-634.

Meyer, A. D. (1982). Adapting to environmental jolts. *Administrative Science Quarterly, 27(4)*, 515-537.

Microsoft. (2021). *The next great disruption is hybrid work: Are we ready?* The Work Trend Index. Retrieved from https://www.microsoft.com/en-us/worklab/work-trend-index/hybrid-work (2023年9月24日閲覧)

Miettinen, R., Samra-Fredericks, D., & Yanow, D. (2009). Re-turn to practice: An introductory essay. *Organization Studies, 30(12)*, 1309-1327.

Miner, A. S., Bassof, P., & Moorman, C. (2001). Organizational improvisation and learning: A field study. *Administrative Science Quarterly, 46(2)*, 304-337.

Mintzberg, H. (1973). *The nature of managerial work*. Harper & Row. (奥村哲志・須貝栄（訳）

（1993）．マネジャーの仕事　白桃書房）

Mintzberg, H. (2000). *The rise and fall of strategic planning*. Pearson Education. (中村元一（監訳）(2003). 戦略計画——創造的破壊の時代　産能大学出版部)

Mintzberg, H. (2009). *Managing*. Berrett-Koehler Publishers. (池村千秋（訳）(2011). マネジャーの実像——「管理職」はなぜ仕事に追われているのか　日経 BP 社)

Mintzberg, H., & Waters, J. A. (1985). Of strategies, deliberate and emergent. *Strategic Management Journal, 6(3)*, 257-272.

三輪和久・寺井仁（2003）．洞察問題解決の性質——認知心理学から見たチャンス発見　人工知能学会論文誌, *18(3)*, 275-282.

三宅なほみ（2005）．学習プロセスそのものの学習——メタ認知研究から学習科学へ　日本認知科学会 2005 年冬のシンポジウム論文集, pp. 7-14.

Mom, T. J., Van Den Bosch, F. A., & Volberda, H. W. (2009). Understanding variation in managers' ambidexterity: Investigating direct and interaction effects of formal structural and personal coordination mechanisms. *Organization Science, 20(4)*, 812-828.

Moorman, C., & Miner, A. S. (1998). Organizational improvisation and organizational memory. *Academy of Management Review, 23(4)*, 698-723.

守島基博（2021）．全員戦力化——戦略人材不足と組織力開発　日本経済新聞出版社

村山功（1995）．外的資源による課題と認知主体の変化　認知科学, *2(4)*, 428-438.

中原淳（2013）．経験学習の理論的系譜と研究動向　日本労働研究雑誌, *55(10)*, 4-14.

中原淳（2014）．駆け出しマネジャーの成長論——7 つの挑戦課題を「科学」する　中央公論新社

Nelson, R. R., & Winter, G. W. (1982). *An evolutionary theory of economic change*. Harvard University Press. (後藤晃・角南篤・田中辰雄（訳）(2007). 経済変動の進化理論　慶應義塾大学出版会)

Nicolini, D. (2009). Zooming in and out: Studying practices by switching theoretical lenses and trailing connections. *Organization Studies, 30(12)*, 1391-1418.

Nicolini, D. (2012). *Practice theory, work, and organization: An introduction*. Oxford University Press.

Nielsen, R. P. (1993). Woolman's "I am we" triple-loop action-learning: Origin and application in organization ethics. *The Journal of Applied Behavioral Science, 29(1)*, 117-138.

Nielsen, R. P. (1996). *The politics of ethics: Methods for acting, learning, and sometimes fighting with others in addressing ethics problems in organizational life*. Ruffin Series in Business Ethi.

一般社団法人日本情報システム・ユーザー協会［JUAS］(2022)．日本情報システム・ユーザー協会　企業 IT 動向調査報告書 2022　Retrieved from https://juas.or.jp/cms/media/2022/04/JUAS_IT2022.pdf（2023 年 9 月 24 日閲覧）

二宮由樹・岩田知之・寺井仁・三輪和久（2023）．成功状況におけるより良い代替解法の発見と意図的探索の関係——マウストラッキングに基づく検討　認知科学, *30(3)*, 217-231.

西村友・鈴木宏昭（2006）．洞察問題解決の制約緩和における潜在的情報処理　認知科学, *13(1)*, 136-138.

延岡健太郎（1996）．マルチプロジェクト戦略——ポストリーン時代の製品開発マネジメント

有斐閣

Nonaka, I. (1988). Toward middle-up-down management: Accelerating information creation. *MIT Sloan Management Review, 29(3)*, 9-18.

Nonaka, I., & Konno, N. (1998). The concept of "Ba": Building a foundation for knowledge creation. *California Management Review, 40(3)*, 40-54.

野中郁次郎・竹内弘高（2020）．知識創造企業　新装版　東洋経済新報社

Norman, D. (1993). *Things that make us smart: defending human attributes in the age of the machine*. Addison-Wesley Publishing.

Nystrom, P. C., & Starbuck, W. H. (1984). Managing beliefs in organizations. *The Journal of Applied Behavioral Science, 20(3)*, 277-287.

Ohlsson, S. (1992). Information-processing explanations of insight and related phenomena. In M. T. Keane & K. J. Gilhooly (Eds.), *Advances in the psychology of thinking* (pp. 176-201). Harvester-Wheatsheaf.

岡田猛（2005）．心理学が創造的であるために――創造的領域における熟達者の育成　下山晴彦（編）心理学論の新しいかたち（pp. 235-262）　誠信書房

岡田猛・横地早和子・難波久美子・石橋健太郎・植田一博（2007）．現代美術の創作における「ずらし」のプロセスと創作ビジョン　認知科学, *14(3)*, 303-321.

岡野原大輔（2019）．メタ学習――学習の仕方を学習する MAML や Neural Process　*Nikkei Robotics, 42*, 32-34.

大森信（2015）．企業の戦略，組織，実践の関係性　組織科学, *48(3)*, 29-40.

O'Reilly III, C. A., & Tushman, M. L. (2021). *Lead and disrupt: How to solve the innovator's dilemma*. Stanford University Press.

Patrick, J., & Ahmed, A. (2014). Facilitating representation change in insight problems through training. *Journal of Experimental Psychology: Learning, Memory, and Cognition, 40(2)*, 532-543.

Peters, T. J. (1979). Leadership: Sad facts and silver linings. *Harvard Business Review, 57(6)*, 164-172.

Peters, T. J., & Waterman, R. H. (1982). *In search of excellence: Lessons from America's best-run companies*. Harper & Row. （大前研一（訳）（2003）．エクセレント・カンパニー　英治出版）

Pfeifer, R., Lungarella, M., & Iida, F. (2007). Self-organization, embodiment, and biologically inspired robotics. *Science, 318*, 1088-1093.

Porter, M. E., & Nohria, N. (2018). How CEOs manage time. *Harvard Business Review, 96(4)*, 42-51.

Potter, M. E. (1987). *Corporate strategy: The new frontier of management development*. Prentice Hall.

Read, S., Sarasvathy, S. D., Dew, N., & Wiltbank, R. (2016). *Effectual entrepreneurship* (2nd ed.). Taylor & Francis. （吉田孟史（監訳）（2018）．エフェクチュアル・アントレプレナーシップ――創業――すでにここにある未来　ナカニシヤ出版）

Reckwitz, A. (2002). Toward a theory of social practices: A development in culturalist theorizing. *European Journal of Social Theory, 5(2)*, 243-263.

Rosing, K., Frese, M., & Bausch, A. (2011). Explaining the heterogeneity of the leadership-innovation relationship: Ambidextrous leadership. *The Leadership Quarterly, 22(5)*, 956-974.

Rubin, K. S. (2012). *Essential Scrum: A practical guide to the most popular agile process*. Addison-Wesley.

Runco, M. A. (Ed.). (1994). *Problem finding, problem solving, and creativity*. Ablex Publishing.

Ryle, G. (1949). *The concept of mind*. Hutchinson's University Library. (坂本百大・井上治・服部裕幸（訳）（1987）．心の概念　みすず書房）

斎藤環（2001）．文脈病――ラカン，ベイトソン，マトゥラーナ　青土社

Sarasvathy, S. D. (2022). *Effectuation: Elements of entrepreneurial expertise* (2nd ed.). Edward Elgar Publishing. (加護野忠男（監訳）（2015）．エフェクチュエーション――市場創造の実効理論　碩学舎）

椹木哲夫（1998）．人間―機械―環境系からみる熟練技能　計測と制御，*37(7)*，471-476.

椹木哲夫・松原厚・川上浩司・堀口由貴男（2018）．アーティファクトデザイン（椹木哲夫（編）京都大学デザインスクールテキストシリーズ3）　共立出版

佐伯胖（1982）．考えることの教育　国土社

佐伯胖（1983）．認知科学の諸問題　科学哲学，*16*，21-34.

Sayles, L. R. (1964). *Managerial behavior: Administration in complex organizations*. McGraw-Hill. (佐藤允一（訳）（1967）．管理行動――ミドルマネジメントの行動研究　ダイヤモンド社）

Sayles, L. R. (1979). *Leadership, what effective managers really do and how they do it*. McGraw-Hill.

Schön, D. A. (1983). *The reflective practitioner: How professionals think in action*. Basic books. (柳沢昌一・三輪建二（訳）（2007）．省察的実践とは何か――プロフェッショナルの行為と思考　鳳書房）

Schön, D. A. (1987). *Educating the reflective practitioner: Toward a new design for teaching and learning in the professions*. Jossey-Bass.

Schwartz, D. L., Bransford, J. D., & Sears, D. (2005). Efficiency and innovation in transfer. *Transfer of Learning from a Modern Multidisciplinary Perspective, 3(1)*, 1-51.

Schweighofer, N., & Doya, K. (2003). Meta-learning in reinforcement learning. *Neural Networks, 16(1)*, 5-9.

Seo, M. G. (2003). Overcoming emotional barriers, political obstacles, and control imperatives in the action-science approach to individual and organizational learning. *Academy of Management Learning & Education, 2(1)*, 7-21.

篠ヶ谷圭太（2012）．学習方略研究の展開と展望――学習フェイズの関連づけの視点から　教育心理学研究，*60(1)*，92-105.

Shrivastava, P., & Schneider, S. (1984). Organizational frames of reference. *Human Relations, 37(10)*, 795-809.

Siegler, R. S. (2002). Microgenetic studies of self-explanation. In N. Granott & J. Parziale (Eds.), *Microdevelopment: Transition processes in development and learning* (pp. 31-58). Cambridge University Press.

Siggelkow, N. (2007). Persuasion with case studies. *Academy of Management Journal, 50(1)*, 20-24.

Simon, H. A. (1977). The logic of heuristic decision making. In *Models of discovery: And other topics in the methods of science* (pp. 154-175). Springer.

Simon, H. A. (1996). *The sciences of the artificial* (3rd ed.). MIT press. (稲葉元吉・吉岡英樹 (訳) (1999). システムの科学 第3版 パーソナルメディア)

Simon, H. A. (1997). *Administrative behavior* (4th ed.). Simon and Schuster. (二村敏子・桑田耕太郎・高尾義明・西脇暢子・高柳美香 (訳) (2009). 新版 経営行動——経営組織における意思決定過程の研究 ダイヤモンド社)

Simonton, D. K. (1996). Creative expertise: A life-span developmental perspective. In K. A. Ericsson (Ed.), *The road to excellence: The acquisition of expert performance in the arts and sciences, sports and games* (pp. 227-253). Lawrence Erlbaum Associates.

Snell, R., & Chak, A. M. K. (1998). The learning organization: Learning and empowerment for whom? *Management Learning, 29(3)*, 337-364.

Snyder, N., & Glueck, W. F. (1980). How managers plan: The analysis of managers' activities. *Long Range Planning, 13(1)*, 70-76.

Spreitzer, G. M., McCall, M. W., & Mahoney, J. D. (1997). Early identification of international executive potential. *Journal of Applied Psychology, 82(1)*, 6-29.

Star, S. (2010). This is not a boundary object: Reflections on the origin of a concept. *Science, Technology, & Human Values, 35(5)*, 601-617.

Steiner, G. A. (1969). *Top management planning*. Macmillan.

Stewart, R. (1967). *Managers and their jobs*. Macmillan.

Stokes, P. D. (2001). Variability, constraints, and creativity: Shedding light on Claude Monet. *American Psychologist, 56(4)*, 355-359.

Suwa, M. (2003). Constructive perception: Coordinating perception and conception toward acts of problem-finding in a creative experience. *Japanese Psychological Research, 45(4)*, 221-234.

鈴木宏昭 (2001). 思考のダイナミックな性質の解明へ向けて 認知科学, *8(3)*, 212-224.

鈴木宏昭 (2003). 認知の創発的性質 人工知能学会論文誌, *18(4)*, 376-384.

鈴木宏昭 (2004). 創造的問題解決における多様性と評価——洞察研究からの知見 人工知能学会論文誌, *19(2)*, 145-153.

鈴木宏昭 (2016a). 教養としての認知科学 東京大学出版会

鈴木宏昭 (2016b). 実体ベースの概念からプロセスベースの概念へ 人工知能, *31(1)*, 52-58.

鈴木宏昭 (2022). 私たちはどう学んでいるのか——創発から見る認知の変化 筑摩書房

鈴木宏昭・開一夫 (2003). 洞察問題解決への制約論的アプローチ 心理学評論, *46(2)*, 211-232.

鈴木宏昭・宮崎美智子・開一夫 (2003). 制約論から見た洞察問題解決における個人差 心理学研究, *74(4)*, 336-345.

鈴木宏昭・大西仁・竹葉千恵 (2008). スキル学習におけるスランプ発生に対する事例分析的アプローチ 人工知能学会論文誌, *23(3)*, 86-95.

鈴木宏昭・横山拓（2016）．コトバを超えた知を生み出す——身体性認知科学から見たコミュニケーションと熟達　組織科学, *49(4)*, 4-15.

Syed, M. (2019). *Rebel ideas: The power of diverse thinking.* Hachette UK.（トランネット（訳）（2021）．多様性の科学——画一的で凋落する組織，複数の視点で問題を解決する組織　ディスカヴァー・トゥエンティワン）

高田直樹（2022）．逸脱と革新　組織学会（編）組織論レビューⅢ——組織の中の個人と集団（pp. 149-171）　白桃書房

武石彰・青島矢一・軽部大（2012）．イノベーションの理由——資源動員の創造的正当化　有斐閣

Tengblad, S. (2002). Time and space in managerial work. *Scandinavian Journal of Management, 18(4)*, 543-565.

Tengblad, S. (Ed.) (2012). *The work of managers: Towards a practice theory of management.* Oxford University Press.

寺井仁・三輪和久・古賀一男（2005）．仮説空間とデータ空間の探索から見た洞察問題解決過程　認知科学, *12(2)*, 74-88.

Tosey, P., & Mathison, J. (2008). Do organizations learn? Some implications for HRD of Bateson's levels of learning. *Human Resource Development Review, 7(1)*, 13-31.

Tosey, P., Visser, M., & Saunders, M. N. (2012). The origins and conceptualizations of 'triple-loop' learning: A critical review. *Management Learning, 43(3)*, 291-307.

豊田秀樹（編）（2003）．共分散構造分析［疑問編］——構造方程式モデリング　朝倉書店

豊田秀樹（編）（2007）．共分散構造分析［Amos編］——構造方程式モデリング　東京図書

Tsang, E. W., & Zahra, S. A. (2008). Organizational unlearning. *Human Relations, 61(10)*, 1435-1462.

植田一博（1999）．現実の研究開発における科学者の複雑な認知活動——インタビュー手法によるデータ収集とその分析　岡田猛・田村均・戸田山和久・三輪和久（編）科学を考える（pp. 56-95）　北大路書房

van Leeuwen, C., Verstijnen, I., & Hekkert, P. (1999). Common unconscious dynamics underlie uncommon conscious effects: A case study in the iterative nature of perception and creation. In J. S. Jordan (Ed.), *Modeling consciousness across the disciplines* (pp. 179-218). University Press of America.

Vie, O. E. (2010). Have post-bureaucratic changes occurred in managerial work? *European Management Journal, 28(3)*, 182-194.

Vince, R. (1998). Behind and beyond Kolb's learning cycle. *Journal of Management Education, 22(3)*, 304-319.

Wagner, R. K., & Sternberg, R. J. (1985). Practical intelligence in real-world pursuits: The role of tacit knowledge. *Journal of Personality and Social Psychology, 49(2)*, 436-458.

Walinga, J., Cunningham, J. B., & MacGregor, J. N. (2011). Training insight problem solving through focus on barriers and assumptions. *The Journal of Creative Behavior, 45(1)*, 47-58.

Watson, T. J. (2011). Ethnography, reality, and truth: The vital need for studies of 'how things work' in organizations and management. *Journal of Management Studies, 48(1)*, 202-217.

Weick, K. E. (1979). *The social psychology of organizing* (2nd ed.). McGraw-Hill.（遠田雄志

（訳）（1997）．組織化の社会心理学　第 2 版　文眞堂）

Weick, K. E. (1995). *Sensemaking in organizations*. Sage. （遠田雄志・西本直人（訳）（2001）．センスメーキング・イン・オーガニゼーションズ　文眞堂）

Weisberg, R. W. (1995). Prolegomena to theories of insight in problem solving: A taxonomy of problems. In R. J. Sternberg & J. E. Davidson (Eds.), *The nature of insight* (pp. 65-124). MIT Press.

Weisberg, R. W., & Alba, J. W. (1981). An examination of the alleged role of "fixation" in the solution of several "insight" problems. *Journal of Experimental Psychology: General, 110(2)*, 169-192.

Weller, A., Villejoubert, G., & Vallee-Tourangeau, F. (2011). Interactive insight problem solving. *Thinking & Reasoning, 17(4)*, 424-439.

Whitley, R. (1989). On the nature of managerial task: Their distinguishing characteristics and organization. *Journal of Management Studies, 26(3)*, 209-225.

Wiggins, R. R., & Ruefli, T. W. (2005). Schumpeter's ghost: Is hypercompetition making the best of times shorter? *Strategic Management Journal, 26(10)*, 887-911.

Wiltbank, R., Dew, N., Read, S., & Sarasvathy, S. D. (2006). What to do next? The case for non-predictive strategy. *Strategic Management Journal, 27(10)*, 981-998.

Wrapp, H. E. (1967). Good managers don't make policy decisions. *Harvard Business Review, 45(5)*, 91-98.

Wright, T. P. (1936). Factors affecting the cost of airplanes. *Journal of the Aeronautical Sciences, 3(4)*, 122-128.

矢野経済研究所（2015）．情報システム子会社の経営環境と戦略展望　矢野経済研究所

矢野経済研究所（2021）．企業向け研修サービス市場の実態と展望　矢野経済研究所

横地早和子（2020）．創造するエキスパートたち——アーティストと創作ビジョン　共立出版

横地早和子・岡田猛（2007）．現代芸術家の創造的熟達の過程　認知科学, *14(3)*, 437-454.

Yukl, G. (2013). *Leading in organizations*. Pearson.

Yuthas, K., Dillard, J. F., & Rogers, R. K. (2004). Beyond agency and structure: Triple-loop learning. *Journal of Business Ethics, 51(2)*, 229-243.

Zaleznik, A. (1977). Managers and leaders: Are they different? *Harvard Business Review, 55 (3)*, 67-78.

Zellmer-Bruhn, M. E. (2003). Interruptive events and team knowledge acquisition. *Management Science, 49(4)*, 514-528.

Zhang, J., & Norman, D. A. (1994). Representations in distributed cognitive tasks. *Cognitive Science, 18(1)*, 87-122.

付録　第2章第二実験の事例分析と言語報告

事例分析

以下の分析は主として表2-5 および図2-17 〜図2-20 に基づいて記述される.

実験参加者A

参加者 A の解決時間の平均は 681 秒であり，4 名の参加者のうちでは参加者 D の次に短い．前半セッションから後半セッションにかけては，平均解決時間が 5 分以上短縮している．正解率は 75％で，参加者 C と同等である.

新規パターン出現率は全体で 41.0％と参加者 B や参加者 C と同水準，悪手率は全体で 40.2％と参加者 C とほぼ同水準であり，いずれも前半セッションから後半セッションにかけて改善している.

ゴール参照，ピース回転，パターンマッチングなどの外的資源との認知的協調の指標は三つとも全体平均が 20％を超え，参加者 B や参加者 C よりも高い．前半セッションと後半セッションを比較しても，ゴール参照（前半 14.6％，後半 35.8％），パターンマッチング（前半 17.0％，後半 33.8％）の 2 指標は増加傾向にある.

このように，参加者 A のパフォーマンスは全体的には向上していく傾向にあるが，前半に短時間で解決したセッション（S1：234 秒）がある一方，後半に長考して未解決となったセッション（S10：1292 秒）があるなど解決時間の振れ幅が大きいこと，外的資源との認知的協調の増加も，参加者 C や参加者 D に比べると微弱であったことなどから，メタ学習が明確に生起したと見なすことはできなかった.

参加者 A の特徴は試行がゆっくりであることで，1 分あたりの平均試行数が 17.3 試行と全参加者中最も少ない．また，空中でのピース操作が多いことも特徴で，ピース回転のうち 28.3％が空中でなされていた．さらに，空中でピースを回転しながら机上のゴールを見るという形式で，41.6％のパターンマッ

チングが空中で行われていた.

実験参加者 B

正解率 50% であり，4 名のうち最も苦労した参加者である．パフォーマンスのばらつきが大きく，S5，S7，S8，S12 はきわめて短時間で解決している．S7 はノーミスで正解に至った．その一方，20 分以上かかって解けなかった問題も 6 問ある.

新規パターン出現率の全体平均は参加者 A，C と同程度（41.6%）であり，特に S5，S7，S12 など成功したセッションでは新規パターン出現率が高い．セッション全体でのパターン重複率は 10.6% で，セッション間でも多様なパターンを生成しているが，前半セッションに比べ後半セッションのほうが新規パターンの出現率は下がっている（前半 42.0%，後半 40.8%）.

悪手率の全体平均は 56.6% と全参加者中最も高く，半分以上の試行を 4 〜 6 手に費やしている．前半セッションから後半セッションにかけて悪手率は増加しており，残り 1 〜 2 手の段階で，外から見る限り見込みが薄い配置であっても，5 手・6 手と最後まで組み立ててはやり直す場面が数多く見られた.

ゴール参照は短時間で解決した S5 や S7 を除けばおおむね 10 〜 20% と少なく，行き詰まり（impasse）に陥った際に，ピースを操作する手を止めて，思い出したようにゴールを見ることが多かった．ピース回転も S5，S7，S12 を除くと 20% 程度で頻繁とは言えない．パターンマッチングは S1 から出現しているが，40% 弱の S5 や S12 を除き，出現頻度の低いセッションが多いという結果であった.

実験参加者 C

正解率は 75% で，各指標の推移よりメタ学習が起こったと考えられる．後半セッションは解決できなかった S9 以外は短時間で解決するセッションが多い．試行の速度が速く，平均すると 1 分あたり 25.2 試行のペースであった.

新規パターン出現率は後半セッションほど高くなり，S8 や S12 は 100% である．セッション間でのパターン重複率も 7.9% と低い．ただし，特に前半セッションでは，図付-1 のようにそのまま進めていくと 3 手目，4 手目で行き詰まってしまう筋の悪い配置も多数含まれていた.

悪手率は後半セッションのほうが 3.1% 低いが，参加者 A，D と比較すると，

274

付録　第2章第二実験の事例分析と言語報告

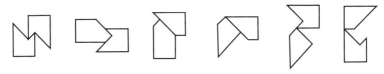

図付-1　見込みのない配置

前後半の変化はわずかである．参加者Cの取り組みにおいては，固定した一つのピースに，もう一つのピースを回転させながら素早く連続的に接続し，その後ゴールを参照して形状を評価する場面が多く見られた．外的資源との認知的協調を表す3指標はいずれも前半から後半にかけて有意に増加していた．

前半セッションと後半セッションの問題解決過程の変化を確認してみよう．図付-2はS3とS12について，手数の推移とゴール参照（累積度数で表示）を時系列で示したものである．S3は20分以上費やして解決できなかったため，ここでは210秒までの経過を表示している．

S3では時折ゴールを参照するだけで，参照回数も1回ごとの参照時間も短い．ゴールを参照するのは，開始直後の20秒までを除くと，4～6手まで組み立てていったんばらした後，要するに行き詰まりに陥ったときである（40秒付近，70～90秒付近，130秒付近）．

図付-1に例示した通り2手までの組み合わせには筋の悪い配置が含まれている．こうした見込みの薄い配置からも手数を先へ先へと進めていくため，全体的に4～6手での探索（悪手）が多くなっている．

これに対して，後半のS12では問題の解き方が大きく変化している．初期環境のまま用紙を動かさずに試行するS3とは異なり，S12ではセッション開始とともに，目標シルエットを記した用紙を自身の正面に移動させ，用紙のすぐそばでピースを操作していた．これは第一実験の参加者と同様に，作業環境を調整して現状とゴールの差分を表す情報を空間的に得やすくする工夫の一つである．この工夫はS7から出現し，S12まで継続された．

S12の参加者Cはまず目標シルエットを記した用紙を目の前に移動させてから試行を開始し，1ピース配置するごとにこまめにゴールを参照して現状を評価している．ピースを手にして接続しようとする前に接続をとりやめる場面も何度か見られ，多くのピースを接続して手数を増やしていくS3に比べると，

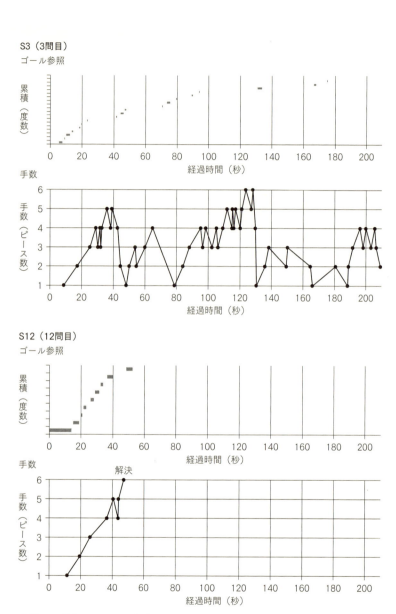

図付-2 前半セッション（上）と後半セッション（下）のゴール参照と手数の推移

付録　第2章第二実験の事例分析と言語報告

形状に対する敏感さが高まっている．これらの結果，早期から適切な配置・組み合わせが1手ずつ生み出され，探索効率も上がっているのが読み取れる．

実験参加者D

正解率は91.7％と全参加者中最も高く，前半セッションで1問（S3）ギブアップしたのみである．解決時間の平均も518秒であり，参加者A（681秒），参加者B（770秒），参加者C（717秒）と比較すると，3〜4分程度短い時間で解決していることがわかる．全体として参加者Dは初期からパフォーマンスが高く，セッションを通じてさらに上達した事例と考えられる．

新規パターン出現率は全体平均が62.7％，とりわけ後半セッションは67.1％ときわめて高い．セッション全体での重複率も4.3％と低い値だった．悪手率も前半平均34.1％から後半平均14.2％と半減しており，悪手が減少する一方で，2手目の新規な試行が増加していった様子が窺える．

これらの変化を支えていたと思われるのが外的資源との認知的協調で，ゴール参照，ピース回転，パターンマッチングともに前半から後半にかけて有意に上昇していた．中でも，パターンマッチングの多用がこの参加者の特徴（全体平均41.6％）であり，後半セッションでは60.9％に達している．なお，参加者Dは参加者Aと同様に空中でのピース操作が多く，ピース回転のうち40.5％は空中での回転，パターンマッチングのうち20.2％が空中での操作であった．また，参加者Cと同じく，後半セッションではゴールを記した用紙を自分に近づけて頻繁に参照するようになった．

参加者Dの問題解決プロセスの特徴を，S6を題材にもう少し詳しく分析する．この問題に対して，他の参加者は解決（ないしはギブアップ）までに1000秒〜1200秒程度を要したが，参加者Dは343秒と短時間で正解に至っている．

Fパズルにおいて，シルエットのどの部分から作り始めるかに形式的な差はない．しかし実際上は，手がかり（参照ポイント）の多い位置から開始したほうが評価はしやすいと考えられる．図付-3はこのセッションの手数の推移と，最初の2ピースで目標シルエットのどこを組み立てたかを示している．2手目の配置を見ると，参加者はまず2手でシルエット下部を作って（p1）3手目で上部を作るアプローチをとった．p2からは2手で右辺を，p4からは2手で右上部を組み立てるアプローチに切り替えた．

277

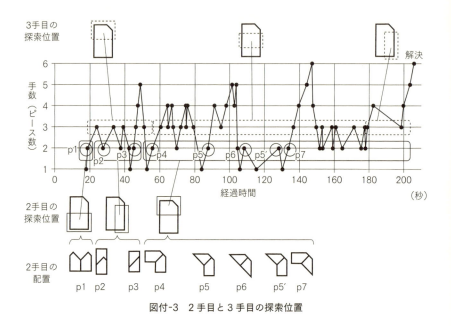

図付-3 2手目と3手目の探索位置

　S6のシルエットにおいて参照ポイントが多く手がかりが得やすいのは右上部であり，p1〜p4までの実質4回の試行を経て評価のしやすい探索位置を探り当てたことになる．p4出現以降，右上部から組み立てるというアプローチは一貫しており，180秒付近で3手目をシルエット中央部ではなく右辺に配置したことで解決に至った．このセッションでは，試行以前に目標シルエットのどの部分から作り始めるかという探索位置自体の探索が行われており，より評価がしやすい探索位置を効率的に探り当てたと言える．

　参加者Dは「無駄打ち」が少なく，悪手の見きわめが早い．図付-4は生成した2手目を用いてどの程度まで3手目以降の試行を継続するかを示している．初期（p1〜p3）は切り替えが早く，有望視されたp4〜p5は3手目以降が増えるが，正解には至らないことを見きわめ，p6〜p5′で2手目を再探索する．p7で正解となる2手目が生まれると，その後は2手目を固定して解決に至る．

　生成した2手目をどの程度生かすかは，評価や学習率を反映していると考えられる．本セッションでは，2手目を起点とする探索―収束サイクルが何度か実施されている．問題解決の初期段階ではどのような組み合わせがよいかは

付録　第2章第二実験の事例分析と言語報告

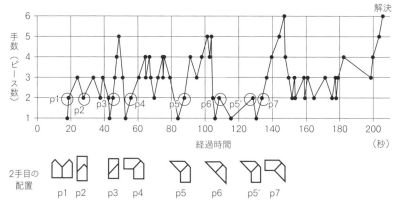

図付-4　同一パターンでの試行の継続数

評価できない．そこで探索範囲を広めにとり，個々の打ち手に対して良し悪しが明確になるような3手目・4手目を生成することで効率的に死筋を消していく（p1〜p3）．見込みがあると思われる2手目が生まれると，学習率を下げ，打ち手を絞り込んで様子を見る（p4〜p5）．うまくいかなければ，また2手目に戻って探索範囲を広げ，学習率を高めて再探索する（p6〜p7）．このように，探索の多様性や評価関数，学習率等のパラメタは，特定の値で一定しているわけではなく，問題（状況）にあわせて調節されており，それによって発散―収束サイクルがうまく制御されているのである．

　このセッションにおいて参加者 D の形状に対する敏感さは，外的資源との認知的協調，特に頻繁なゴール参照から得られているように見受けられる．ただし，参加者は S6 のセッション全体を通じて頻繁にゴールを見ているというより，問題空間の分岐の初期段階（2手目）で探索範囲を広げて評価するときに集中的にゴールを参照している．たとえば図付-5を見ると，開始直後から40秒までと，正解となる2手目を生成する120秒付近（p5〜p7）の参照頻度が高い．この点は，5〜6手組み立てて行き詰まったときに初めてゴールを参照する参加者 B や，参加者 C の前半セッションとは明らかに異なっている．

　1〜3手目など手数の少ない段階で頻繁にゴールを参照し，それ以降の手数

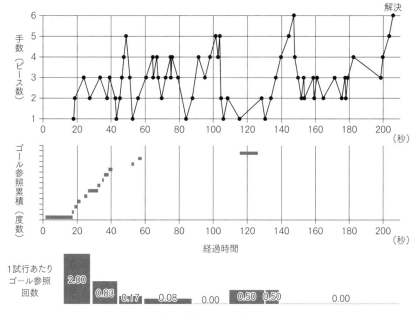

図付-5　手数の推移とゴール参照タイミング

であまりゴールを参照しなくなるのはなぜだろうか．それには S6 のシルエットの特性も影響していると思われる．S6 の形状では，右上部に 2 ピース配置して以降のシルエットは比較的単純である．したがって，右上部にピースを配置すると，それ以降は配置されたピース群自体がいわばゴールの代わり（サブゴール）として機能する．

　以上の分析から，参加者 D は問題解決のフェーズや問題の特性によって，ゴール参照の頻度やタイミング，および参照すべきゴール（目標シルエットを記した用紙と，サブゴールとしての机上の配置）を切り替えながら問題解決に取り組んでいることが明らかとなった．

言語報告

　3 日間の実験が終わった後，4 人の参加者に，(1) このパズルに上達したという感覚はあるか，(2) もしこのパズルを知らない小学生にコツを教えるとし

付録　第2章第二実験の事例分析と言語報告

表付-1　実験終了後の言語報告

	上達感覚	このパズルのコツ
参加者A	ある	・これしかあてはまらないという特徴的な部分を見きわめて，そこから固めていくこと．一つ決まると順に決まっていくから，あてずっぽうな組み合わせは見込みが薄い． ・発想の転換が必要． ・ピースをくるくる回して，あてはまるかを調べてみる． ※この参加者は空中で頻繁にピースを回したり反転したりしていた
参加者B	あまりない	・特徴的なところを探してそこから決めていくこと． ・全部組んで，全部ばらして，と全部を作ってやり直すのではなく，二つか三つのピースを固めてから，残りの部分のうちうまくいかない部分だけ直すというやり方がよい．1問目（S1）は毎回全部作って失敗してしまった．
参加者C	わからない	・特徴的なところを探してそこから決めていく．決めた後は，残りのピースでAかBかと場合分けして絞っていく． ・この配置しかないと決めつけないこと． ・ピースとピースの組み合わせでできる形を覚えてそれらを組み合わせていく．最初はそのボキャブラリがなかったのでがむしゃらにやった．5問目（S5）くらいから組み合わせのパターンがわかるようになった．
参加者D	多少はある	・ゴールが左右対称の図形の場合は，3ピースで解く． ・この角にはこのピースが来ると思っても，そうでないことがあるので注意． ・この長さはこの辺に来るはずだ，このピースだとこの部分はちょっと太すぎる，など目標と比較しながら解くこと．

たらどのように教えるか，を質問した．回答の要旨を表付-1 にまとめる．

　上達感覚を持ったのは参加者Aと参加者Dであるが，データ上，熟達化が認められたのは参加者Cと参加者Dのみである．Fパズルのコツについては，「シルエットのヒントの多い部分を特定し，そこから決めていくこと」（参加者A，B，C），「思い込みによって決めつけないこと」（参加者A，C，D）など，各参加者が共通性のあるコメントを残している．パズルの特性上，これらのコメントはいずれも的を射ている．

　ただし，コツを理解していることと，実際にそれらのコツを安定して適用することとは必ずしも連動していないようである．たとえば，メタ学習が生起しなかった参加者Bは「全部を作ってやり直すのではなく，二つか三つのピースを固めてから（略）直すというやり方」の有効性に気づいている．しかし参加者Bの悪手率はセッション全体で平均56.6%であり，「全部を作ってやり直

す」やり方のほうが支配的だった．他方，メタ学習が生起した参加者 C は「ピースとピースの組み合わせでできる形を覚えてそれらを組み合わせていく」と発言しているが，2 ピースの組み合わせのバリエーションをセッション間の累積で調べると，重複率は 7.9％であり，必ずしも既存の組み合わせを多用して問題解決していたわけではない．

　これらの発言は 3 日間・計 12 セッション実施後に聴取したものであり，参加者がこの後さらに問題解決経験を蓄積していった場合，言語報告の内容が変化したり，参加者の問題解決過程やパフォーマンスが参加者の言語報告と近い形に変化したりする可能性は残る．少なくとも数日間の問題解決経験に限っては，たいていの参加者は問題解決の何らかのコツに気づくが，それらの気づきと実際のパフォーマンスは必ずしも結びつかないということが言えるだろう．

索　引

あ行

Aha! 体験　40
悪手率　56
アクション会議　209
アクセシビリティ　226
アクターネットワーク理論　49
悪定義問題　103
アジェンダ（agenda）　185
アジャイル開発　143
アンラーン／アンラーニング　1, 7, 30
行き詰まり（impasse）　40
意思決定
　　──のごみ箱モデル　iii
　　修正ありの──　160
　　修正なしの──　162
依存性　119
一次学習　7
一時的なコミュニティ　231
逸脱
　　後行──　155
　　先行──　155
逸脱増幅（deviation-amplifying）　141
イノベーション　253
インスタント・コミュニケーション　205
インタラクション　98
エフェクチュエーション　iv, 219
F パズル　51
エラー　174
怒られ力　180
オペレータ（操作子）　57
オペレータ適用制約　102

愚かさの技術（technology of foolishness）
　　141
オンライン会議　126

か行

外化　196
外的計画　196
外的資源　48
　　──との認知的協調　56
外的操作　95
概念的学習　7
概念的知識　26
概念モデル　34
　　メタ学習の──　50
開発標準　119
外部市場　118
開放系（open system）　96
学習曲線　6
学習効率　169
学習　iii, 10, 103
　　──の論理的カテゴリ　10
　　一次──　7
　　概念的──　7
　　拡張的──　12
　　機械──　14
　　経験──　3, 29
　　原──（proto learning）　10
　　高次──　iii
　　操作的──　7
　　低次──　iii
　　二次──　7
学習方略　14

283

学習率　220, 278
拡張
　——された心　49
　——的学習　12
　過剰——（over extension）　149
　ネットワークの即興的——　172
隠れたカリキュラム　11
画像記憶　58
課題管理表　209
課題の認知的変換　95
活動システム　12
活動理論　12
活用（exploitation）　4
カテゴリ錯誤　98
構え（set）　11
眼球移動（saccade）　73
関係者主導（partner-driven）　174
関係性　98
完成（perfection）　32
管理過程論（management process school）
　21
管理者行動（managerial behavior）論　20
記憶　v
記憶負荷　221
機械学習　14
機会主義的　27
機能別計画　21
9点問題　40
境界的オブジェクト　175
強化学習　15
共同化　227
共同注意　229
共分散構造分析　83
組み合わせ的爆発（combinational explosion）
　157
計画の分散　217
経験　v
経験学習　3, 29
傾向性　98
計算負荷　221

経路依存性　70, 174
ケーススタディ　115
ゲシュタルト心理学　39
結果まね　244
原因まね　244
原学習（proto learning）　10
言語　245
言語報告　280
高次学習　iii
構造化イマジネーション　96
勾配　15
コーゼーション　219
ゴール
　——参照　56
　——の変動性　105
　——の明示性　104
　サブ——　47
固着（fixation）　40
個別性　114
混合研究法　34
コンセプト　95

さ行

最適解　106
作業環境のカスタマイズ　70
時間管理　23
事業計画　21
資源の利用性（resourcefulness）　224
思考
　再生的——　38
　生産的——　38
　批判的——　31
自己変革スキル　30
事象モデル　35
実践（practice）　25
　——への転回（practice turn）　27
実践知　19
実用的行為（pragmatic action）　57
社会的過程　225
習慣形成　11

索　引

終身的雇用（lifetime commitment）　5
収束　47
柔軟性　26
熟達　25
　定型的——（routine expertise）　26
　適応的——（adaptive expertise）　26
熟達化（expertise）　v, 31
　創造的——　31, 32
手段—目的関係　178
状況—知覚的資源　240
状況への気づき（situation awareness）
　227
冗長性　250
情報の創出　94
職務分析　119
ジョブ型雇用　4
事例研究　115
新型コロナウイルス　2
新規パターン出現率　54
シングルループ学習　7
神経修飾物質　15
新結合　226
人工知能　250
人工物　12
人生 100 年時代　5
身体性認知　49
進捗会議　209
スキルベースの人事　249
図形パズル　51
省察的実践家　30
生成 AI　2
正当性　226
製品ライフサイクル　4
制約（constraint）　42
　——の動的緩和理論　42
　関係——　52
　ゴール——　52
　対象——　52
制約緩和　41, 42
　——型の行動　142

制約遵守型の行動　142
セッション　60
宣言的知識　26
潜在学習　43
センスメイキング　232
戦略計画　21, 140
早期フェーズの修正判断　145, 217
相互作用　25
創作ビジョン　32, 214
操作的学習　7
創造性　28, 103
創造的問題解決　iv
創発的ゴール設定　169, 217
創発的戦略　174
創発認知　100
組織学習論　5
組織記憶　iv
組織行動　18
組織的即興　251
組織能力　150
組織ルーティン　iv, 141

た行

第三レベルの学習　8
第二次学習（deutero learning）　9
巧みさ（dexterity）　224
タスク主導（task-driven）　174
脱線（derailment）　3
ダブルループ学習　7
多様性
　試行の——　47
　初期——　156
単一事例分析　115
探索（exploration）　4
　——と選択　104
　——の終了条件　106
探索効率　47
探索範囲　54
断片化（fragmentation）　201
チェッカーボード問題　41

285

知覚　49

知識　25

概念的——　26

宣言的——　26

手続き的——　26

知識創造　17, 232

チャット　126

チャンク分解　41

注意　229

注意配分　211

抽象化　35

重複波モデル　107

重複率　62

定型性　119

低次学習　iii

手数　70

適応性　28

適応的課題　119

適応は適応力を阻害する　3

デジタル化　235

手続き的知識　26

転移　26

洞察（insight）　iv, 38

統制された無秩序（controlled anarchy）
　181

動的コントロール　222

トリプルループ学習　8

貪欲な修繕屋　251

な行

内省（reflection）　30

内的計画　196

内的操作　95

内部市場　118

内部統制　250

二次学習　7

認識的行為（epistemic action）　57

認知的資源　240

認知的負荷　93

認知的利得　225

は行

場　231

場所　231

パターン認識　25

パターンマッチング　58

働き方　4

バックトラック（手戻り）　65, 143

発散　47

発達段階　31

バッチ処理　209

ハノイの塔問題　48

パフォーマンス　54

組織——　145, 217

場面応答性　239

半減期　2

ピース回転　57

微視的な分析　116

ビジネスモデル　2

ヒューリスティクス　38

評価関数　43

評価の適切性　48

標準化　6

標準プロセス　140

——からの逸脱　145, 152, 217

表象変化　38

評定課題　55

非予測的なコントロール　180

フィードバック　94

フェイル・セーフ（安全策）　229

不確実性　4

第三の——　142

物質性　175

プライミング効果　230

フレーム問題　43

プロジェクト型組織　233

プロトコル分析　41

プロトタイピング　143

フロント・ローディング　228

分散推論　173

分散認知　49
分散表象　48, 196
分析―計画―実行　181
文脈　27
文脈依存　27
変革　18
変動性（variability）　33

ま行

マイクロ・コーディネーション　198, 217
前向きな推論　26
マスタープラン　184
マッチ棒問題　42
マッピング　35
マネジメント　ii
　「ぶらぶら歩き」による――（MBWA: management by walking around）199
マネジメント手法　148
マネジャー　17
マルチプロジェクト戦略　252
満足解　106
密造（bootlegging）　172
ミニチュア　iv
見る目　93
メタ学習　iii, v, 213, 243
メタ学習の（暫定的な）概念モデル　50
　修正された――　99
メタ計画　21
メタ認知　14
メタパラメタ　15
メノンのパラドクス　104
メンタルローテーション（心的回転）　57
目標設定（goal setting）　226
モジュール　39
モニタリング　41
問題解決　56
問題空間　41
問題表象　41

や・ら・わ行

優先順位　211
有能性の罠（competency trap）　6
ゆらぎ　v
ラーニング・アジリティ（learning agility）29
ランダムウォーク　64
リアルタイム　196
リーダーシップ　18
リーダーシップ開発　29
リスキリング（学び直し）　249
リソースフル（resourceful）　224, 242
リハーサル　221
リモートワーク　2, 118
領域固有性　27
領域知識　38
両利きの組織　4
両利きのリーダーシップ（ambidextrous leadership）219
良定義問題　102
ルーティン・ダイナミクス　253
例外　182
労働移動　249
ワーキングメモリ　94
ワークスタイル　235

A-X

DX　2
if-then　239
M&A　3
MAML　14
MBWA（management by walking around）200
Neural Process　14
off-line　96
off-loading（肩代わり）　94
on-line　96
overt full member　124
STP（segmentation-targeting-positioning）

141
ToDo リスト　193
VR/AR　2

VUCA　2
WBS（work breakdown structure）　185

著者略歴

株式会社エヌ・ティ・ティ・データ・ユニバーシティ サービスディベ
ロップメント部 部長.
早稲田大学理工学部建築学科卒業後, 工務店, IT ベンチャーを経て現職.
2014 年より鈴木宏昭研究室（青山学院大学）にて指導を受ける. 青山
学院大学大学院社会情報学研究科博士後期課程修了. 博士（学術）. 専
門は認知科学（熟達, 問題解決, 創造）, 経営学（組織行動, 経営組織）.

組織マネジメントにおけるメタ学習
―――予測困難な変化に適応する熟達のメカニズム

2024 年 10 月 22 日　初　版

［検印廃止］

著　者　横山　拓
　　　　 よこやま　たく

発行所　一般財団法人　東京大学出版会
　　　　代表者　吉見俊哉
　　　　153-0041 東京都目黒区駒場4-5-29
　　　　https://www.utp.or.jp/
　　　　電話 03-6407-1069　Fax 03-6407-1991
　　　　振替 00160-6-59964

組　版　有限会社プログレス
印刷所　株式会社ヒライ
製本所　牧製本印刷株式会社

©2024 Taku Yokoyama
ISBN 978-4-13-011152-2　Printed in Japan

[JCOPY]〈出版者著作権管理機構 委託出版物〉
本書の無断複写は著作権法上での例外を除き禁じられています. 複写される場
合は, そのつど事前に, 出版者著作権管理機構（電話 03-5244-5088, FAX
03-5244-5089, e-mail: info@jcopy.or.jp）の許諾を得てください.

職場学習論　新装版
――仕事の学びを科学する

中原　淳　A5判・208頁・2800円

働く環境は変化すれども，他者と「つながり」，「コミュニケーション」をとり，「支援」を受けて学ぶことの根幹は変わらない．これまで見過ごされ，印象論でしか語られてこなかった職場の学習プロセスに寄与する要因を解明する著者デビュー作の新装版．

経営学習論　増補新装版
――人材育成を科学する

中原　淳　A5判・320頁・3000円

これまでの経営学習論の研究成果を紹介・総括し，さらには独自の実証的な調査データを駆使して，組織経営における有効な人材能力形成施策を展望する定番書．書き下ろしの新章「リーダーシップ開発」を加えて，装いも新たにリニューアル．

経営人材育成論
――新規事業創出からミドルマネジャーはいかに学ぶか

田中　聡　A5判・232頁・3600円

ミドルマネジャーが新規事業創出経験によってそれまでの思考様式・行動様式を学習棄却し，新たなパースペクティヴ「他者本位志向」「リーダーマインド」「経営者視点」を獲得しながら経営人材へと育つ実態を実証研究から明らかにする．

感謝と称賛
――人と組織をつなぐ関係性の科学

正木郁太郎　A5判・280頁・3200円

ダイバーシティ推進やテレワーク拡大といった現代的課題を抱える組織のマネジメントに有用な，感謝や称賛の多様かつ職場全体にも及ぶ効果やその促進法について，質問紙調査とアプリの活動データから可視化・検証する．

ここに表示された価格は本体価格です．ご購入の
際には消費税が加算されますのでご了承下さい．